Bildung und Ausbildung im Diskurs

Patricia Renner · Marina Tomic Hensel ·
Barbara Stefan · Tom Schmid
(Hrsg.)

Bildung und Ausbildung im Diskurs

Perspektiven aus der Sozialen Arbeit

Hrsg.
Patricia Renner
Fachhochschule St. Pölten
St. Pölten, Österreich

Barbara Stefan
Fachhochschule St. Pölten
St. Pölten, Österreich

Marina Tomic Hensel
Fachhochschule St. Pölten
St. Pölten, Österreich

Tom Schmid
Fachhochschule St. Pölten
St. Pölten, Österreich

ISBN 978-3-658-48570-2   ISBN 978-3-658-48571-9 (eBook)
https://doi.org/10.1007/978-3-658-48571-9

Die Deutsche Nationalbibliothek verzeichnet diese Publikation in der Deutschen Nationalbibliografie; detaillierte bibliografische Daten sind im Internet über https://portal.dnb.de abrufbar.

© Der/die Herausgeber bzw. der/die Autor(en), exklusiv lizenziert an Springer Fachmedien Wiesbaden GmbH, ein Teil von Springer Nature 2025

Das Werk einschließlich aller seiner Teile ist urheberrechtlich geschützt. Jede Verwertung, die nicht ausdrücklich vom Urheberrechtsgesetz zugelassen ist, bedarf der vorherigen Zustimmung des Verlags. Das gilt insbesondere für Vervielfältigungen, Bearbeitungen, Übersetzungen, Mikroverfilmungen und die Einspeicherung und Verarbeitung in elektronischen Systemen.
Die Wiedergabe von allgemein beschreibenden Bezeichnungen, Marken, Unternehmensnamen etc. in diesem Werk bedeutet nicht, dass diese frei durch jede Person benutzt werden dürfen. Die Berechtigung zur Benutzung unterliegt, auch ohne gesonderten Hinweis hierzu, den Regeln des Markenrechts. Die Rechte des/der jeweiligen Zeicheninhaber*in sind zu beachten.
Der Verlag, die Autor*innen und die Herausgeber*innen gehen davon aus, dass die Angaben und Informationen in diesem Werk zum Zeitpunkt der Veröffentlichung vollständig und korrekt sind. Weder der Verlag noch die Autor*innen oder die Herausgeber*innen übernehmen, ausdrücklich oder implizit, Gewähr für den Inhalt des Werkes, etwaige Fehler oder Äußerungen. Der Verlag bleibt im Hinblick auf geografische Zuordnungen und Gebietsbezeichnungen in veröffentlichten Karten und Institutionsadressen neutral.

Springer VS ist ein Imprint der eingetragenen Gesellschaft Springer Fachmedien Wiesbaden GmbH und ist ein Teil von Springer Nature.
Die Anschrift der Gesellschaft ist: Abraham-Lincoln-Str. 46, 65189 Wiesbaden, Germany

Wenn Sie dieses Produkt entsorgen, geben Sie das Papier bitte zum Recycling.

Danksagung

Wir möchten uns an dieser Stelle noch einmal bei allen Personen bedanken, die uns dabei unterstützt haben, diesen Sammelband auf den Weg zu bringen.

Unser besonderer Dank gilt der Fachhochschule St. Pölten und hier insbesondere der Department-Leitung Katharina Auer-Voigtländer, die uns nicht nur finanziell, sondern auch mit viel Zuspruch in unserem Vorhaben unterstützt hat. Wir möchten uns auch beim Leiter des Ilse Arlt Instituts, Johannes Pflegerl, bedanken, der uns ermutigt hat, unsere Ideen bei der „Social Work Science Day"-Konferenz 2023 einem breiteren Publikum vorzustellen und damit die Initialzündung für dieses Buch gab.

Ein besonderes Anliegen ist es uns, uns bei unseren Kolleg:innen und unserer Fakultätsleitung Christine Haselbacher zu bedanken – für die vielen bereichernden Büro- und Pausengespräche, hilfreiche und klärende Rückfragen und für ihre immer offenen Ohren sowie Ermutigung in herausfordernden Phasen des Projekts.

So ein Buch ist immer auch Ergebnis eines unterstützenden sozialen Netzwerks. Zu diesem gehören ganz besonders die Autor:innen in diesem Sammelband. Ohne sie wäre dieses Projekt nicht zu realisieren gewesen. Für ihre Zeit, Kollegialität, ihre Geduld und wertschätzende Kommunikation und insbesondere für die spannenden Einsichten in ihre Arbeiten und Perspektiven möchten wir uns an dieser Stelle noch einmal herzlich bedanken.

Last, but not least: Danke an unsere Familien, die uns mit der nötigen Energie, Liebe und Zuversicht versorgt haben. Und natürlich ein gegenseitiger Dank aneinander – es war wirklich schön, miteinander gearbeitet zu haben.

Inhaltsverzeichnis

(Aus-)Bildung in der Sozialen Arbeit – einleitende Bemerkungen 1
Marina Tomic Hensel und Patricia Renner

Zwischen Bildung, Bologna und Curricula: Wie ein expliziter
Bildungsgedanke in Studiengängen verankert werden kann 9
Lisa David und Hannes Birnkammerer

Bildung im Diskurs der Sozialen Arbeit – Befunde und Leerstellen 23
Marina Tomic Hensel

Lustvoll forschend lernen und die Welt verändern: Vom Nutzen
der Erotik für kollaborative Aktionsforschungsprojekte mit
Studierenden 43
Michaela Moser

Chancen der (Aus-)Bildung im dualen Studium an Hochschulen:
Perspektiven von Praxispartner:innen und Studierenden 65
Stefanie Kessler und Karsten König

Bedeutung der Praxislernphasen für die Bildung einer
professionellen Identität im Studium der Sozialen Arbeit 87
Dagmar Fenninger-Bucher und Regina Scheitel

Zur Relevanz sozio-digitaler Bildung im Studium Soziale Arbeit 113
Barbara Stefan und Patricia Renner

**Promotionsrecht an Fachhochschulen: Folgerungen aus aktueller
Forschung zum strukturierten Doktorat in Österreich** 143
Barbara Hönig, Corinna Geppert und Attila Pausits

Das Bildungssystem als Gatekeeper in einer inklusiven Wirtschaft 167
Tom Schmid

Herausgeber- und Autorenverzeichnis

Über die Herausgeber

Patricia Renner, BA, MA ist Sozialpädagogin und Sozialarbeiterin und Junior Researcher am Ilse Arlt Institut für Soziale Inklusionsforschung sowie stellvertretende Studiengangsleiterin im Bachelor Studiengang Sozialpädagogik der Fachhochschule St. Pölten. Ihre Lehr- und Forschungsschwerpunkte umfassen u. a. praxisorientierte Ausbildung, Praktika, berufliche Inklusion von Jugendlichen und Jugendarbeit. In ihrer Dissertation beschäftigt sie sich mit der Perspektive von Jugendlichen in Einrichtungen von AusbildungsFit und Qualifizierungsprojekten in Niederösterreich, patricia.renner@fhstp.ac.at.

Dipl. Sozialpäd.[in] (FH) Marina Tomic Hensel, MA ist FH-Professorin am Department Soziales der Fachhochschule St. Pölten. Sie hat Soziale Arbeit sowie Gender Studies studiert. Ihre Lehr- und Forschungsschwerpunkte sind u. a. Ökonomisierung, Bildungsdiskurse und Kasuistik. Sie untersucht in ihrer Dissertation im Bereich der Bildungswissenschaft die Kontroverse um die Ökonomisierung von Bildung aus einer diskursanalytischen Perspektive, marina.tomic-hensel@fhstp.ac.at.

MMag.[a] Barbara Stefan ist Junior Researcher am Ilse Arlt Institut für Soziale Inklusionsforschung. Sie ist Politikwissenschaftlerin sowie Kultur- und Sozialanthropologin und forscht zum Alleinerziehen aus sozialstaatlicher Perspektive. Außerdem interessiert sie sich für feministische, politische Ökonomie und Anti-Kapitalismus, barbara.stefan@fhstp.ac.at.

FH-Prof. Dr. Tom Schmid ist Politikwissenschaftler und Organisationsberater sowie Mitgesellschafter des Zentrums für Sozialwirtschaft (ZfSw); er lehrt an der FH St. Pölten und der Alpe-Adria-Universität Klagenfurt/Celovec. Langjährige Erfahrungen in sozialen Diensten und in der Sozialforschung, zahlreiche wissenschaftliche Publikationen. Der thematische Fokus liegt auf Sozialpolitik, Ökonomie und Sozialmanagement, schmid.zfsw@gmail.com.

Autorenverzeichnis

Dr. Hannes Birnkammerer Zentrum für Lehrkräftebildung und Fachdidaktik (ZLF), Universität Passau, Passau, Deutschland

Dr.in Lisa David Service- und Kompetenzzentrum für Lehr-/Lernentwicklung und Bildungsangebote (LEARN), Fachhochschule St. Pölten, St. Pölten, Österreich

Prof.in (FH) Dagmar Fenninger-Bucher MA Bachelor Soziale Arbeit, Department Gesundheit & Soziales, Hochschule für angewandte Wissenschaften Burgenland, Eisenstadt, Österreich

MMag.a Dr.in Corinna Geppert Department für Hochschulforschung, Universität für Weiterbildung Krems, Krems an der Donau, Österreich

Dipl. Sozialpäd.in (FH) Marina Tomic Hensel MA Department Soziales, Fachhochschule St. Pölten, St. Pölten, Österreich

Priv.-Doz.in Mag.a Dr.in Barbara Hönig Institut für Soziale Arbeit, Fachhochschule JOANNEUM, Graz, Österreich

Prof.in Dr.in Stefanie Kessler Fachgebiet Sozialwissenschaften/Duales Studium, IU Internationale Hochschule, Hannover, Deutschland

Prof. Dr. Karsten König Fachgebiet Sozialwissenschaften/Duales Studium, IU Internationale Hochschule, Dresden, Deutschland

FH-Prof.in Mag.a Dr.in Michaela Moser Ilse Arlt Institut für soziale Inklusionsforschung, Fachhochschule St. Pölten, St. Pölten, Österreich

Univ.-Prof. Dkfm. Dr. habil Attila Pausits Department für Hochschulforschung, Universität für Weiterbildung Krems, Krems an der Donau, Österreich

Herausgeber- und Autorenverzeichnis

Patricia Renner BA, MA Ilse Arlt Institut für soziale Inklusionsforschung, Fachhochschule St. Pölten, St. Pölten, Österreich

Regina Scheitel MSW, MA Bachelor Soziale Arbeit, Department Gesundheit & Soziales, Hochschule für angewandte Wissenschaften Burgenland, Eisenstadt, Österreich

FH-Prof. Dr. Tom Schmid Department Soziales, Fachhochschule St. Pölten, St. Pölten, Österreich

MMag.a Barbara Stefan Ilse Arlt Institut für soziale Inklusionsforschung, Fachhochschule St. Pölten, St. Pölten, Österreich

(Aus-)Bildung in der Sozialen Arbeit – einleitende Bemerkungen

Marina Tomic Hensel und Patricia Renner

Die Frage nach dem Verhältnis von Bildung und Ausbildung wird spätestens seit dem Anstoß der Bolognareform in der akademischen Community, vor allem aber in der Bildungswissenschaft verstärkt und mitunter kontrovers diskutiert. Zwar können die kontroversen Positionen auf einem breiten Kontinuum angesiedelt werden, der Streit entfacht sich aber zum großen Teil entlang der Frage, wie sich Kompetenzorientierung, die im Rahmen der Modularisierung abgeschlossene Lernvorgänge suggeriert und die Bildungserfahrung im Sinne eines subjektiven Vorgangs mit prinzipiell offenem Ausgang, zueinander verhalten.

In der Kritik an der Überlagerung von Bildung durch Output- bzw. Leistungsmessung wird u. a. die Sorge transportiert, dass Perspektiven, die sich nur schwer quantitativ abbilden und prüfen lassen, nicht berücksichtigt werden. Damit sind insbesondere auch Inhalte angesprochen, die sich der Kompetenzmessung sowie der unmittelbaren Verwertung in der Praxis entziehen. In der Kompetenzorientierung wird dagegen argumentiert, dass es notwendig ist, Lernprozesse nach

---

M. Tomic Hensel (✉)
Department Soziales, Fachhochschule St. Pölten, St. Pölten, Österreich
E-Mail: marina.tomic-hensel@fhstp.ac.at

P. Renner
Ilse Arlt Institut für soziale Inklusionsforschung, Fachhochschule St. Pölten, St. Pölten, Österreich
E-Mail: patricia.renner@fhstp.ac.at

© Der/die Autor(en), exklusiv lizenziert an Springer Fachmedien Wiesbaden GmbH, ein Teil von Springer Nature 2025
P. Renner et al. (Hrsg.), *Bildung und Ausbildung im Diskurs,*
https://doi.org/10.1007/978-3-658-48571-9_1

sachlichen Kriterien vergleichbar und überprüfbar zu machen und sie an der Praxis auszurichten.[1]

Die Debatten um die Verhältnisbestimmungen berühren insbesondere auch Studiengänge, die den Anspruch haben, Bildung *und* Ausbildung zur Verfügung zu stellen. Im Studium der Sozialen Arbeit[2] gelten sowohl die kritisch-reflexive Haltung als auch methodisches Handeln in der Praxis als zentrale Kompetenzen, die in der Lehre zu fördern sind und daher auch im Kerncurriculum festgeschrieben wurden (vgl. FBKSSO 2024)[3]. Die Verbindung von Bildungsfunktion und Kompetenzorientierung erscheint damit in der akademischen Ausbildung der Sozialen Arbeit weniger als Widerspruch, sondern als Bedingung für die Herausbildung eines professionellen Habitus.

Vor dem Hintergrund des Anspruchs der Disziplin/Profession an das Studium im Speziellen sowie des bildungspolitischen Auftrags der Fachhochschulen in Österreich im Allgemeinen[4] ist es unser Anliegen, in diesem Sammelband weniger die Suche nach Differenzmarkierungen voranzutreiben (auch wenn diese stellenweise in den Beiträgen sichtbar werden). Vielmehr wollen wir die Frage ins Zentrum rücken, wie ein kritisch-reflexiver Bildungsanspruch realisiert werden kann, bei gleichzeitiger Berücksichtigung praxisrelevanter Anforderungen (vgl. dazu auch Reich-Claassen 2017:111).

Diese Perspektivierung erfordert einen selbstreflexiven Blick auf die fachspezifische akademische Ausbildung bzw. den Forschungs- und Lehrauftrag, um zum einen die Verweisungszusammenhänge und mögliche Ambivalenzen, die in der „Vermittlungsarbeit" sichtbar werden, zur Sprache zu bringen. Zum anderen und daraus folgend wird die Frage virulent, wie Lehrende mit der Gleichzeitigkeit

---

[1] Dieser Streit wird insbesondere in der bildungswissenschaftlichen Kontroverse um eine „Ökonomisierung von Bildung" ausgetragen und ist im Sonderheft der Vierteljahrsschrift für wissenschaftliche Pädagogik gut dokumentiert (vgl. Frost 2006). Einige kontroverse Positionen sind auch im Bildungsdiskurs der Sozialen Arbeit zu finden (vgl. den Beitrag von Tomic Hensel in diesem Band).

[2] Wenn wir von Sozialer Arbeit sprechen, dann sind damit, wie im Fachdiskurs mittlerweile üblich, sowohl die Sozialarbeit als auch die Sozialpädagogik gemeint. Trotz ihrer Eigenlogiken sind sie auf vielen Ebenen unauflöslich miteinander verwoben, sodass es aus unserer Sicht kaum möglich ist und auch wenig Sinn hat, die theoretischen Perspektiven voneinander getrennt zu diskutieren.

[3] FBKSSO steht für Fachbereichskonferenz der Studiengänge Soziale Arbeit in Österreich.

[4] § 3 (1) Fachhochschulgesetz (FHG): „Fachhochschulen haben die Aufgabe, Studiengänge auf Hochschulniveau anzubieten, die einer wissenschaftlich oder künstlerisch fundierten Berufsausbildung dienen." https://www.ris.bka.gv.at/GeltendeFassung.wxe?Abfrage=Bundesnormen&Gesetzesnummer=10009895 am 20.1.2025.

ihres Bildungs- und Ausbildungsauftrags konkret umgehen. Besonders interessiert uns die Frage, wie es möglich ist, in einem praxisorientierten Studiengang die Bedingungen für die Möglichkeit der Bildung im Sinne der Entwicklung einer kritisch-reflexiven, an professionsethischen Prinzipien orientierten Haltung zu schaffen. Zur professionellen Selbstvergewisserung gehört auch die Frage nach der Möglichkeit, sich über das Master-Niveau hinaus „weiterzubilden" bzw. in der eigenen Disziplin zu promovieren und so die Qualifizierung des wissenschaftlichen Nachwuchses sicherzustellen. Auch diese Perspektiven sind für den Diskurs über Bildung und Ausbildung von Relevanz.

Unser Interesse als Herausgeber:innen sowie die Idee zum Buch über die Verhältnisbestimmung von Bildung und Ausbildung speist sich aus einem Erkenntnis- und Diskussionsprozess, der über Monate hinweg stattfand und uns immer wieder zu unserer Eingangsfrage zurückführte: Wie ist ein bildender Umgang mit Wissen an der Fachhochschule möglich? Die Initialzündung für unsere Treffen war die jährliche Online-Konferenz *Social Work Science Day* an der Fachhochschule St. Pölten, die im Jahr 2023 zum *Thema Bildung, Lebens- und Arbeitswelt – Perspektiven der Inklusionsforschung*[5] abgehalten wurde und bei der wir unsere Ideen im Rahmen von Keynotes vortragen konnten. Unser Eindruck war, dass das Thema auf vielfältiges Interesse stößt, während wir gleichzeitig die Erfahrung teilen, dass die Zeit- und Reflexionsräume, um über das Verhältnis von Bildung und Ausbildung nachzudenken, strukturell verengt worden sind. Wir teilen auch die Erfahrung, dass sich die Rückfragen von Studierenden vermehrt auf den Workload bzw. die „Praxisrelevanz" der gelehrten Inhalte beziehen, während gleichzeitig (vor allem in den berufsbegleitenden Studiengängen) beklagt wird, dass es wenige Orte gibt, um über Inhalte noten- und zeitdruckentlastet zu diskutieren.

Unsere Beobachtungen nahmen wir zum Anlass, um das Thema zu vertiefen und zu überlegen, in welcher Form wir auch mit Kolleg:innen, die an Hochschulen forschen und lehren, in Austausch treten könnten: Das Ergebnis ist dieser Sammelband. Darin sind nicht nur unterschiedliche Perspektiven auf den Bildungsbegriff sowie den Bildungsauftrag an Fachhochschulen in Österreich und Deutschland versammelt, sondern auch Forschungsbefunde zu Möglichkeiten von Studierenden, ein Doktoratsstudium in der Sozialen Arbeit zu absolvieren. Die hier versammelten Beiträge geben Einblicke in ein spannendes und vielfältiges Thema.

---

[5] Social Work Science Day 2023: https://swsd.fhstp.ac.at/tagungsdokumentation/social-work-science-day-2023.

Eröffnet wird der Band mit dem Beitrag von *Lisa David* und *Hannes Birnkammerer* mit dem Titel *„Zwischen Bildung, Bologna und Curricula: Wie ein expliziter Bildungsgedanke in Studiengängen verankert werden kann"*. Sie werfen darin die Frage nach den grundsätzlichen Aufgaben und Zielen eines Hochschulstudiums auf, die sie vor dem Hintergrund des neuhumanistischen Bildungsgedankens beantworten. Die klassisch gewordene Idee von Bildung wird dabei nicht nur als reflexive Hintergrundfolie eingesetzt, sondern wird auch im Kontext der Bolognareform re-formuliert. Die Autor:innen argumentieren, dass die Verschränkung von Kompetenz und Bildung in der Bolognareform keinen Widerspruch darstellt, sondern eher Möglichkeiten eröffnet, eine kompetenzorientierte Bildung als Hochschulaufgabe zu verankern.

Daran anschließend nimmt *Marina Tomic Hensel* in ihrem Beitrag *„Bildung im Diskurs der Sozialen Arbeit – Befunde und Leerstellen"* die Frage nach den diskursiv hergestellten Bedeutungen des Terminus in der österreichischen Fachcommunity der Sozialen Arbeit in den Blick. Mit einer diskursanalytischen Perspektive arbeitet sie auf Grundlage von ausgewählten Fachzeitschriften nicht nur unterschiedliche Verwendungsweisen und Dimensionen eines umkämpften Begriffs heraus, sondern zeigt auch deren gemeinsame bildungstheoretische sowie ethische Implikationen auf. Dabei wird in der Analyse die kritische Auseinandersetzung mit der fachspezifischen (Aus-)Bildung als eine wesentliche diskursive Leerstelle markiert, die zum Anlass genommen wird, um Anfragen bezüglich des Bildungsauftrags im Studium der Sozialen Arbeit zu formulieren.

Der Beitrag *„Lustvoll forschend lernen und die Welt verändern"* von *Michaela Moser* kann als eine Antwort auf diese Anfrage betrachtet werden. Darin nimmt die Autorin die Praxis der Lehrforschung an der Fachhochschule St. Pölten (selbst)reflexiv in den Blick und fragt danach, wie es gelingt, über partizipative Forschungsansätze nicht nur wissenschaftliches Wissen zu generieren, sondern „im Interesse eines ‚guten Lebens für alle'" Bildungsprozesse anzustoßen. Ausgehend von der eigenen Erfahrung als Lehrende und Forschende plädiert sie für die Einbeziehung von Communitys und Co-Forschenden in den Forschungsprozess an den Fachhochschulen, weil damit (politische) Bildungsräume eröffnet werden, die dazu einladen, die eigenen Privilegien zu hinterfragen und das Wissens von „außen" in der akademischen Wissensproduktion sichtbar zu machen. Vor diesem Hintergrund macht sie auf die materiellen und die „inneren" Bedingungen, die aus ihrer Sicht notwendig sind, um „gute Bildung" zu ermöglichen, aufmerksam.

Die Frage nach Bildung im Studium wird auch von *Stefanie Kessler* und *Karsten König* in ihrem Beitrag *„Chancen der (Aus-)Bildung im dualen Studium an Hochschulen: Perspektiven von Praxispartner:innen und Studierenden"* aufgegriffen. Die Autor:innen legen darin die Ergebnisse ihres explorativen Forschungsprojektes „Organisationale Lernunterstützung im Dualen Studium" in den Studiengängen Soziale Arbeit und Betriebswirtschaft an der IU Internationalen Hochschule dar, wobei sie im Beitrag den Fokus auf die Soziale Arbeit legen. Dabei gehen sie der Frage nach, inwiefern (Aus-)Bildung im dualen Studium an Hochschulen eine Chance für Studierende und Praxisbetriebe sein kann und wann Ausbildung und/oder Bildung in einem ganzheitlichen Verständnis behindert werden. Auf Grundlage ihrer Befunde formulieren sie Vorschläge, wie das Bildungspotenzial in dualen Studiengängen entfaltet werden kann, und heben die Bedeutung der Stärkung des verknüpfenden Teils der Reflexion von Theorie und Praxis hervor.

Die Verzahnung von theoretischen Inhalten mit einer kritisch-reflexiven Betrachtung von Erfahrungswissen aus den Praxislernphasen wird anschließend auch von Dagmar Fenninger-Bucher und Regina Scheitel in ihrem Beitrag *„Bedeutung der Praxislernphasen für die Bildung einer professionellen Identität im Studium der Sozialen Arbeit"* aufgegriffen. Auf Basis einer qualitativen Befragung von Bachelorstudierenden gehen sie der Frage nach, wie Erfahrungen aus den absolvierten Praxislernphasen zur Bildung einer professionellen Identität als Sozialarbeiter:in beitragen. Entlang von vier Schlüsselphänomenen, die sie herausarbeiten, diskutieren sie Möglichkeiten und Herausforderungen in den Praxislernphasen und nehmen die Bedeutung der Begleitung und Unterstützung von Studierenden in diesen Prozessen in den Blick. Ausgehend von ihren Befunden machen sie auf den Bedarf an Weiterentwicklung und Aufwertung von professioneller Praxisanleitung in sozialen Organisationen aufmerksam.

Eine andere Perspektive auf die Ausbildung bietet der Beitrag *„Zur Relevanz sozio-digitaler Bildung im Studium Sozialer Arbeit"* von Barbara Stefan und Patricia Renner. Die Autorinnen werfen darin die Frage auf, welche Rolle eine kritische Auseinandersetzung mit der Digitalisierung in der Ausbildung von Sozialarbeiter:innen und Sozialpädagog:innen spielen könnte. Dabei nehmen sie zunächst auf Basis der Befunde aus dem Projekt Digital Spaces und kritischer Bezugnahme auf das Konzept des digitalen Kapitalismus die Herausforderungen und Möglichkeiten im Umgang mit digitalen Medien in der Jugendarbeit in den Blick. Auf dieser Grundlage schauen sie sich an, wie das Thema Digitalisierung in berufsqualifizierenden Studiengängen in Österreich curricular verankert ist, und unterstreichen in diesem Zusammenhang die Relevanz eines erweiterten (digitalen) Bildungsauftrages für die Soziale Arbeit, welcher eine kritisch-reflexive Auseinandersetzung mit den sozialen Facetten der Digitalisierung in der Ausbildung miteinschließt.

Der Beitrag „*Promotionsrecht an Fachhochschulen: Folgerungen aus aktueller Forschung zum strukturierten Doktorat in Österreich*" von *Barbara Hönig, Corinna Geppert und Attila Pausits* schaut aus einer anderen Perspektive auf die Möglichkeiten der (Aus-)Bildung im Rahmen der Sozialen Arbeit. Darin analysieren die Autor:innen auf Grundlage empirischer Daten die Potenziale und Herausforderungen eines Promotionsrechts an Fachhochschulen mit Fokus auf Soziale Arbeit und verweisen darauf, dass Absolvent:innen eines Masterstudiums in Sozialer Arbeit aktuell entweder im Ausland oder in einer universitär verankerten Bezugsdisziplin promovieren können. Die Autor:innen sprechen sich für die Entwicklung kooperativer Doktoratsprogramme oder Doktoratskollegs in Zusammenarbeit von Fachhochschulen und Universitäten in Anlehnung an internationale Beispiele aus. Dadurch könnte die Attraktivität der Doktoratsausbildung für Studierende in Österreich gesteigert und der Abwanderung des wissenschaftlichen Nachwuchses entgegengewirkt werden.

Der Sammelband schließt mit einem Beitrag von Tom Schmid mit dem Titel „Das *Bildungssystem als Gatekeeper in einer inklusiven Wirtschaft*", in dem die Verzahnung von Bildungs- und Arbeitsmarkt thematisiert wird. Der Autor macht deutlich, dass die zunehmende (überkonjunkturelle) Verknappung (qualifizierter) Arbeitskräfte am heimischen Arbeitsmarkt neue Anforderungen und Möglichkeiten für den Diskurs um eine inklusive Wirtschaft schafft. Die Segregation in „erste", „zweite", „dritte" und weitere Arbeitsmärkte kann aus Sicht des Autors dauerhaft überwunden werden, weil Bedürfnisse der Arbeitenden und Arbeitswollenden auf Bedürfnisse der Betriebe nach qualifizierten Arbeitskräften treffen. Er sieht im „Supported Employment" ein dafür geeignetes Instrument – ein inklusives Bildungssystem bildet die notwendige Klammer. Dass dieses Bildungssystem längst kein Sein ist, sondern ein Tun, zeigt beispielhaft eine studentische Initiative im Anhang dieses Beitrages. Sie kann Mut machen, weil es auch in den berühmten „Zeiten wie diesen" fantasiereiche Widerständigkeit gibt.

Die in unserem Band versammelten Beiträge zeigen zum einen, wie facettenreich das Verhältnis von Bildung und Ausbildung diskutiert wird. Zum anderen lässt sich darin trotz der unterschiedlichen Schwerpunktsetzungen ein gemeinsames Anliegen erkennen: Auf Basis unterschiedlicher Forschungszugänge werden Vorschläge formuliert, wie der Diskurs um Bildung sowie der eigene Studiengang so weiterentwickelt werden können, dass darin nicht nur Bildungs- und Ausbildungselemente gleichermaßen berücksichtigt werden, sondern auch eine weiterführende wissenschaftliche Qualifizierung möglich wird.

Gewidmet ist der Sammelband allen an der Sozialen Arbeit interessierten Leser:innen. Insbesondere hoffen wir durch die thematische Schwerpunktsetzung Hochschulangehörige in den Studiengängen Sozialer Arbeit anzusprechen.

Literatur

FBKSSO, Fachbereichskonferenz der Studiengänge Soziale Arbeit in Österreich (2024): Kerncurriculum der Bachelorstudiengänge Soziale Arbeit an Fachhochschulen. Kerncurriculum der Bachelorstudiengänge Soziale Arbeit an Fachhochschulen beschlossen am 31.10.2024 von der Fachbereichskonferenz der Sozialen Arbeit in Österreich – ÖSTERREICHISCHER BERUFSVERBAND DER SOZIALEN ARBEIT am 13.11.2024.

Frost, Ursula (Hrsg.) (2006): Unternehmen Bildung. Die Frankfurter Einsprüche und kontroverse Positionen zur aktuellen Bildungsreform. Sonderheft. In: Vierteljahresschrift für wissenschaftliche Pädagogik.

Reich-Claassen, Jutta (2017): Wissenschaftliche Weiterbildung zwischen kundenorientierten Lernkontexten und hochschulischem Bildungsanspruch. In: Miller, Tilly/Ostertag, Margit (Hrsg.) (2017): Hochschulbildung. Wiederaneignung eines existenziell bedeutsamen Begriffs. Stiftungsfachhochschule München (Hrsg.), Berlin/Boston, 111–122.

Dipl. Sozialpäd.[in] (FH) Marina Tomic Hensel, MA, ist FH-Professorin am Department Soziales der Fachhochschule St. Pölten. Sie hat Soziale Arbeit sowie Gender Studies studiert. Ihre Lehr- und Forschungsschwerpunkte sind u. a. Ökonomisierung, Bildungsdiskurse und Kasuistik. Sie untersucht in ihrer Dissertation im Bereich der Bildungswissenschaft die Kontroverse um die Ökonomisierung von Bildung aus einer diskursanalytischen Perspektive, marina.tomic-hensel@fhstp.ac.at.

Patricia Renner, BA, MA ist Sozialpädagogin und Sozialarbeiterin und Junior Researcher am Ilse Arlt Institut für Soziale Inklusionsforschung sowie stellvertretende Studiengangsleiterin im Bachelor Studiengang Sozialpädagogik der Fachhochschule St. Pölten. Ihre Lehr- und Forschungsschwerpunkte umfassen u. a. praxisorientierte Ausbildung, Praktika, berufliche Inklusion von Jugendlichen und Jugendarbeit. In ihrer Dissertation beschäftigt sie sich mit der Perspektive von Jugendlichen in Einrichtungen von AusbildungsFit und Qualifizierungsprojekten in Niederösterreich, patricia.renner@fhstp.ac.at.

Zwischen Bildung, Bologna und Curricula: Wie ein expliziter Bildungsgedanke in Studiengängen verankert werden kann

Lisa David und Hannes Birnkammerer

Zusammenfassung

Studienprogramme und deren Curricula dienen als Vermittlungsinstanz zwischen Hochschulpolitik und Lehr-Lernsituationen und sind damit zentral für die Lehrentwicklung an Universitäten. Zudem wird der Entwicklungsprozess eines „guten" Studiengangs durch das Fehlen evidenzbasierter Modelle erschwert. Dabei erfordern Akkreditierungsverfahren, sinkende Studierendenzahlen und steigende Abbruchquoten transparente Qualifikationsprofile und kohärente Zielsetzungen. Der Beitrag argumentiert, dass die Orientierung an einem neuhumanistischen Bildungsideal und dessen Transparenz als Qualitätsmerkmal berücksichtigt werden sollte. Diese normative Setzung, obwohl empirisch schwer überprüfbar, beeinflusst Curricula auf inhaltlicher Ebene sowie die Lehr- und Prüfungskulturen im Studiengang. Der Beitrag untersucht, wie ein expliziter Bildungsgedanke in Studiengängen verankert werden kann, insbesondere im Kontext der Bologna-Reform und der damit verbundenen Verschiebung des Fokus von Lehren auf Lernen. Bildung, so wird argumentiert, kann kompetenzorientiert gedacht werden, ohne dem Bologna-Prozess zu widersprechen. Abschließend werden hochschuldidaktische Möglichkeiten

---

L. David (✉)
Service- und Kompetenzzentrum für Lehr-/Lernentwicklung und Bildungsangebote (LEARN), Fachhochschule St. Pölten, St. Pölten, Österreich
E-Mail: lisa.david@fhstp.ac.at

H. Birnkammerer
Zentrum für Lehrkräftebildung und Fachdidaktik (ZLF), Universität Passau, Passau, Deutschland
E-Mail: hannes.birnkammerer@uni-passau.de

© Der/die Autor(en), exklusiv lizenziert an Springer Fachmedien Wiesbaden GmbH, ein Teil von Springer Nature 2025
P. Renner et al. (Hrsg.), *Bildung und Ausbildung im Diskurs*,
https://doi.org/10.1007/978-3-658-48571-9_2

für die konkrete Umsetzung von Bildung als Kompetenz im Rahmen von Studiengangsentwicklungsprozessen genannt.

1 Einleitung

Mit der Fokusverschiebung von Lehren auf Lernen, spätestens aber seit der Bolognareform ab 1999 rücken Studienprogramme und deren Curricula als Vermittlungsinstanz zwischen Hochschulpolicy und Lehr-Lern-Situationen in den Blick der Lehrentwicklung an Universitäten. Anlässe bestehen u. a. in Akkreditierungsverfahren oder konkreten fallbasierten Herausforderungen, wie dem Rückgang von Studierendenzahlen oder einer sich erhöhenden Anzahl von Studienabbrüchen. Stärker als zuvor besteht eine Aufgabe darin, Qualifikationsprofile transparent zu gestalten, überfakultär abzustimmen und die Ziele einer Hochschule kohärent abzubilden. Dieser Prozess wird im besten Fall nicht nur von externen (Marktanalysen, rechtlichen Vorgaben etc.), sondern auch internen (Personalstruktur, zur Verfügung stehende Fach- und Forschungsprofile etc.) Faktoren informiert und gerahmt.

Versucht die Hochschule nun, einen „guten" Studiengang zu entwickeln, werden die Sollgrößen (Qualitätsmerkmale) schwieriger greifbar, da es kein einheitliches theorie- bzw. evidenzbasiertes Modell gibt und die Forschungslage zu Qualitätsmerkmalen unterschiedlich stark ausgeprägt ist. Leicht zu finden sind in der Literatur die Vorgaben der Systemakkreditierung sowie Indikatoren für Lehrqualität (vgl. u. a. Schneider/Preckel 2017; Tafertshofer et al. 2018; Ulrich 2016). Auch Studierenden- bzw. Absolvent:innen-Befragungen geben Aufschluss über institutionell getroffene Entscheidungen zu konkreten Qualitätsmerkmalen bzw. können als Indikatoren zum Erreichen der Ziele herangezogen werden. Auf der Ebene von Studienprogrammen werden diese eher en passant erwähnt, beispielsweise Studierbarkeit, Kompetenz der Dozierenden (vgl. Brahm et al. 2016), Zufriedenheit der Studierenden (vgl. Müller 2016:200) oder Studienerfolg im Allgemeinen (vgl. Hillebrecht 2019). Eine weitere Möglichkeit, Kriterien für Studiengänge vorzuschlagen, besteht in der Analyse ihrer immanenten Aufgabe und Zielsetzung im Rahmen der Institution Hochschule. Dementsprechend argumentieren wir in diesem Beitrag, dass die Orientierung an einem neuhumanistischen Bildungsideal und die Transparenzmachung derselben ein weiterer Faktor ist, der als Qualitätsmerkmal bedacht werden sollte. Uns ist dabei bewusst, dass eine solche Setzung 1.) normativ ist und 2.) empirisch nicht überprüfbar. Dennoch soll diese bewusste Besinnung auf die Wurzel des deutschsprachigen Universitätsgedankens ein bedeutender Faktor in der Entwicklung von Studiengängen sein, der Auswirkungen auf die Curricula bis hin zur Lehr- und Prüfungskultur in den einzelnen Lehrveranstaltungen mit sich bringt. Dazu wird zu Beginn argumentiert, dass Bildung als Ziel eines Hochschulstudiums vielfach bedeutsam wird. Danach wird herausgearbeitet, dass Bildung kompetenzorientiert gedacht werden kann und nicht im Widerspruch zu den Ergebnissen des Bolognaprozesses steht. Welche Kompetenzen konkret unter den Bildungsbegriff fallen, wird im dritten Abschnitt genauer besprochen, bevor ein Einblick in hochschuldidaktische Möglichkeiten im Rahmen von Studiengangsentwicklungsprozessen gegeben wird.

2 Bildung als Ziel eines Hochschulstudiums

Das Selbstverständnis von Universitäten als Stätten der Pflege und Produktion von Wissenschaft impliziert, dass ein Hochschulstudium auf eine wissenschaftliche Ausbildung und disziplinäre Verankerung abzielt. Universitäre Lehre fokussiert dementsprechend evidenzbasierte Inhalte und die Vermittlung wissenschaftlicher Methodenkompetenz und sollte sich dieser Verbindung der Forschung und Lehre in allen Lehraspekten immer bewusst sein, wenn das eigene Selbstverständnis und die Rolle im tertiären Bildungssystem ernst genommen werden (vgl. Tenorth 2018:147–148; Mittelstraß 2020:21). Entsprechend bedeutsam ist die Förderung einer forschenden Haltung.

Diese Verbindung lässt sich seit der neuhumanistischen Diskussion um die Rolle und Gestaltung von Universität im 18. Jahrhundert immer wieder in Diskursen um die Bedeutung von universitärer Bildung bzw. deren Aufgaben nachzeichnen und wird unter dem Schlagwort *Bildung durch Wissenschaft* diskutiert. Bei diesem Bildungsgedanken, der nicht nur auf Humboldts Ideen basiert, doch mit ihm als Namenspatron rezipiert wird, stehen der Mensch und seine individuelle charakterliche Entwicklung im Mittelpunkt, die sich im reziproken Austausch mit der Umwelt durch die wissenschaftliche Methode vollzieht: Durch den Austausch mit Welt entwickelt sich die Persönlichkeit, und durch das Handeln einer gebildeten Persönlichkeit entwickelt sich wiederum die Welt um das Individuum herum zu einer besseren (vgl. Birnkammerer 2023). Ort für diese Entwicklung ist in den Augen der neuhumanistischen Denker die Universität – das Bildungsideal *Bildung durch Wissenschaft* fordert hierfür die vier oft zitierten und umfassend diskutierten Aspekte *Freiheit von Forschung und Lehre, Einheit von Forschung und Lehre* sowie *Einsamkeit und Freiheit der Wissenschaft* und *Einheit der Wissenschaft* (vgl. z. B. vom Bruch 2001; Tenorth 2018). Sosehr die institutionelle Verankerung dieses Bildungsideals auch als politischer Gegenpol zum napoleonischen, utilitaristischen Modell Frankreichs gedacht gewesen sein mag und institutionell nie umfassend umgesetzt (vgl. Paletschek 2013), so sehr bilden diese vier Aspekte dennoch bis heute das selbstreferenzielle Grundbild der Hochschulen, sozusagen ihre DNA.

Die Bedeutung wissenschaftlicher Bildung für eine berufsbezogene Tätigkeit wird und wurde dabei in zentralen Texten mitgedacht. So geht beispielsweise Humboldt davon aus, dass wissenschaftlich gebildete Bürger [sic!] in der Lage seien, den Staat weiterzuentwickeln, da dieser stärker von „Charakter und Handeln (…) [denn] von Wissen und Reden" (Humboldt 1809:232) profitiere, und Schleiermacher deutet an, dass die Berufsbefähigung immer schon ein „Nebenprodukt" einer wissenschaftlichen Qualifikation gewesen sei: „(…) von jeher sind die jungen Männer aus den Schulen der Weisen unmittelbar in die Säle der Gerichtshöfe und die Verwaltungskammern geströmt, um die Menschen beherrschen zu helfen" (Schleiermacher 1808:152). Rüegg spricht hier insgesamt von der manifesten und latenten Funktion von Hochschulbildung: Die Wissenschaft und das Streben nach Erkenntnisgewinn stellten dabei die manifeste Funktion dar, während die latente Funktion die Vermittlung eines auf dieser Wissenschaftlichkeit basierenden spezifischen Profils meine, das „zur Verminderung rationaler Unsicherheit bei der Ausübung intellektueller Berufe in einer gesellschaftlich verunsicherten Situation in Politik, Kirche, Rechts-, Gesundheits- und Bildungswesen notwendig [ist]" (Rüegg 2008:38).

In diesem Kapitel ist herausgearbeitet worden, welche Aufgaben ein Hochschulstudium zu erfüllen hat: Die wissenschaftliche Ausbildung und die disziplinäre Verankerung stehen dabei im Vordergrund, was durch das Selbstverständnis von Universitäten als Stätten der Pflege und Produktion von Wissenschaft begründet ist. Die universitäre Lehre fokussiert auf evidenzbasierte Inhalte und die Vermittlung wissenschaftlicher Methodenkompetenz, wobei die Förderung einer forschenden Haltung von großer Bedeutung ist. Dieses Verständnis von Hochschulen wird seit dem 18. Jahrhundert im Rahmen neuhumanistischer Diskussionen als *Bildung durch Wissenschaft* diskutiert. Darin inbegriffen und keinesfalls im Gegensatz dazu steht die Aufgabe, Berufsfähigkeit durch ein Hochschulstudium zu gewährleisten. Dadurch sollen wissenschaftlich gebildete Bürger:innen in der Lage sein, den Staat aktiv mitzugestalten bzw. weiterzuentwickeln.

3   Bildung als hochschulisches Leitbild heute

Dieses universitäre Selbstverständnis ist in Deutschland durch den Bolognaprozess ins Wanken geraten, und vielfach wurde kritisiert, dass durch die Bolognareform diese manifeste und diese latente Funktion quasi umgedreht worden seien. Die Kritik, beispielsweise formuliert bei Lenzen (2014) oder Nida-Rümelin (2013), bezieht sich dabei, wenn man sie strukturiert betrachtet, auf drei Ebenen: die Zielebene, die Umsetzungsebene sowie die Wirkungsebene. Die Quintessenz dieser Kritik lautet, dass Bologna und der Bildungsgedanke nicht vereinbar seien und die Veränderungen im Rahmen der Umsetzung des sogenannten Europäischen Hochschulraumes die Realisierung des universitären Bildungsideals unmöglich machen würden.

Betrachtet man jedoch die zentralen Texte des Bolognaprozesses – die Kommuniqués der jeweiligen Konferenzen – und nimmt zentrale, die Treffen informierende Positionspapiere der Bologna-Follow-up-Group in den Blick, zeigt sich ein weitaus differenzierteres Bild, wie in der Studie von Birnkammerer (2023) herausgearbeitet wurde. Die Stakeholder:innen-Papiere diskutieren die Bedeutung von Hochschulbildung jeweils wenig überraschend argumentativ sehr konsistent und gleichbleibend je nach Autor:innengruppe. So lässt sich beispielsweise in den Stellungnahmen von BusinessEurope ein stark ökonomisch-instrumentelles Bildungsverständnis feststellen, während die paneuropäische Bildungsgewerkschaft EI einem Bildungsideal folgt, das weitgehend mit dem klassischen Bildungsideal der Universität übereinstimmt. Bei den Kommuniqués der Konferenzen hingegen lässt sich eher eine Entwicklung und Veränderung nachzeichnen: Während die ersten Papiere – nach der idealistischen Sorbonne-Erklärung – sehr ökonomisch-instrumentell formuliert und gedacht werden und Bildung eher im Dienste der Wirtschaft gesehen wird, lassen sich ab dem Budapest/Wien-Kommuniqué, spätestens seit Bukarest 2012, immer mehr Positionen finden, die mit der Position einer „Bildung durch Wissenschaft" übereinstimmen: Die Rolle von Bildung für die Persönlichkeitsbildung und die Aufgabe von Hochschulen als gesellschaftskritischen und -transformierenden Institutionen werden weitaus öfter diskutiert und als bedeutsame Aufgabe von Hochschulbildung definiert. Der Fokus verschiebt sich von *Employability* hin zu in*dividuellen Bildungsprozessen.*

Die grundlegende Kritik ist dementsprechend aus heutiger Sicht nicht mehr umfänglich haltbar. Vielmehr zeigt sich, dass die Hochschulen nach wie vor die Möglichkeit haben, Bildung als Zieldimension zu definieren. Die Ansprüche zu Form und Operationalisierung des Bolognaprozesses können entsprechend genutzt werden, dies auch sichtbar zu machen.

Die Tatsache, dass ein Humboldt'sches Bildungsideal nicht 1: 1 auf die heutige Zeit übertragbar ist, ergibt sich aus der Pluralisierung der Gesellschaft. Pollak (2021, 2014) formuliert das Problem, dass sich bei der Auseinandersetzung mit Welt Unsicherheiten einstellen. Die Frage, worauf Bildung zielt, wird also „sowohl in gesellschaftlicher (materialer Kanon) wie in individueller (formale Persönlichkeitsbildung) Hinsicht nicht mehr die eine und die eine feste Antwort" (Pollak 2014:13) liefern können. Diese Überlegungen lassen sich mit denen von Mittelstraß (2019, 2020) kombinieren, wonach die Universität eine Schlüsselrolle in der Wissensgesellschaft einnimmt, da sie nicht nur Expert:innen ausbildet, sondern zudem die kritische Reflexion und vor allem auch den verantwortungsvollen Umgang mit Wissen vermittelt. Bildung ist dann jene Urteilskraft, die es ermöglicht, aus einer bloßen Ansammlung von Informationen Wissen zu formen und dieses Wissen kritisch zu hinterfragen. Dabei kann an die Forderung Pollaks angeknüpft werden, dass Bildung in unsicheren Zeiten Orientierung und Handlungsfähigkeit vermitteln muss: „Ohne Bildungselemente geht eine offene Gesellschaft an ihrer eigenen Wandelbarkeit zugrunde" (Mittelstraß 2019:24).

Pollaks Versuch, mithilfe eines kompetenzorientierten Bildungsbegriffes eine Antwort auf diese Pluralisierung zu geben, soll dabei die oft diskutierte Dichotomie zwischen Kompetenzen und Bildung aufbrechen. Bildungsziel ist weiterhin das Prinzip der Mündigkeit, also die Fähigkeit, selbstständig, kritisch und verantwortungsbewusst auf die Herausforderungen einer pluralistischen Welt zu reagieren und in diesem breiten gesellschaftlichen Angebot eine reflektierte und verantwortungsvolle Identität zu entwickeln. Dieses Bildungsziel dient als Orientierungsinstanz für den Kompetenzerwerb – entsprechend würden, auf die Studiengangsgestaltung bezogen, die von der Hochschule definierten Kompetenzerwartungen als jene Elemente identifiziert, die das Subjekt benötigt, um sich mit einer komplexen und unsicheren Welt auseinanderzusetzen und sich ganz im Humboldt'schen Sinne in dieser Auseinandersetzung zu bilden.

Die bisherigen Überlegungen deuten also an, dass das neuhumanistische Bildungsideal bzw. seine moderne Interpretation als normatives Ziel immer noch Bestand hat und darüber hinaus auch nicht durch die aktuellen Studienstrukturen unmöglich gemacht wird. Ein Fokus auf Kompetenzerwerb verhindert – aus unserer Sicht – Bildung nicht, wenn Kompetenzen spiralcurricular im Sinne von Bildung gedacht werden und die übergreifenden Bildungsziele explizit formuliert werden. Die folgenden Überlegungen sollen diesen Gedanken noch einmal deutlicher herausarbeiten, und anschließend sollen hochschuldidaktische Überlegungen zeigen, welche Folgen dies konkret für die Planung von Studiengängen hätte.

4 Vom Bildungsgedanken zu konkreten Kompetenzanforderungen

Wie wir gezeigt haben, sollten die drei Aspekte Wissenschaft, Berufsbefähigung und Persönlichkeitsentwicklung nicht als voneinander getrennt zu betrachtende Phänomene behandelt werden, sondern sie bilden ein Ganzes, da im Ideal einer *Bildung durch Wissenschaft* die Wissenschaft als Arbeits- und Denkweise sowie als Haltung die anderen Phänomene bedingt.

Die Berufsbefähigung ist dabei ein in der Literatur breit diskutiertes Phänomen. Sie umfasst die Kompetenz, fachlich-wissenschaftliches Wissen in berufspraktischen Einsatzfeldern anzuwenden bzw. an diese anzupassen. Auch soll vorhandenes Wissen in beruflichen Kontexten reflektiert und weiterentwickelt werden. Fachübergreifende Qualifikationen und beruflich einsetzbare Schlüsselkompetenzen runden eine Berufsorientierung ab (vgl. Schaper et al. 2013). Der Hochschulqualifikationsrahmen (HQR) greift dies unter den Dimensionen *Wissen und Verstehen* sowie *Einsatz, Anwendung und Erzeugung von Wissen* auf (vgl. Bartosch et al. 2021:10).

Die beiden anderen Dimensionen des HQR, *Kommunikationsfähigkeit* sowie *wissenschaftliches Selbstverständnis/Professionalität,* können dann wiederum als Umschreibung der Persönlichkeitsbildung gesehen werden. Kommunikationsfähigkeit wird als sich „verständlich machen" und „andere verstehen" können perspektivisch gerahmt (Maile-Pflughaupt/Stief 2021:72). Die Kompetenzdimension „wissenschaftliches Selbstverständnis/Professionalität" wird mit Selbstkompetenz umschrieben (Hochschulrektorenkonferenz 2017). Selbstkompetenz kann sowohl als Bewältigungskompetenz (vgl. Schaarschmidt 2004:100) als auch Reflexionsfähigkeit (vgl. Hübel und Seidl 2012) beschrieben werden. Eine weitere Lesart ist der Umgang mit sich selbst (vgl. Haack 2018) bzw. die Fähigkeit, für sich selbst verantwortlich handeln zu können in Abgrenzung zu gesellschaftlichen Normen (vgl. Roth 1971:181). Selbstkompetenz, als Bewältigungskompetenz, Reflexionsfähigkeit und die Fähigkeit, gesellschaftliche Verantwortung zu übernehmen, könnte demnach ein Bündel darstellen, das konkret „Bildung" genannt wird. Dieses Kompetenzbündel wird umso wichtiger, wenn man die bereits diskutierte Pluralisierung der Gesellschaft und die damit einhergehende Unsicherheit, Ungewissheit und Offenheit bedenkt.

Diese einzelnen Fähigkeiten lassen sich an einem Ort, der Wissenschaft pflegt und mehrt, zu einem übergreifenden Hochschulbildungsziel integrieren. Wissenschaftliche Arbeit ist dann, wenn sie erkenntnistheoretischen und emanzipatorischen Interessen folgt, theoretisch auch geeignet, Bewusstsein für gesellschaftliche Herrschaftsmechanismen zu schaffen (vgl. David 2018; Jenert

2011). Hochschulabsolvent:innen wären demnach prädestiniert, dieses Bewusstsein zu nutzen, um Veränderungen von herrschaftlichen Verhältnissen bzw. gesellschaftlichen Zusammenhängen zu erwirken (siehe dazu Negt 1993:71–72). Dies entspricht dann der Idee der *Bildung durch Wissenschaft*, wie sie bereits im aufklärerischen Diskurs angedacht war und nach wie vor Teil der Diskussion in Hochschulentwicklungsprozessen darstellen sollte. Hier zeigt sich das Wechselspiel zwischen Subjekt und Welt, das Humboldt anspricht – die Verantwortung in der Wissenschaft ist nicht durch reine Forschungstätigkeiten einzulösen: „Die Identifikation, Betrachtung, Analyse, Bewertung und Reflexion von Rahmenbedingungen, divergierenden Interessen, gesellschaftlichen Wirkungen, ethischen Fragen und Dilemmata, Entwicklungspfaden, Handlungsspielräumen und Gestaltungsoptionen im offenen kommunikativen Miteinander und im gegenseitigen kritischen Diskurs muss wesentlicher Teil von Hochschullehre und Studium sein" (Streibl 2016). Die Breite dieser Forderungen verbindet sich mit Bartoschs Forderung (2008) nach Verantwortung als Bildungsziel. Verantwortung umfasst dabei sowohl die persönliche Reflexion der Folgen wissenschaftlichen Handelns als auch die Verknüpfung von Spezialwissen mit interdisziplinären Ansätzen und gesellschaftlicher Wirkung. Diese Haltung sollte bereits in der universitären Lehre und Forschung vermittelt werden, damit Studierende früh die Relevanz und Verantwortung ihres Handelns verstehen und reflektieren können. Dies bedeutet jedoch auch, dass Hochschulen selbst diese Verantwortung vorleben sollten und die Bedingungen dafür schaffen müssten, beispielsweise durch Förderung der Interdisziplinarität.

Aus diesen Überlegungen ergibt sich folgender Vorschlag für eine Definition des Hochschulbildungsziels: Ein Studium zielt darauf ab, durch wissenschaftsmethodisch erschlossenes Wissen und Können das eigene Welt- und Selbstverständnis zu transformieren. Zudem sind Hochschulabsolvent:innen in der Lage, durch Selbst- und Mitbestimmung, Kritikfähigkeit und Widerstandskraft sowie Solidarität Gesellschaft mitzugestalten und zu verändern.

Hier wird erneut deutlich, dass Bildung nach wie vor einem Aufklärungsgedanken folgt und ein Bildungsbegriff an Hochschulen weiterhin eng gebunden an die Ideale von Wilhelm von Humboldt diskutiert wird (vgl. Merkt 2021; Tenorth 2018). Strategien im Umgang mit Offenheit, Orientierungslosigkeit, Ungewissheit und Unsicherheit als gesellschaftlichen Phänomenen führen zu einer individuellen und beruflichen Verwertbarkeit dieser Bildungsziele (vgl. Pollak 2021). Mit beruflicher Verwertbarkeit ist an dieser Stelle kein wirtschaftlich-liberal ausgerichteter Employability-Gedanke gemeint. Die berufliche Relevanz eines Studiums gehört zu einem lebensweltorientierten Bildungsziel.

Ein bewährtes didaktisches Format besteht in problem- bzw. projektorientiertem Lernen. Solche Methoden ermutigen Studierende, sich multiperspektivisch mit den Lerninhalten auseinanderzusetzen und eigenständig Lösungen zu entwickeln (vgl. u. a. Rummler 2012). Neben problembasiertem Lernen stellen forschungsbasiertes, forschungsorientiertes sowie forschendes Lernen Konzepte dar, die *Bildung durch Wissenschaft* mit Leben befüllen. So zielen forschungsbasierte Lehr-Lern-Konzepte darauf ab, aktuelle (ggf. eigene) Forschung mit den Lehrveranstaltungsinhalten zu verzahnen, damit Studierende Forschungsprozesse konkret nachvollziehen können. Ist eine Lehrveranstaltung forschungsorientiert, dann werden die Studierenden an die aktuelle Forschung heranführt, wobei ein besonderer Wert auf die Einübung und Reflexion von methodologischen Überlegungen gelegt wird. Forschendes Lernen ermöglicht Studierenden wiederum, selbst forschend tätig zu werden (Huber und Reinmann 2019:95). Diese drei aufeinander aufbauenden Prinzipien können spiralcurricular, also aufeinander aufbauend, benutzt werden, um den Lernprozess kontinuierlich zu vertiefen.

Die in diesem Kapitel herausgearbeitete Diskussion kann als Basis dienen, um Bildungsziele in Kompetenzanforderungen zu übersetzen. Entsprechende Antworten lassen sich in Form von Kompetenzkatalogen finden. Der „Reference Framework of Competences for Democratic Culture" (Council of Europe 2021) oder Oskar Negts Schlüsselqualifikationen für die Erwachsenenbildung (vgl. Negt 1993: 663–666) sind konkrete Beispiele für Kompetenzkataloge, die über die vielfach genannten Future Skills, wie z. B. digitale Anwendungskompetenz, hinausgehen.

5 Bildung als Leitlinie für die Hochschuldidaktik

Lehr-Lern-Entwicklungsprozesse z. B. in Form von Hochschuldidaktik können wesentlich dazu beitragen, Bildung in Studiengängen zu verankern. Denn die Förderung solcher fachübergreifenden, gesellschaftsrelevanten Bildungsziele bedarf konkreter Voraussetzungen: Zum einen muss die Schaffung geeigneter Lernumgebungen mit geschützten Diskussionsräumen ermöglicht werden. Zum anderen braucht es Lehrende, die es verstehen, kritische Fragen aufzuwerfen, das Beantworten anzuleiten und zu begleiten sowie selbst als Vorbild für kritisches Denken zu dienen (vgl. Gerholz/Sloane 2013). Ein weiter Utopiehorizont sowie Prozessorientierung und ein gewisser Mut gehören ebenfalls dazu (vgl. ebd. 2013:115).

Es lohnt sich nicht nur, einen Blick auf konkrete didaktische Formate, sondern auf die Curriculumsarchitektur insgesamt zu werfen, mit der Frage, wie

Bildungsziele kompetenzorientiert im Curriculum verankert werden können (vgl. Kruse 2010:84–85). Es bieten sich zwei konkrete Möglichkeiten, Bildungsziele in Studiengängen zu adressieren: integrativ oder ergänzend. So ergänzen z. B. freie Wahl(pflicht)fächer und Wahlkörbe sowie ausgewiesene Lehrveranstaltungen im Curriculum das jeweilige Qualifikationsprofil. Eine Integration in bestehende Lehrveranstaltungen kann durch explizite Themenblöcke oder durch implizite Themen im Rahmen des fachspezifischen Kompetenzerwerbs (Meyer-Guckel et al. 2019) erfolgen.

Um akademische Bildungsprozesse zu fördern, bedarf es genügend Wahlmöglichkeiten und Freiräumen für selbstbestimmtes Studieren, weniger dichter Studienpläne und weniger Druck durch viele studienbegleitende Prüfungen (vgl. Merkt 2021). Zudem könnten vermehrt Prüfungsformate eingeführt werden, die einen verstärkten wissenschaftlichen Fokus aufweisen und in deren Rahmen eigene Forschungsergebnisse der Studierenden diskutiert werden.

Die Lehr-Lern-Entwicklung in Form von Hochschuldidaktik kann durch die Beratung von Lehrenden zu geeigneten diskursfördernden didaktischen Konzept sowie durch Haltungsarbeit einen direkten Beitrag leisten. Zudem bedarf es für die Verankerung von Bildung in Studiengängen hochschuldidaktischer Beratung zu geeigneten didaktischen Formaten im Curriculum sowie der Integration von Bildungszielen in den Modulen.

6 Fazit

In diesem Artikel haben wir herausgearbeitet, dass Bildung als Ziel eines Hochschulstudiums von erheblicher Bedeutung ist und auf aktuelle gesellschaftliche Anforderungen reagieren kann. Wir argumentieren, dass Bildung kompetenzorientiert gedacht werden kann und keineswegs im Widerspruch zu den Zielen des Bolognaprozesses steht. Zudem wird konkretisiert, welche Kompetenzen unter den Bildungsbegriff fallen, bevor wir zum Schluss einen Einblick in hochschuldidaktische Möglichkeiten im Rahmen von Studiengangsentwicklungsprozessen gegeben haben.

Damit Bildung kein reiner Gedanke bleibt, muss sie aus unserer Sicht jedoch als explizites und geplantes Ziel verfolgt werden und darf nicht dem Zufall überlassen bleiben. Der konsequente Rückbezug auf den Bildungsgedanken und daraus ableitbare Kompetenzziele erlaubt es, Studiengänge zumindest anzureichern und/oder möglicherweise völlig neu zu konzipieren. Der Rückbezug auf die (teilweise impliziten) Aufgaben von Hochschulen bzw. Hochschulstudien kann somit als Qualitätsmerkmal guter Studiengänge dienen.

Literatur

Bartosch, Ulrich (Hrsg.): Warum und zu welchem Ende betreiben wir Sozialarbeitswissenschaft? Abschiedsvorlesung von Prof. Dr. Hans-Jürgen Göppner mit Symposium vom 10. Juli 2008. Eichstätt/Ingolstadt, Katholische Universität Eichstätt-Ingolstadt.

Bartosch, Ulrich. (2008): Wissenschaft in der Verantwortung. Zwischen „Bologna" und „Lissabon". In: Bartosch, Ulrich (Hrsg.): Warum und zu welchem Ende betreiben wir Sozialarbeitswissenschaft? Abschiedsvorlesung von Prof. Dr. Hans-Jürgen Göppner mit Symposium vom 10. Juli 2008. Eichstätt/Ingolstadt, Katholische Universität Eichstätt-Ingolstadt, 75–86.

Bartosch, Ulrich/Maile-Pflughaupt, Anita/Heigl, Nadine/Thomas, Julia (2021): Weiterentwicklung und Restrukturierung des QR für deutsche Hochschulabschlüsse. In: Hochschulrektorenkonferenz (Hrsg.): Der deutsche Hochschulqualifikationsrahmen. Theorie und Praxis. Berlin, Hochschulrektorenkonferenz, 37–66.

Beckmann, Udo (2004): Ein neues Bild vom Lehrerberuf? Pädagogische Professionalität nach PISA. Beiträge zur Reform der Lehrerbildung. Ludwig Eckinger zum 60. Geburtstag. Weinheim, Beltz.

Birnkammerer, Hannes (2023): Bildung trotz Bologna. Analyse zum Bildungsbegriff an deutschen Universitäten im Kontext der europäischen Hochschulreform (Doctoral dissertation, Universität Passau). https://nbn-resolving.org/urn:nbn:de:bvb:739-opus4-12328.

Brahm, Taiga/Jenert, Tobias/Euler, Dieter (2016): Pädagogische Hochschulentwicklung. Wiesbaden, Springer.

Council of Europe (2021): The Reference Framework of Competences für Democratic Culture in Brief. https://www.coe.int/en/web/reference-framework-of-competences-for-democratic-culture am 1.12.2024.

David, Lisa (2018): Mündige Bürger*innen als Ziel kritischer Hochschullehre. In: Jahn, Dirk; Kenner, Alessandra; Kergel, David & Heidkamp-Kergel, Birte (Hrsg.): Kritische Hochschullehre. Springer, Fachmedien, Wiesbaden, 81–96.

Der Präsident der Humboldt-Universität zu Berlin (Hrsg.): Gründungstexte. Berlin, Humboldt-Universität.

Fehér, István/Oesterreich, Peter L. (Hrsg.): Philosophie und Gestalt der Europäischen Universität. Stuttgart, Frommann-Holzboog.

Gerholz, Karl-Heinz/Sloane, Peter (2013): Studiengang- und Modulentwicklung. Aktuelle Herausforderungen und Potentiale zur forschungsorientierten Gestaltung. In: Gerholz, Karl-Heinz/Sloane, Peter E. F. (Hrsg.): Studiengänge entwickeln – Module gestalten. Eine Standortbestimmung nach Bologna. Paderborn, Eusl, 5–28.

Gerholz, Karl-Heinz/Sloane, Peter E. F. (Hrsg.): Studiengänge entwickeln – Module gestalten. Eine Standortbestimmung nach Bologna. Paderborn, Eusl.

Haack, Adrian (2018): Dramapädagogik, Selbstkompetenz und Professionalisierung. Heidelberg.

Hillebrecht, Lena (2019): Studienerfolg von berufsbegleitend Studierenden Entwicklung und Validierung eines Erklärungsmodells. Wiesbaden, Springer.

Hochschulrektorenkonferenz (2017): Der deutsche Hochschulqualifikationsrahmen. Theorie und Praxis. Berlin, Hochschulrektorenkonferenz. https://www.hrk.de/fileadmin/redaktion/hrk/02-Dokumente/02-10-Publikationsdatenbank/Beitr-2021-01_Hochschulqualifikationsrahmen.pdf am 1.12.2024.

Hübel, Isa/Seidl, Tobias (2012): „Studieren mit Profil". Ein innovatives Lernsetting zur Entwicklung von Selbstkompetenz. In: Zeitschrift für Hochschulentwicklung 7(4), 42–49, https://zfhe.at/index.php/zfhe/article/view/458 am 1.12.2024.

Huber, Ludwig/Reinmann, Gabi (2019): Vom forschungsnahen zum forschenden Lernen an Hochschulen. Wiesbaden, Springer.

Humboldt, Wilhelm von (1809/2010): Antrag auf Errichtung der Universität Berlin. In: Der Präsident der Humboldt-Universität zu Berlin (Hrsg.): Gründungstexte. Berlin, Humboldt-Universität, 243–250.

Jenert, Tobias (2011): Die Studierenden? Ein sozio-kultureller Blick auf das Studieren in Bologna-Strukturen. In: Zeitschrift für Hochschulentwicklung 6(2), 61–77.

Kruse, Otto (2010): Kritisches Denken als Leitziel der Lehre. Auswege aus der Verschulungsmisere. In: Die Hochschule. Journal für Wissenschaft und Bildung 19(1), 77–86.

Lenzen, Dieter (2014): Bildung statt Bologna! Berlin, Ullstein.

Maile-Pflughaupt, Anita/Stief, Mahena (2021): Kommunikations- und Kooperationsfähigkeit als hochschulische Bildungsziele. In: Hochschulrektorenkonferenz (Hrsg.): Der deutsche Hochschulqualifikationsrahmen. Theorie und Praxis. Berlin, Hochschulrektorenkonferenz, 67–94, https://www.hrk.de/fileadmin/redaktion/hrk/02-Dokumente/02-10-Publikationsdatenbank/Beitr-2021-01_Hochschulqualifikationsrahmen.pdf am 1.12.2024.

Merkt, Marianne (2021): Hochschulbildung und Hochschuldidaktik. Entwicklung eines theoretischen Rahmenmodells. Bielefeld.

Meyer-Guckel, Volker/Klier, Julia/Kirchherr, Julian/Winde, Michael (2019): Future Skills: Strategische Potenziale für Hochschulen. In Kooperation mit McKinsey & Company. Essen, Stifterverband für die Deutsche Wissenschaft, https://www.stifterverband.org/medien/future-skills-strategische-potenziale-fuer-hochschulen am 1.12.2024.

Mittelstraß, Jürgen (2019): Bildung in einer Wissensgesellschaft. In: heiEDUCATION 3, 21–36.

Mittelstraß, Jürgen (2020): Gedanken über Bildung. In: Vierteljahrsschrift für wissenschaftliche Pädagogik 95(4), 531–539.

Müller, Wilfried. (2016): Vom „Durchwursteln" zur kontinuierlichen Verbesserung? Akteurskonstellationen deutscher Universitäten bei Innovationsprozessen von Lehre und Studium. In: Brahm Taiga/Jenert, Tobias/Euler, Dieter (Hrsg.): Pädagogische Hochschulentwicklung. Wiesbaden, Springer, 189–202.

Negt, Oskar (1993): Wir brauchen eine zweite, gesamtdeutsche Bildungsreform. In: Gewerkschaftliche Monatshefte 11, 657–668.

Nida-Rümelin, Julian (2013): Philosophie einer humanen Bildung. Hamburg, Edition Körber-Stiftung.

Paletschek, Sylvia (2013): Die Erfindung der Humboldtschen Universität. Die Konstruktion der deutschen Universitätsidee in der ersten Hälfte des 20. Jahrhunderts. In: Historische Anthropologie 10(2), 183–205.

Pollak, Guido (2014): Was heißt Bildung? Bildungsarbeit im ländlichen Raum. In: Schmied, Doris/Bombeck, Henning/Born, Karl Martin (Hrsg.): Bildung im Dorf. Was leistet Bildung für ländliche Räume? Göttingen, Cuvillier, 9–44.

Pollak, Guido (2021): Der kompetenztheoretische Bildungsbegriff. In: Hochschulrektorenkonferenz (Hrsg.): Der deutsche Hochschulqualifikationsrahmen. Theorie und Praxis. Berlin, Hochschulrektorenkonferenz, 95–158, https://www.hrk.de/fileadmin/redaktion/hrk/02-Dokumente/02-10-Publikationsdatenbank/Beitr-2021-01_Hochschulqualifikationsrahmen.pdf am 1.12.2024.

Roth, Heinrich (1971): Pädagogische Anthropologie. Bd. 2: Entwicklung und Erziehung. Grundlagen einer Entwicklungspädagogik. Hannover.

Rüegg, Walter (2008): Das Europa der Universitäten. Tradition – Brückenkopf – Liberale Modernisierung. In: Fehér, István/Oesterreich, Peter L. (Hrsg.): Philosophie und Gestalt der Europäischen Universität. Stuttgart, Frommann-Holzboog, 31–59.

Rummler, Monika (2012): Innovative Lehrformen: Projektarbeit in der Hochschule. Projektbasiertes und problemorientiertes Lehren und Lernen. Weinheim.

Schaarschmidt, Uwe (2004): Fit für den Lehrerberuf? Psychische Gesundheit von Lehramtsstudierenden und Referendaren. In: Beckmann, Udo (Hrsg.): Ein neues Bild vom Lehrerberuf? Pädagogische Professionalität nach PISA. Beiträge zur Reform der Lehrerbildung. Ludwig Eckinger zum 60. Geburtstag. Weinheim, Beltz, 100–114.

Schaper, Niclas/Schlömer, Tobias/Paechter, Manuela (2013): Editorial: Kompetenzen, Kompetenzorientierung und Employability in der Hochschule. In: Zeitschrift für Hochschulentwicklung 7(4), I–V.

Schleiermacher, Friedrich Daniel Ernst (1808/2010): Gelegentliche Gedanken über Universitäten in deutschem Sinn. Nebst einem Anhang über eine neu zu errichtende. In: Der Präsident der Humboldt-Universität zu Berlin (Hrsg.): Gründungstexte. Berlin, Humboldt-Universität zu Berlin, 123–228.

Schmied, Doris/Bombeck, Henning/Born, Karl Martin (Hrsg.): Bildung im Dorf. Was leistet Bildung für ländliche Raume? Göttingen, Cuvillier, 9–44.

Schneider, Michael/Preckel, Francis (2017): Variables Associated with Achievement in Higher Education. A Systematic Review of Meta-Analyses. In: Psychological Bulletin 143(6), 565–600. https://doi.org/10.1037/bul0000098.

Schwinges, Rainer Christoph (Hrsg.): Humboldt international. Der Export des deutschen Universitätssystems im 19. und 20. Jahrhundert. Basel, Schwabe.

Streibl, Ralf E. (2016): Ein offener Brief. Kooperation zwischen Hochschule Bremen und Bundeswehr. In: Wissenschaft und Frieden 2016/3, 37–41.

Tafertshofer, Lorenz/Werner, Evamaria/Schmidt-Hertha, Bernhard (2018): Grundlagen der Reputation von Studienstandorten. Bewertungsmaßstäbe für die Qualität von Hochschulstandorten und Studiengängen aus der Sicht von sozialwissenschaftlichen Professorinnen und Professoren. In: Beiträge zur Hochschulforschung 40(2), 68–89.

Tenorth, Heinz-Elmar (2018): „Bildung durch Wissenschaft". Ein Bildungskonzept in seiner Geschichte. In: Tenorth, Heinz-Elmar (Hrsg.): Wilhelm von Humboldt. Bildungspolitik und Universitätsreform. Paderborn, Schöningh, 201–218.

Ulrich, Immanuel (2016): Gute Lehre in der Hochschule Praxistipps zur Planung und Gestaltung von Lehrveranstaltungen. Wiesbaden.

vom Bruch, Rüdiger (2001): Die Gründung der Berliner Universität. In: Schwinges, Rainer Christoph (Hrsg.): Humboldt international. Der Export des deutschen Universitätssystems im 19. und 20. Jahrhundert. Basel, Schwabe, 53–74.

Dr.[in] Lisa David ist Bildungswissenschaftlerin und Leiterin des Service- und Kompetenzzentrums für Lehr-Lern-Entwicklung und Bildungsangebote (LEARN) an der Fachhochschule St. Pölten. Ihre Forschung fokussiert Lehr-Lern-Forschung, Studiengangsentwicklung und didaktische Reflexion, lisa.david@fhstp.ac.at.

Dr. Hannes Birnkammerer ist Medienpädagoge und arbeitet im Zentrum für Lehrkräftebildung und Fachdidaktik der Universität Passau. Er forscht und lehrt zu Game-Based Learning, Hochschul- und Demokratiebildung und zu didaktischen Konzepten in der Lehrkräftebildung, hannes.birnkammerer@uni-passau.de.

Bildung im Diskurs der Sozialen Arbeit – Befunde und Leerstellen

Marina Tomic Hensel

Zusammenfassung

Das Interesse am Thema Bildung ist sowohl im öffentlichen als auch in politischen und wissenschaftlichen Diskursen seit geraumer Zeit ungebrochen. Dabei wird der Begriff in vielfältiger Weise verwendet, sodass nicht immer klar zu sein scheint, was mit Bildung gemeint ist, wenn von Bildung die Rede ist. Auch in der Sozialen Arbeit hat sich der Diskurs um Bildung seit den 2000er Jahren intensiviert und unterschiedliche Facetten des Begriffs hervorgebracht. In diesem Beitrag wird der Frage nachgegangen, welche Ideen und Konzepte darin zu finden sind und wie sich diese auf die akademische Ausbildung Sozialer Arbeit beziehen lassen. Der diskursanalytische Blick gilt ausgewählten Fachzeitschriften in Österreich. Dabei zeigt sich, dass der Bildungsbegriff, obwohl z. T. differierend konturiert, im Wesentlichen auf bildungstheoretischen und professionsethischen Grundlagen beruht. Eine Leerstelle bleibt dabei der (Aus-)Bildungs-Auftrag im Studium Sozialer Arbeit. Der Anspruch des Beitrags ist es, durch das Zusammentragen der Befunde und auf dieser Basis formulierte Anfragen einen Anstoß für die Weiterentwicklung des Diskurses zu geben.

M. Tomic Hensel (✉)
Department Soziales, Fachhochschule St. Pölten, St. Pölten, Österreich
E-Mail: marina.tomic-hensel@fhstp.ac.at

1 Ausgangspositionierung

Schaut man sich in öffentlich-medialen, politischen und wissenschaftlichen Diskursen um, so scheint das Interesse am Thema *Bildung* seit Jahren ungebrochen. Mit dem Einsatz des Terminus werden dabei unterschiedliche Gegenstände adressiert. In der medialen Berichterstattung bekommt man zuweilen den Eindruck, dass der Begriff vorwiegend als Verweis *auf* etwas auftaucht, wenn z. B. von *Bildung*sinitiativen, *Bildung*ssystemen oder *Bildung*sreformen die Rede ist, während in bildungspolitischen Kontexten Bildung vorwiegend im Kontext formaler Schul- bzw. Hochschulbildung zur Sprache gebracht wird. In einer ganzen Reihe von Subdisziplinen, den sogenannten Bildungswissenschaften (u. a. Bildungssoziologie, Bildungspsychologie, Bildungsökonomie, Erziehungs- bzw. Bildungswissenschaft), wird Bildung mit unterschiedlichen inhaltlichen Bezügen beschrieben und mitunter auch innerdisziplinär kontroversiell verhandelt. Auch in Disziplinen, die nicht explizit zu den Bildungswissenschaften zählen, aber dennoch eng mit diesen verbunden sind, spielt der Begriff eine nicht unwesentliche Rolle – so auch in der Sozialen Arbeit. Dies ist nicht weiter verwunderlich, hat doch die Soziale Arbeit den Anspruch, sozialpädagogische und sozialarbeiterische Inhalte unter einem gemeinsamen Dach zu vereinen.

Vor dem Hintergrund der hier skizzierten Pluralität der Verwendungskontexte des Begriffs drängt sich die Frage auf, welche Bedeutung dem Begriff von Bildung zukommt bzw. zukommen kann.[1] Im vorliegenden Beitrag möchte ich dieser Frage nachgehen, wobei mein Blick dem Diskurs der *Sozialen Arbeit* in *Österreich* gilt. Diese Perspektive ist für mich nicht nur deshalb naheliegend, weil ich als Lehrende an einer österreichischen Fachhochschule einen (Aus-)Bildungs-Auftrag in den Studiengängen Soziale Arbeit und Sozialpädagogik habe, sondern vor allem auch aus dem Grund, weil die Diskussion um den Bildungsbegriff in Österreich wenig ausgeprägt ist, sodass m. E. hier ein gewisser Nachholbedarf besteht.

Nun könnte es auf den ersten Blick nicht so selbstverständlich erscheinen, die Fragen nach Bildung aus der Perspektive einer Disziplin zu verhandeln, die an einer Fachhochschule angesiedelt ist, und dies aus zwei Gründen: 1) Zum einen wird den Fachhochschulen nicht selten aufgrund ihres praxisorientierten Profils bzw. rechtlichen Auftrags, *Berufsausbildung* anzubieten (§ 3

---

[1] Ein lesenswerter Beitrag zum inflationären Gebrauch von „Bildung" findet sich bei Jörg Ruhloff (2006).

Abs. 1),[2] der *Bildungsanspruch* abgesprochen. Die bildungspolitische Schwerpunktsetzung wird mitunter zum Anlass genommen, um die wissenschaftliche Bildung (an der Universität) gegen die bloße Berufsausbildung (an den Fachhochschulen) abzugrenzen und zu „verteidigen". Während die universitäre Bildung auf die Persönlichkeitsentwicklung abziele, würden im Studium an der Fachhochschule lediglich Kompetenzen für die Praxis vermittelt, so die Kritik (vgl. bspw. Nida-Rümelin 2006, kritisch zur „Verfachhochschulung der Universität"). Was dabei transportiert wird, ist: Was Ausbildung ist, kann nicht Bildung sein. 2) Zum anderen wird infrage gestellt, ob und in welcher Form der Sozialarbeit als *Disziplin und Praxis* ein Bildungsauftrag zukommt. So argumentiert Pantuček-Eisenbacher (2016:15), dass Bildungsfragen auch in der Sozialarbeit eine Rolle spielen würden, die „erste Aufgabe" seien sie aber nicht. Vielmehr beschäftige sich Sozialarbeit mit sozialer Exklusion und Existenzsicherung (ebd.). Ihr Auftrag, so kann der Einwand gelesen werden, liegt darin, die strukturellen Bildungsungleichheiten zu benennen und ggf. auszugleichen. Aus dieser Perspektive kommt nicht der Sozialarbeit, sondern der Sozialpädagogik die Aufgabe zu, die Frage nach dem Bildungsbegriff zu stellen.

Wie also Bildung und Soziale Arbeit in ein Verhältnis gebracht werden, hängt u. a. auch davon ab, wie Bildung und Ausbildung bzw. Sozialarbeit und Sozialpädagogik in ihrem Verhältnis bestimmt werden. Ohne diese beiden Debatten hier vertiefend verfolgen zu können, möchte ich dennoch zwei meiner Prämissen darlegen, weil sie meinen Blick bei der Suche nach dem Bildungsbegriff in der Sozialen Arbeit leiten:

1) Soziale Arbeit als akademische Disziplin hat den Auftrag, eine Berufsausbildung auf Hochschulniveau bzw. auf dem neuesten Stand der Wissenschaft anzubieten, die als Aus*bildung* zwar auf die Vermittlung der in der Praxis anwendbaren Kompetenzen abzielt, als Bildung jedoch den kritisch-reflexiven Impetus gegenüber Vereinnahmungen in sich trägt, der in der Profession der Sozialen Arbeit qua ihres politischen Auftrags angelegt ist (siehe IFSW-Definition Sozialer Arbeit).[3] Dass das Fachhochschul-Studium auch den

---

[2] Bundesgesetz über Fachhochschulen (Fachhochschulgesetz – FHG) https://www.ris.bka.gv.at/GeltendeFassung.wxe?Abfrage=Bundesnormen&Gesetzesnummer=10009895 am 9.8.2024.

[3] International Federation of Social Workers (IFSW) (2014): Global Definition of Social Work, https://www.ifsw.org/what-is-social-work/global-definition-of-social-work/ am 22.11.2024.

Anspruch hat, Bedingungen der Möglichkeit für Bildung als Persönlichkeitsentwicklung bereitzustellen, zeigen nicht nur nationale und internationale curriculare Grundlagen,[4] sondern auch die Beiträge in diesem Band.

2) Aufgrund der mittlerweile unübersehbaren Verflechtung beider Disziplinen bzw. Professionen (Sozialarbeit und Sozialpädagogik) spricht aus meiner Sicht gegenwärtig wenig dagegen und viel dafür, den Begriff der Sozialen Arbeit unter der Prämisse der gleichzeitigen Anerkennung ihrer Gleichwertigkeit *und* der jeweiligen Eigenlogik zu verwenden.[5] Diese Perspektivierung muss m. E. nicht zwangsläufig darin münden, Bildung vorrangig als sozialpädagogisches, das Soziale in erster Linie als sozialarbeiterisches Problem zu betrachten bzw. hier scharfe Grenzlinien zu ziehen. Vielmehr könnte auf dieser Grundlage an die Soziale Arbeit der Auftrag formuliert werden, nach den Konturen eines Bildungsbegriffs zu suchen, der in den entsprechenden Verweisungszusammenhängen diskursiv hergestellt wird.

In diesem Beitrag nehme ich dieses Anliegen auf, indem ich die Frage ins Zentrum stelle, in welcher Art und Weise von Bildung im Diskurs der Sozialen Arbeit die Rede ist. Auf dieser Grundlage werden nicht nur wesentliche Merkmale eines Bildungsbegriffs in der Sozialen Arbeit herausgearbeitet, sondern auch diskursive

---

[4] Dabei wird insbesondere die Fähigkeit zur Selbstreflexion bzw. zu kritischem Denken hervorgehoben (siehe Kerncurriculum Soziale Arbeit 2024, https://www.ogsa.at/wp-content/uploads/2024/11/Kerncurriculum2024final_Fachbereichskonferenz_31Oktober2024.pdf am 17.10.2024 und Global Standards for Social Work Education and Training, https://www.ifsw.org/global-standards-for-social-work-education-and-training/ am 17.10.2024).

[5] Dies ist mir deshalb wichtig zu betonen, weil die Versuche der Subsumption der Eigenlogiken von Sozialarbeit und Sozialpädagogik unter ein gemeinsames Dach der Sozialen Arbeit das Potenzial in sich tragen, widerstreitende Perspektiven aus dem Diskurs zu drängen.Ein guter Einblick in die kontroversen Positionen, disziplin- sowie erkenntnispolitischen Kämpfe, die in diesem Zusammenhang entstanden sind, findet sich bei Sting (2011). Er verweist darin u. a. auf die Gefahr der Verdrängung sozialpädagogischer Inhalte im Studium Sozialer Arbeit im Versuch, diese in die Soziale Arbeit zu integrieren, sieht aber gleichzeitig durch die Gemeinsamkeiten im Feld der Professionen und des wissenschaftlichen Diskurses wenig Sinn darin, die scharfe Trennung aufrechtzuerhalten. Stattdessen plädiert er für „eine lockere Integration der Sozialen Arbeit auf einem Kontinuum zwischen den Polen der Sozialarbeit und der Sozialpädagogik" (Sting 2011:46). An der FH St. Pölten gibt es seit diesem Jahr (ab Herbst 2024) neben dem Studium der Sozialen Arbeit einen konsekutiven Studiengang Sozialpädagogik auf Bachelor-Niveau. Die Implementierung des Studiums findet seine Legitimation im Fachkräftemangel in Österreich (hier: Niederösterreich), gleichzeitig stellt sich die Frage nach dem Verhältnis von Sozialer Arbeit, Sozialarbeit und Sozialpädagogik, zumindest auf der Ebene der Ausbildung, damit neu.

Leerstellen markiert, die entlang der vorgestellten erkenntnisleitenden Prämissen als kritische Anfragen formuliert werden. Mit der hier vorgestellten Perspektive ist die Hoffnung verbunden, den Bildungsdiskurs in Österreich voranzutreiben.

2 Reaktivierung des Bildungsdiskurses in der Sozialen Arbeit seit den 2000er-Jahren

Im deutschsprachigen sozialarbeiterischen/sozialpädagogischen Diskurs um Bildung wird mitunter darauf verwiesen, dass das Thema Bildung seit den 2000er-Jahren wieder intensiver verhandelt wird (vgl. Rauschenbach 2009:210, Thimmel 2017:222, Thiersch 2018:165). Zwar sei der Bildungsbegriff auch davor ideologiekritisch rezipiert worden (vgl. Rauschenbach 2009:210, Bezug nehmend auf Thiersch 1992a, b), hätte aber für „die kategorialen Verortungen" innerhalb der Disziplin im Vergleich zu anderen Begriffen kaum einen relevanten Stellenwert gehabt (vgl. Rauschenbach 2009:210, Bezug nehmend auf Kreft/Mielenz 1980 u. a.). Thole (2009:21) verweist allerdings darauf, dass die Idee von Bildung in den methodischen Konzeptionen der Sozialen Arbeit seit jeher implizit enthalten war (vgl. Thole 2009:21). Die neu aufkommende Debatte über Bildung sieht er entsprechend weniger als ein „neues Paradigma" an, sondern eher als eine „Reaktivierung des Bildungsbegriffs" (Thole 2009:21).

Die gestiegene Relevanz des Themas wird bei Rauschenbach (2009:210) und Thimmel (2017:222) auf die Ergebnisse der ersten PISA-Studie zurückgeführt. PISA hätte u. a. einen Zusammenhang von sozialer Herkunft von Schüler:innen und den gemessenen Kompetenzen offengelegt, was dazu führte, dass seither vermehrt über einen neuen Bildungsbegriff in der Sozialen Arbeit bzw. Kinder- und Jugendhilfe diskutiert wird (vgl. Rauschenbach 2009:210). Dabei werde einerseits der Fokus stärker auf ein Bildungsverständnis gelegt, das auf Kompetenzen abzielt. Andererseits seien auch die Bildungsprozesse jenseits formaler Bildungsstrukturen in den Blick gerückt, die als non-formale bzw. informelle Bildungsorte verhandelt würden (vgl. Rauschenbach 2009:212–213, siehe auch Thiersch 2018:167).

Auch für Österreich wird eine „Intensivierung des Bildungsdiskurses und die Auseinandersetzung mit Bildungsungleichheiten" festgestellt, die einerseits einen Bildungsbegriff, der über den formalen Bildungsbegriff hinausgeht, und andererseits Bildung als „Bildung im Kontext" diskursiv hervorbringt (vgl. Sting

2011:49). Ein Blick in die österreichischen Diskurse der letzten Jahre bestätigt diese Beobachtung.[6] Die Frage nach Merkmalen des Bildungsverständnisses, dem Auftrag der Schulsozialarbeit, nach Bildung als Menschenrecht oder auch die Frage nach den strukturellen Bedingungen von Bildung bzw. Bildungschancen gehören zum facettenreichen Repertoire des Bildungsdiskurses, in dem auch die Konturen eines Bildungsbegriffs in der Sozialen Arbeit erkennbar werden. Welche Bildungsideen und Konzepte sind darin zu finden? Dieser Frage gehe ich im folgenden Kapitel nach.

3 Bildungsideen und -konzepte

> So schön es also wäre, eine einfache, schnelle Antwort auf die Frage zu finden, wie Bildung zu bestimmen wäre und was den mit diesem Begriff gemeinten Sachverhalt auszeichnet, gelingt dies nicht wirklich. (Winkler 2020:4)

Mit der hier zitierten Passage eröffnet der Erziehungswissenschaftler Michael Winkler seinen Beitrag mit der Überschrift „Bildung – ein Mysterium", in dem er die vielfältigen Vereinnahmungen und Bedeutungszuschreibungen in der Gegenwart und der Geschichte des Bildungsbegriffs nachzeichnet. Wenn er feststellt, dass Bildung ein schwer zu bestimmender Begriff ist, dann kann dies zugleich als kritischer Appell verstanden werden, Bildung nicht vorschnell in festgelegte Kategorien zu fassen. Eine Sozialpädagogik, die sich durch Offenheit im Denken in Verbindung mit einer „verantwortlichen Handlungsweise" (Winkler 2020:6) auszeichnet, ist aus dieser Perspektive angehalten, nicht nur gegen die Tendenzen der Technologisierung von Bildung skeptisch zu bleiben, sondern im Sinne „einer ethischen Grundhaltung" (ebd.) die Anerkennung der Autonomie des Subjekts in den Fokus zu rücken. Zwar argumentiert Winkler (2020:7), dass Bildung in hohem Maße selbst gesteuert wird, zugleich ist aber der sich entwickelnde Mensch in soziale Verhältnisse eingebettet, die das Bildungsgeschehen bestimmen. Auf dieser Grundlage weist er der Sozialpädagogik, die sich in diesem Spannungsfeld bewegt, die Aufgabe zu, die Freiheit des Subjekts zu wahren (ebd.).

---

[6] Es gibt in Österreich einige Fachzeitschriften und Publikationsorgane, die die Diskurslandschaft der Sozialen Arbeit bereichern. Hier sind insbesondere die Fachzeitschriften *Soziale Arbeit in Österreich, soziales kapital, Sozialpädagogische Impulse*, die *Schriftenreihe der ÖFEB-Sektion Sozialpädagogik*, das *Österreichische Jahrbuch für Soziale Arbeit* sowie die Buchreihe *Soziale Arbeit – Social Issues* zu nennen. Mein Fokus gilt vor allem den drei erstgenannten Fachzeitschriften und ist insbesondere forschungsökonomisch begründet. Ich werde aber, dort wo es sinnvoll erscheint, Querverweise machen.

Eine ähnliche Argumentation ist auch bei Sting (2020) zu finden. Vor dem Hintergrund ideengeschichtlicher Bezüge der deutschen Bildungstheorie fasst er Bildung als Selbstbildung auf, die immer auch eine „soziale Bildung" ist, weil sie zum einen auf die Gestaltung sozialer Zusammenhänge ausgerichtet ist und zum anderen in ihrem Vollzug an die sozialen Bildungsbedingungen rückgebunden bleibt (Sting 2020:21, Bezug nehmend auf Natorp 1899/1910). In seinem Konzept der „sozialen Bildung" rückt Sting beide Perspektiven in den Fokus: 1) Mit der sozialstrukturellen, soziokulturellen und der interaktiven Dimension von Bildung macht er auf die „vielfältigen sozialen Abhängigkeiten und Einbettungen von Bildung" aufmerksam (ebd.:23). So seien Bildungschancen nicht nur von der Position des Bildungsortes und seiner Anerkennung in der Gesellschaft abhängig, sondern auch von der Möglichkeit der Teilhabe an einer Interaktionsgemeinschaft, in der bestimmte Denk- und Handlungsweisen kollektiv hergestellt und tradiert werden. 2) Mit der Frage nach Bildungszielen rückt er die ethische Dimension von Bildung in den Fokus. Welche individuellen Bildungsziele verfolgt werden, ist nach Sting (2020) notwendigerweise mit der Frage verbunden, wie wir zusammenleben wollen bzw. welche Art von Bildung und Erziehung „zu einer humanen Gesellschaft beiträgt" (Hornstein 1998:29, zit. nach Sting 2020:23).

In der von Winkler vorgenommenen Konturierung von Bildung wird die Freiheit bzw. die *Autonomie* des Subjekts nicht nur als Möglichkeit hervorgehoben, sondern als „das unbedingte Vermögen und Recht, sich selbst zu entwerfen" markiert (Winkler 2020:7). Weil aber das Subjekt immer auch an vielfältige gesellschaftliche Kontexte rückgebunden bleibt, die das Potenzial haben, Bildungsprozesse zu ermöglichen oder zu behindern, ist diese Freiheit immer auch eine fragile Freiheit, die es zu wahren oder überhaupt erst zu erkämpfen gilt. Mit dem Konzept der sozialen Bildung (Sting) wird diesem Spannungsfeld insofern Rechnung getragen, als auf die Bedeutung der (sozialen) Bedingungen für die Ermöglichung von Bildung verwiesen wird.[7]

Soziale Arbeit wird in ihrem Bildungsauftrag damit auf zweifache Weise ethisch verpflichtet: Auf der individuellen Ebene hat sie die Wahrung der Autonomie des Subjekts unter den Bedingungen gesellschaftlicher Zwänge zur Aufgabe. Auf der gesellschaftlichen Ebene arbeitet sie (gemäß ihrer IFSW-Definition bzw. ihrem sozialpolitischen Auftrag) auf eine humane Welt hin.

Die Perspektive auf *Bildung als Selbstbildung* ist für den Bildungsdiskurs der Sozialen Arbeit charakteristisch. Auch wenn das Konzept von Selbstbildung auf unterschiedliche Weise zur Sprache gebracht wird, so lässt sich dieses im

---

[7] Lesenswerte Beiträge, die den Begriff der sozialen Bildung aus unterschiedlichen Perspektiven verhandeln, finden sich bei Blumenthal et al. (2024).

Allgemeinen auf die politisch-philosophischen Grundlagen der deutschen Bildungsgeschichte beziehen. Einen wesentlichen Referenzpunkt stellt dabei die Humboldt'sche Bildungsidee dar (vgl. Sting 2020:21; Lauermann 2020:2; Kilb 2020:9; Tauchner 2016:18). Dabei wird von der Prämisse ausgegangen, dass sich Bildungsprozesse nicht auf die Erlangung bestimmter Kompetenzen reduzieren lassen, sondern in ihrer Vielfalt auf die Entwicklung der gesamten Persönlichkeit abzielen. Die Idee einer ganzheitlichen Bildung, die sich in der Auseinandersetzung des Subjekts mit der Welt vollzieht, wird hier zur Argumentationsgrundlage für die Offenheit von Bildungsprozessen, die sich aus dieser Perspektive nicht nur individuell gestalten, sondern auch auf keinen Bildungsort beschränken lassen (siehe dazu auch Lauermann 2020:2). Tauchner (2016:18) bezeichnet diese Vorgänge „als Ausdruck des Bedürfnisses nach eigensinniger, ästhetischer Formung der Persönlichkeit" (Tauchner 2016:18) und hebt damit die Subjektivität von Bildungsprozessen hervor. Als solche entziehen sie sich direkten Vereinnahmungs- und Steuerungsversuchen von außen, weil die Erfahrungen und Erkenntnisse nur vom Menschen selbst in Bildungsprozesse transformiert werden können.

Soziale Arbeit ist aus dieser Perspektive aufgerufen, die Bedingungen der Möglichkeit für individuelle Bildungsprozesse zu schaffen, ohne davon ausgehen zu können, dass die intendierten Effekte auch planmäßig eintreten. Für die Soziale Arbeit ist dieser Anspruch nicht neu, sondern wesentliche Grundlage ihres professionellen Verständnisses. Sie ist für die Herstellung eines Arbeitsbündnisses in ihrer Praxis nicht nur auf die Kooperation, sondern auf die produktive Mitarbeit von Menschen angewiesen, mit denen sie zu tun hat (siehe dazu bspw. Hamburger 2012:81–89). Gleichzeitig muss sie anerkennen, dass „dieser antwortende Akt" nicht hergestellt werden kann (vgl. Müller 2008: 398).

Eine so konturierte Bildung unterscheidet sich insofern von einer „reinen" Wissensaneignung, als sie die Möglichkeit in sich trägt, die Deutungshorizonte und/oder die Handlungsmöglichkeiten der Person zu verändern und so zur Entfaltung des Selbst beizutragen (vgl. dazu Treptow 2020:19–20, Bezug nehmend auf Koller 2018). Mit dem Fokus auf die Entwicklung des autonomen Subjekts wird die Differenz zwischen dem formalen Wissenserwerb und Bildung als freier Persönlichkeitsentwicklung nicht nur markiert, sondern ist auch Grundlage der Kritik an der ökonomischen bzw. politischen Vereinnahmung von Bildungsprozessen. So wird in den Schwerpunkt „Soziale Arbeit und Bildung" in der Zeitschrift *Soziale Arbeit in Österreich* (SIÖ) mit folgender Diagnose eingeführt:

> Vieles von dem, was unter dem Titel Wissensgesellschaft proklamiert wird, erweist sich bei genauerem Hinsehen als eine billige rhetorische Geste, die weniger der Idee von Bildung als realpolitischen oder ökonomischen Interessen geschuldet ist. (…)

> Die Idee von Bildung als Selbstbestimmung des Menschen ist zur Unkenntlichkeit verkümmert. Das Bildungssystem, welches laut ExpertInnen eines der teuersten ist, hat auch wenig Erbarmen mit jenen Menschen und Gruppen, die sich nicht anpassen können oder wollen. (Fürst 2016:2)

Was hier beklagt wird, ist der Verlust der Bildungsidee, in der Menschen nicht auf einen bestimmten Zweck hin ausgebildet, sondern in ihrer Selbstentfaltung unterstützt werden. Die Unzulänglichkeiten des Bildungssystems würden dabei vor allem die Adressat:innen Sozialer Arbeit treffen, so Fürst (2016:2). Angesichts dieses Befunds im Editorial verwundert es nicht, dass in dieser Ausgabe einige Skepsis gegenüber Bildungsreformen zum Ausdruck gebracht wird. So nimmt Böhlau (2016:14) die Kritik an der Verkürzung der Studienzeit im Kontext der Bolognareform bzw. an der starken Fokussierung auf Wissensvermittlung im Studium der Sozialen Arbeit zum Ausgangspunkt, um aufzuzeigen, wie trotz dieser Bedingungen im Rahmen von Kooperationen mit der Praxis Selbstreflexionskompetenzen von Studierenden gefördert werden können. Auch wenn sie nicht explizit von „Bildung" spricht, so wird in dem Zusammenhang deutlich, dass dabei Bildungsprozesse im Rahmen eines *beziehungs- und „erfahrungsorientierte[n] Lernen[s]"* im Vordergrund stehen (ebd.:14, Hervorh. MTH), die sich von kognitiver Wissensaneignung insofern unterscheiden, als sie auf persönliche Veränderungsprozesse abzielen.

Auch Tauchner (2016) und Koller (2016) heben in ähnlicher Manier die Bedeutung von Beziehungen für die Bildung hervor. Während Tauchner (2016:20) für eine „Bildung durch Bindung sowie Beziehung" plädiert, die in der Kooperation von Schule und Schulsozialarbeit bzw. der Verteidigung einer sozialen Pädagogik gegenüber Zugriffen von Wirtschaft und Politik zu verwirklichen wäre, sieht Koller (2016:37) in der Entwicklung der Empathie durch Beziehungsbildung „zentrale Gestaltungskraft der Gegenwart und Zukunft" (ebd.:37), weil, so seine Argumentation, die Bearbeitung von Krisen und die Gestaltung einer gerechten Welt in Richtung „einer geschwisterlichen Menschheit" (ebd.:38) nur miteinander gelingen kann. Beziehung wird damit nicht nur zur Voraussetzung für die Bildung des Individuums, sondern auch für die Bildung einer besseren Welt. *Bildung als Beziehung* wird zum Gegenentwurf einer Bildung, die nach Leistung fragt und auf Konkurrenz ausgerichtet ist. So argumentiert Tauchner (2016): Weil Soziale Arbeit den Anspruch hat, „den Menschen in seinen lebensweltlichen Gesamtvollzügen" (ebd.:18) zu begreifen, sei es folgerichtig, der Verwertungsorientierung einen Bildungsbegriff entgegenzusetzen, der dem humanistischen Grundverständnis von Sozialer Arbeit entspricht (vgl. Tauchner 2016:18–20).

Wenn von Bildung durch Beziehung die Rede ist, dann wird der Tatsache Rechnung getragen, dass Menschen soziale Wesen sind und in ihrer Entwicklung auf die Interaktion mit anderen angewiesen sind. Dass die Beziehung bzw. Beziehungsbildung in den Fokus des Bildungsbegriffs der Sozialen Arbeit gerückt wird, verwundert an dieser Stelle nicht. Tragfähige Beziehungen zwischen Fachkräften und Nutzer:innen sind wesentliches Qualitätsmerkmal sozialarbeiterischer/ sozialpädagogischer Praxis, weil sie wesentlich zum Gelingen von Hilfen beitragen können. Wenn Bildung als Persönlichkeitsentwicklung begriffen wird, dann hat die Soziale Arbeit im Rahmen ihres Bildungsauftrages die Aufgabe, eine Arbeitsbeziehung herzustellen, die es Menschen ermöglicht, sich individuell zu entfalten, um ihr Leben autonom gestalten zu können.

Die Bildungskonzeption von Bildung als Selbstbildung, die *die Autonomie des Individuums im sozialen Kontext* zum Ziel hat, trägt als soziale Bildung den gesellschaftlichen Auftrag in sich, zu einer *humaneren Welt* beizutragen. Diese Konzeptionalisierung würde auch den konstitutiven Paradigmata der „Profession und ihrer Bildung" (Tauchner 2016:20) entsprechen. Diese seien nach wie vor die Förderung der „Gerechtigkeit, Solidarität und Umverteilung" (Tauchner 2016:20). Die so vorgenommene Grundierung von Bildung fungiert als kritische Reflexionsfolie um (un)soziale Veränderungen im Bildungsbereich zu problematisieren, ohne jedoch Kritik als explizites Merkmal des Bildungsbegriffs auszuweisen.

Eine andere Facette des Bildungsbegriffs, die im Diskurs der Sozialen Arbeit zur Sprache gebracht wird, ist die kritisch-emanzipatorische Dimension. So argumentiert Dangl (2016:4–5) auf der Grundlage von *Bildung als sozialem Menschenrecht,* das er mit „empowerment right" (Dangl 2016:4–5, Bezug nehmend auf Krennerich 2013:284–291; Seitz 2011:96–98) gleichsetzt, und fasst damit *Bildung als Empowerment* auf. Dass für ihn die (formale) Bildung mit einem Freiheitsversprechen verbunden ist, macht er an folgender Stelle deutlich:

> Bildung befähigt die Menschen, ein selbstbestimmtes Leben zu führen und sich aus sozialen Notlagen und Armut zu befreien. Bildung gilt als zentrales Mittel zur Überwindung von Armut angesichts der exorbitanten Herausforderungen der gegenwärtigen Weltgesellschaft. Exklusion und Marginalisierung von hunderten Millionen Menschen markieren die internationale soziale Frage des 21. Jahrhunderts. (vgl. Seitz 2011: 105–107) Gleichzeitig fungiert Bildung als zentrales Instrument, um die Verwirklichung aller anderen Menschenrechte zu fördern. Bildung kann Menschen befähigen, sich für ihre eigenen Rechte sowie die Rechte anderer einzusetzen. (vgl. ebd.:96–98) Aufgrund dieser Verbundenheit mit den anderen Menschenrechten wird das Recht auf Bildung zum Schlüssel für die Verwirklichung aller Menschenrechte (vgl. Krennerich 2013:310–312). (Dangl 2016:4–5)

In dieser Konzeption wird Bildung zum Fundament einer selbstbestimmten Lebensweise. Die Voraussetzung für die Realisierung von Bildung wird dabei in der bedingungslosen Anerkennung des selbstbestimmten Subjekts gesehen. So fordert Dangl ein, Kinder und Jugendliche nicht nur als Objekt der Fürsorge, sondern „als Subjekte ihres Lebens und damit auch ihrer Bildung" wahrzunehmen (Dangl 2016:11, Bezug nehmend auf Kerber-Ganse 2009). Mit seiner Konzeption eines inklusiven bzw. emanzipatorischen Bildungsverständnisses übt Dangl (2016:12) gleichzeitig Kritik am ökonomistischen bzw. elitären Bildungsbegriff (vgl. ebd., Bezug nehmend auf Mecheril 2016:115–116; Oelkers 2013:236–238; Haeberlin 2009). Dieser Einwand wird zwar nicht näher ausgeführt, lässt sich aber durchaus als Kritik an traditionell-bürgerlichen Bildungsidealen lesen, die dem Anspruch auf Inklusion offenbar nicht gerecht werden, weil darin die sozialen Bedingungen von Bildung keine Rolle spielen.

Es ist die Skepsis gegenüber Selbstbildungskonzeptionen, die das Soziale nicht miteinschließen (vgl. bspw. Bliemetsrieder 2016:225–226) bzw. der alltagsfremden „ästhetischen Bildung" (Braun/Wetzel 2013:10), die im Bildungsdiskurs der Sozialen Arbeit vor allem dann zum Tragen kommt, wenn die kritisch-reflexive Dimension des Bildungsbegriffs hervorgehoben wird. So plädiert Bliemetsrieder (2016) vor dem Hintergrund vielfältiger Benachteiligungs- und Diskriminierungsformen im (schulischen) Bildungssystem für einen Bildungsbegriff, der sich (ähnlich wie bei Dangl 2016) am *Menschenrecht auf Bildung* orientiert und die *Autonomie, Integrität und die Menschenwürde* als Grundlage hat (vgl. Bliemetsrieder 2016:226). In Rekurs auf Sting versteht er soziale Bildung im Sinne einer „reflexiven Subjektbildung" (ebd.:233), in der die machtkritische Reflexion von Ausgrenzung zur wesentlichen Grundlage wird. Braun und Wetzel (2013:3) gehen dagegen vom Befund aus, dass die Schule es nicht schafft, Kinder und Jugendliche in ihrer Selbstbestimmung zu fördern, weil das darin vermittelte Wissen kaum Anwendungsbezug aufweist. Damit ist nicht unmittelbar praktisches Wissen für die alltägliche Lebensführung gemeint, sondern ein Umgang mit Wissen, der es den Kindern und Jugendlichen erlaubt, über Fragen und Reflexion tiefere Einsichten in gesellschaftliche Strukturen und Zusammenhänge zu bekommen. Braun und Wetzel (2013:1–2) sehen in einem lebensbezogenen Unterricht, der einen Raum bietet, über Menschheitsprobleme nachzudenken, Fragen zu stellen und subjektive Erfahrungen zu thematisieren, den aufklärerischen Charakter der Schule. Insofern verwundert es nicht, dass sie das gebildete Subjekt im Spannungsfeld von Selbst- und Mitbestimmung und Solidarität/ Verantwortungsübernahme verorten.

Die hier vorgenommene kritisch-reflexive Dimensionierung des Bildungsbegriffs hat zwar die Idee der Selbstbildung als Grundlage, erweitert diese aber um den rechtlichen, sozialen und gesellschaftlichen Kontext – und zwar nicht nur als Bedingung für die Förderung der Selbstbestimmung, sondern als Gegenstand der Reflexion und Kritik im Bildungsprozess selbst. Den normativen Rahmen für die (gesellschaftskritische) Bewertung der Soll-ist-Bruchstelle im formalen Bildungssystem stellen unverkennbar die professionsethischen und -theoretischen Grundlagen der Sozialen Arbeit dar. Der Eindruck, der dabei entsteht, ist, dass die normativen Dimensionen der Sozialen Arbeit als Argumentations- und Legitimationsgrundlage herangezogen werden, um die sozialen Dimensionen des Bildungsbegriffs (auch gegen Instrumentalisierungsversuche) zu verteidigen.

Deutlich wird aus dem Diskurs Folgendes: Insofern Bildung grundsätzlich auf die Autonomie bzw. die Emanzipation des Subjekts abzielt, kann diese kaum auf schulische oder andere formalisierte Bildungsorte beschränkt werden. Aneignungs- und Reflexionsprozesse sind prinzipiell überall dort möglich, wo Menschen auf Mitmenschen stoßen. Die so vorgenommene Entgrenzung des Bildungsdiskurses (vgl. Sting 2020:21) zeigt sich als dominante Perspektive im Bildungsdiskurs der Sozialen Arbeit. Nicht nur wird Bildung, wie aufgezeigt, im Kontext unterschiedlicher sozialer Dimensionen verhandelt, sondern damit zusammenhängend auch im Kontext unterschiedlicher Handlungsfelder (Bildungsorte) sowie Kompetenzen.

Auf eine breite Rezeption stößt mittlerweile die Differenzierung von formalen und informellen bzw. non-formalen Bildungsprozessen. Dabei sind zwei Unterscheidungen wichtig: Zum einen wird gefragt, *wie* sich Bildungsprozesse vollziehen, ob sie intendiert bzw. institutionell verankert oder zufällig im Alltag stattfinden. Zum anderen wird gefragt, *welche* Bildungsprozesse sich vollziehen. Dabei wird i. d. R. zwischen Kompetenzen differenziert, die in formalen Settings als „Wissenszuwachs im schulischen Kontext oder in der Vorbereitung einer späteren Berufstätigkeit" beschrieben werden, während informelle bzw. non-formale Bildungsprozesse als Kompetenzen gelten, die „im breiteren Horizont aktueller Lebensführung jenseits der unmittelbaren Schüler*rolle [sic!] von Bedeutung sind" (Kilb 2020:9). Mit dieser Differenzierung werden nicht nur sozialpädagogische/sozialarbeiterische Handlungsfelder (allen voran die Kinder- und Jugendarbeit und die Schulsozialarbeit) als Bildungsorte hervorgehoben, sondern es wird auch die Bedeutung von Bildungsprozessen im Alltag (Familie, Peers etc.) anerkannt (vgl. bspw. Hüfner 2020 zum Thema Peers; Treptow 2020 zum Thema Eltern- und Familienbildung; Kayahan 2020 zum Thema Care-Leaver; Blumenthal et al. 2024 zu unterschiedlichen Handlungsfeldern).

Die im Bildungsdiskurs der Sozialen Arbeit vorgenommene Entgrenzung des Bildungsbegriffs hat zur Folge, dass die mit Bildung in Verbindung gebrachten Kompetenzen und Fähigkeiten auf einem breiten Kontinuum angesiedelt sind.

So wird Bildung nicht nur als Einübung sozialer und moralischer, sondern auch praktischer Alltags- und Lebenskompetenzen verstanden. Die unterschiedlichen Bildungsdimensionen sind dabei nicht strikt bestimmten Bildungsorten zuzuordnen, weil etwa Bildungsinstitutionen selbstverständlich nicht nur die Bedingungen für formelles Lernen bereitstellen, sondern soziale Orte darstellen, an denen sich nicht intendiertes Lernen sowie nicht intendierte Bildungsprozesse vollziehen können (vgl. Bliemetsrieder 2016:227–228, Bezug nehmend auf Honig 2007:35). Vielmehr bieten diese Unterscheidungen eine mögliche theoretische Grundlage für die Konturierung eines Bildungsbegriffs im Rahmen der Sozialen Arbeit.

Es gibt aber auch kritische Stimmen, die dem „moralisierenden Gestus" (Pantuček-Eisenbacher 2016:15) entgegenhalten, dass die institutionellen Bildungswege nach wie vor für die Lebenschancen von Menschen entscheidend seien und daher die Unterscheidung von informell versus formell wenig sinnvoll sei. Auch wenn dieser Befund zutrifft (was sich nicht zuletzt an der Selektivität des österreichischen Bildungssystems zeigt), kann diesem Einwand entgegengehalten werden, dass Bildungsungleichheiten nicht erst in der Schule wirksam werden, sondern darin strukturell reproduziert werden. Nicht nur werden die formalen Bildungschancen sozial vererbt (Renner/Tomic Hensel 2020:44, Bezug nehmend auf Tippelt/Schmidt 2009:10), sondern auch die informellen und non-formalen Bildungschancen sind ungleich verteilt (vgl. Renner/Tomic Hensel 2020:46). Vor diesem Hintergrund ist es durchaus berechtigt und legitim, Bildungsprozesse auch als persönliche Entwicklungsprozesse zu konturieren, die entgrenzt von Bildungsorten den gesamten Menschen in seinem sozialen Kontext adressieren. Das soll im Umkehrschluss nicht bedeuten, dass die Soziale Arbeit nicht mehr auf die Bildungsungleichheiten in formellen Settings kritisch aufmerksam machen soll – es bedeutet vielmehr, dass sie auch auf ihren eigenen Bildungsauftrag kritisch zu schauen hat.

4 Zusammenfassung und Anfragen an den Diskurs

Was sich im Diskurs zeigt, ist, dass der Bildungsbegriff auf unterschiedliche Art und Weise verhandelt wird. Die Konzeptionen von Bildung als Selbstbildung, soziale Bildung, als Beziehungsbildung, als Emanzipation und als Lebensbildung sprechen unterschiedliche Dimensionen von Bildung an, die sich auf einem Kontinuum vom ästhetischen über den kritischen bis hin zum alltagstauglichen Begriff von Bildung ansiedeln lassen. Auch wenn mitunter kritische Bezüge zueinander hergestellt werden können und werden, so haben sie gemeinsam, dass sie – neben Bezügen aus der Sozialen Arbeit – sowohl eine bildungstheoretische als auch eine ethische Dimension aufweisen. Die bildungstheoretische Dimension ist u. a. im Rekurs auf die Idee von Bildung als Persönlichkeitsentwicklung erkennbar. Die ethische Dimension hat ihre Basis in den Menschenrechten bzw. der Professionsethik der Sozialen Arbeit.[8] Diese Verschränkung hat zur Folge, dass der Terminus (auch in der Konzeption von Bildung als ästhetischer Bildung) weniger als wertneutraler, sondern mitunter als politischer bzw. moralisch aufgeladener Begriff erscheint, mit dessen Einsatz Gesellschaftskritik geübt wird. So werden darin Ideen eines guten Lebens transportiert, indem Werte, wie Freiheit, Selbstbestimmung und Emanzipation (individuelle Ebene), Humanität, Demokratie und Solidarität (gesellschaftliche Ebene) hochgehalten werden.

Interessanterweise gehört der Begriff der Kompetenz fast selbstverständlich zum diskursiven Repertoire des Bildungsdiskurses in der Sozialen Arbeit (vor allem in Beiträgen, die aus der Perspektive der Sozialarbeit argumentieren). Zwar gibt es hier widerstreitende Antworten auf die Frage, welche Kompetenzen wichtig sind,[9] aber es gibt keine ausgeprägte Kontroverse um das spannungsreiche Verhältnis von Kompetenz- und Bildungsbegriff oder von Individualität und Brauchbarkeit, wie das beispielsweise in der Erziehungs- bzw. Bildungswissenschaft der Fall ist (vgl. bspw. die Kontroverse bei Frost 2006). Was allerdings stellenweise kritisch beleuchtet wird, ist die Vereinnahmung des Kompetenzbegriffs durch die ökonomische Verwertungsorientierung (vgl. bspw. Tauchner 2016; Braun-Wetzel 2013). Wenn also von Kompetenzen in der Sozialen Arbeit die Rede ist, dann handelt es sich weniger um das Ergebnis formalisierter Lernprozesse, sondern eher um Kompetenzen, die Offenheit im Denken voraussetzen (Selbstreflexionsfähigkeit, Kritikfähigkeit, Demokratiefähigkeit) und auch Alltagskompetenzen.

Bei einem so breiten Verständnis von Bildung stellt sich die Frage, was dann nicht Bildung ist. Mit Blick auf die Ex-negativo-Bestimmung des Bildungsbegriffs wäre dies bspw. ein nicht bildender Umgang mit Wissen bzw. die bloße

---

[8] Zwar ist Persönlichkeitsentwicklung an sich kein Selbstzweck, sondern durchaus auch mit einem Emanzipationsversprechen verbunden (z. B. Ruhloff 2006). Die ethische Grundierung im Kontext der Menschenrechte geht jedoch über diese Perspektive hinaus, indem die politisch-rechtliche Dimension von Bildung hervorgehoben wird.

[9] Während beispielsweise Pantuček-Eisenbacher der Kritik an der Aushöhlung des traditionellen Bildungsbegriffs skeptisch gegenübersteht und in der Ausrichtung der Studiengänge auf Employability durchaus „auch soziale Fähigkeiten und reflektierte Selbststeuerung" gefördert sieht (Pantuček-Eisenbacher 2016:15), lehnt Tauchner in seinem Beitrag eine derartige Kontextualisierung von Sozialkompetenzen entschieden ab. In seinem Beitrag kritisiert er vielmehr im Kontext von PISA und der Bolognareform die Umdeutung von Sozialkompetenzen zu Kompetenzen, die lediglich auf eine „erfolgreiche (...) Arbeit in Teams und Clustern" abzielen (Tauchner 2016:20).

Aneignung von verwertbarem Wissen, eine Erfahrung ohne Reflexion, eine persönliche Entwicklung ohne eine emanzipatorische Dimension, sprich: jegliche Auseinandersetzung mit der Welt, die zu keinen tieferen Einsichten über das Selbst und die Welt führt.[10]

Wenn davon ausgegangen wird, dass es in der Ausbildung vorwiegend um die Aneignung von Kompetenzen geht, die am Arbeitsmarkt gefragt bzw. verwertbar sind, dann stellt sich die Frage, was die hier konstruierten Dualismen für die eigene Ausbildung im Rahmen der Sozialen Arbeit bedeuten. Wenn die Fachhochschulbildung als Zusammenspiel von allgemeiner und beruflicher Bildung betrachtet wird, dann steht weniger die Frage im Vordergrund, ob Bildung als Persönlichkeitsentwicklung *oder* Ausbildung mit dem Ziel der Employability das Charakteristikum des Studiums Sozialer Arbeit darstellt, sondern eher die Frage danach, wie ein kritisch-reflexiver Bildungsanspruch realisiert werden kann bei gleichzeitiger Berücksichtigung praxisrelevanter Anforderungen (vgl. dazu auch Reich-Claassen 2017:111).

Zu einer fundierten Berufsausbildung gehört in der Sozialen Arbeit ohne Frage die Förderung der bereits genannten Fähigkeiten. Vor allem ist die kritisch-reflexive Haltung im Hinblick auf die sich zuspitzenden gesellschaftlichen Problemlagen (Armut, Klimakrise, das Infragestellen von Menschenrechten und Demokratie) eine zentrale Kompetenz, die in der Lehre zu fördern ist. Die Vermittlung praxisrelevanter und anwendbarer Fertigkeiten und Methoden ist aber ebenso ein essenzieller Teil der akademischen Berufsausbildung. Wissen über Interventionsmöglichkeiten in unterschiedlichen Handlungsfeldern, Verweisungs- und Beziehungswissen sowie Wissen über sozialrechtliche Strukturen sind ebenso unabdingbarer Teil des breit gefächerten Studiums. Diese beiden Perspektiven bedingen einander und sind weniger als dualistisch, denn als komplementär aufzufassen.

In welchem Verhältnis Bildung und Ausbildung in der eigenen Ausbildung zueinander stehen, wird in den von mir durchgesehenen Beiträgen allerdings kaum diskutiert. Zwar habe ich durch den Fokus auf die Fachzeitschriften eine eingeschränkte Perspektive, aber zumindest lässt sich auf dieser Grundlage die Annahme formulieren, dass durch die diskursive Verschränkung bildungstheoretischer und politisch-ethischer Perspektiven eine Soziale Arbeit konstruiert wird, die (im Vergleich zu formalisierten Lernorten) das bessere, weil humanere Bildungsverständnis bereithält (siehe kritisch dazu Thole 2009:23). Eine Soziale

---

[10] Ein spannender Aspekt, der in diesem Beitrag aufgrund forschungsökonomischer Einschränkungen ausgeklammert werden muss, ist das kontrovers verhandelte Verhältnis von Bildung und Erziehung in der Sozialen Arbeit.

Arbeit, die sich der Kritik verpflichtet fühlt, ohne den kritischen Blick auf sich selbst zu richten, wird allerdings ihrem eigenen Anspruch nicht gerecht.

Vor dem Hintergrund der im Bildungsdiskurs formulierten Ansprüche an Bildungsaufgaben müsste eine selbstkritische Soziale Arbeit mindestens zwei Fragen in den Diskurs mitaufnehmen: Wie kann sie als Teil eines selektiven Bildungssystems dem Anspruch der Chancengleichheit und Selbstbestimmung durch Bildung gerecht werden? Wie kann sie ihren Bildungsanspruch im Rahmen einer akademischen Berufsausbildung verwirklichen?

Hier bleibt der österreichische Bildungsdiskurs im Rahmen der Sozialen Arbeit merkwürdig einsilbig.[11] Dieser Befund unterstützt auch meine anfangs formulierte Annahme, dass es möglicherweise nicht als selbstverständlich gilt, „Bildung" im Rahmen eines ausbildungsorientierten Studiengangs zu verhandeln. Wenn aber Soziale Arbeit den Anspruch hat, einen eigenen Bildungsbegriff zu formulieren, dann kommt sie nicht darum herum, sich mit dem eigenen (Aus-) Bildungs-Auftrag kritisch auseinanderzusetzen.

Literatur

Bliemetsrieder, Sandro (2016): Sozialpädagogische Bildungsforschung im Zwischenraum von Schule und Sozialer Arbeit. In: soziales_kapital 15, 224–236.

Blumenthal, Sara/Knecht, Alban/Kočnik, Ernst/Lauermann, Karin/More, Rahel/Sigot, Marion (Hrsg.) (2024): Soziale, informelle und transformative Bildung. Beiträge zur sozialpädagogischen und anthropologischen Bildungsforschung. Schriftenreihe der ÖFEB-Sektion Sozialpädagogik 18, Opladen/Berlin/Toronto, Barbara Budrich.

Böhlau, Doris (2016): Lernen auf Augenhöhe – Studierende der Sozialen Arbeit gemeinsam mit AdressatInnen. In: Sozialarbeit in Österreich. Zeitschrift für Soziale Arbeit, Bildung und Politik 50(3), 10–14.

Braun, Karl-Heinz/Wetzel, Konstanze (2013): Schulsozialarbeit im Kontext eines erweiterten Bildungsauftrages der Schule. In: soziales_kapital 10, 1–17.

Dangl, Oskar (2016): Das Recht auf Bildung als soziales Menschenrecht. In: soziales_kapital 16, 3–14.

Frost, Ursula (Hrsg.) (2006): Unternehmen Bildung. Die Frankfurter Einsprüche und kontroverse Positionen zur aktuellen Bildungsreform. Sonderheft. Vierteljahrsschrift für wissenschaftliche Pädagogik, Paderborn/München/Wien/Zürich, Ferdinand Schöningh.

Fürst, Roland (2016): Editorial, in: Sozialarbeit in Österreich. In: Zeitschrift für Soziale Arbeit, Bildung und Politik (3), 2.

Haeberlin, Urs (2009): Chancengleichheit als Kulturen verbindende Abwertung von Schwachen? In: Melzer, Wolfgang / Tippelt, Rudolf (Hrsg.): Kulturen der Bildung. Beiträge

---

[11] Bildungsthemen werden zwar verhandelt, aber im Rahmen anderer Diskurse, wie z. B. im Diskurs um die Persönlichkeitsentwicklung im Hochschulkontext (vgl. Studer et al. 2019).

zum 21. Kongress der Deutschen Gesellschaft für Erziehungswissenschaft. Opladen, Barbara Budrich, S. 139–154.

Hamburger, Franz (2012): Einführung in die Sozialpädagogik. 3., aktualisierte Aufl., Stuttgart, Kohlhammer.

Honig, Michael-Sebastian (2007): Wunsch und Wirklichkeit sozialpädagogischer Bildungsforschung. In: Homfeldt, Hans Günther (Hrsg.): Soziale Arbeit im Aufschwung zu neuen Möglichkeiten oder Rückkehr zu alten Aufgaben? Baltmannsweiler, Schneider, S. 32–43.

Hornstein, Walter (1998): Erziehungswissenschaftliche Forschung und Sozialpädagogik. In: Rauschenbach, Thomas/Thole, Werner (Hrsg.): Forschung und Sozialpädagogik. Gegenstand und Funktionen, Bereiche und Methoden. Weinheim/München, Juventa, S. 47–80.

Hüfner, Kilian (2020): Peers als Bildungs- und Sozialisationsinstanzen. In: Sozialpädagogische Impulse (3), 24–26.

Kayahan, Hikmet (2020): Lern etwas Gescheites! Oder: von der Kunst, den Alltag zu meistern. In: Sozialpädagogische Impulse (3), 33–35.

Kerber-Ganse, Waltraut (2009): Die Menschenrechte des Kindes. Die UN-Kinderrechtskonvention und die Pädagogik von Janusz Korczak. Versuch einer Perspektivenverschränkung. Opladen, Barbara Budrich.

Kilb, Rainer (2020): Gemeinsame Zukunftsaufgabe. Bildung und Soziale Arbeit als gemeinsame Zukunftsaufgabe. In: Sozialpädagogische Impulse (3), 8–11.

Koller, Gerald (2016): Vom ODER zum UND. Beziehungsbildung: Eine menschenfreundliche Lernkultur für die Welt von morgen. In: Sozialarbeit in Österreich. Zeitschrift für Soziale Arbeit, Bildung und Politik (3), 33–38.

Koller, Hans-Christoph (2018): Bildung anders denken. 2., aktualisierte Auflage. Stuttgart, Kohlhammer.

Kreft, Dieter/Mielenz, Ingrid (Hrsg.) (1980). Wörterbuch Soziale Arbeit. Aufgaben, Praxisfelder, Begriffe und Methoden der Sozialarbeit und Sozialpädagogik. Weinheim, Beltz.

Krennerich, Michael (2013): Soziale Menschenrechte. Zwischen Recht und Politik (Reihe Politik und Bildung; Bd. 70). Schwalbach/Ts., Wochenschau Verlag.

Lauermann, Karin (2020): Editorial. In: Sozialpädagogische Impulse (3), 2.

Mecheril, Paul (2016): Inklusion als migrationsgesellschaftliche Perspektive – zwischen Trugbild und Anspruch. In: Liedke, Ulf / Wagner, Harald u.a.: Inklusion. Lehr- und Arbeitsbuch für professionelles Handeln in Kirche und Gesellschaft, Stuttgart, Kohlhammer, S. 106–119.

Müller, Burkhard (2008): Was ist der Fall? Kasuistik und „Konstruktion des Adressaten". In: Zeitschrift für Sozialpädagogik (4), 391–406.

Natorp, Paul (1899): Herbart, Pestalozzi und die heutigen Aufgaben der Erziehungslehre. Stuttgart, Fr. Frommanns Verlag.

Natorp, Paul (1910/1968): Erziehung und Gemeinschaft. Sozialpädagogik. In: Röhrs, Hermann (Hrsg.): Die Sozialpädagogik und ihre Theorie. Frankfurt am Main, Akademische Verlagsgesellschaft, S. 1–10.

Nida-Rümelin, Julian (2006): Die Universität zwischen Humboldt und McKinsey. Perspektiven wissenschaftlicher Bildung. In: Frost, Ursula (Hrsg.) (2006): Unternehmen Bildung. Die Frankfurter Einsprüche und kontroverse Positionen zur aktuellen Bildungsreform. Sonderheft. Vierteljahresschrift für wissenschaftliche Pädagogik, Paderborn/München/Wien/Zürich, Ferdinand Schöningh, 80–90.

Oelkers, Jürgen (2013): Allgemeine Pädagogik und Sonderpädagogik. In: Müller, Hans-Rüdiger / Bohne, Sabine / Thole, Werner (Hrsg.): Erziehungswissenschaftliche Grenzgänge. Markierungen und Vermessungen. Beiträge zum 23. Kongress der Deutschen Gesellschaft für Erziehungswissenschaften. Opladen, Barbara Budrich, S. 219–240.

Pantuček-Eisenbacher, Peter (2016): Bildet Sozialarbeit, oder repariert sie die Mängel des Bildungswesens? Ein Kommentar. In: Sozialarbeit in Österreich. Zeitschrift für Soziale Arbeit, Bildung und Politik (3), 15–17.

Rauschenbach, Thomas (2009): Bildung – eine ambivalente Herausforderung für die Soziale Arbeit? In: Soziale Passagen (1), 209–225.

Reich-Claassen, Jutta (2017): Wissenschaftliche Weiterbildung zwischen kundenorientierten Lernkontexten und hochschulischem Bildungsanspruch. In: Miller, Tilly/Ostertag, Margit (Hrsg.) (2017): Hochschulbildung. Wiederaneignung eines existenziell bedeutsamen Begriffs. Stiftungsfachhochschule München (Hrsg.). Berlin/Boston, 111–122.

Renner, Patricia/Tomic Hensel, Marina (2020): Gelebte Vielfalt in der Hochschule durch eine diversitätsorientierte Zugangspraxis. In: Sozial Extra 44(1), 44–48.

Ruhloff, Jörg (2006): Bildung und Bildungsgerede. In: Vierteljahrsschrift für wissenschaftliche Pädagogik 82(3), 297–300.

Seitz, Klaus (2011): Bildung für alle? Menschenrechte und Bildung in der Weltgesellschaft. In: Jahrbuch für Pädagogik 2011. Menschenrechte und Bildung. Redaktion: Steffens, Gerd / Weiß, Edgar. Frankfurt am Main, Peter Lang, S. 95–111.

Sting, Stephan (2011): Disziplin, meine Damen und Herren! In: Anastasiadis, Maria/ Heimgartner, Arno/Kittl-Satran, Helga/Wrentschur, Michael (Hrsg.): Sozialpädagogisches Wirken. Wien/Berlin, Lit-Verlag, 36–55.

Sting, Stephan (2020): Sozialpädagogische Zugänge. In: Sozialpädagogische Impulse (3), 21–23.

Studer, Judith/Abplanalp, Esther/Disler, Stephanie (Hrsg.) (2019): Persönlichkeitsentwicklung in Hochschulausbildungen fördern. Aktuelles aus Forschung und Praxis. Bern, hep-Verlag.

Tauchner, Manfred (2016): Der Zug von Pisa nach Bologna. Soziale Arbeit beim Trainspotting? In: Sozialarbeit in Österreich. Zeitschrift für Soziale Arbeit, Bildung und Politik (3), 18–20.

Thiersch, Hans (1992a). Lebensweltorientierte Soziale Arbeit. Weinheim, München, Juventa.

Thiersch, Hans (1992b). Das sozialpädagogische Jahrhundert. In Rauschenbach, Thomas / Gängler, Hans (Hrsg.): Soziale Arbeit und Erziehung in der Risikogesellschaft, Neuwied, Luchterhand, S. 9–23.

Thiersch, Hans (2018): Bildung. In: Otto, Hans-Uwe/Thiersch, Hans/Treptow, Reiner/ Ziegler, Holger (Hrsg.): Handbuch Soziale Arbeit. Grundlagen der Sozialarbeit und Sozialpädagogik. 6., überarb. Aufl., München, Ernst Reinhardt, 165–176.

Thimmel, Andreas (2017): Bildung. In: Kessl, Fabian/Kruse, Elke/Stövesand, Sabine/Thole, Werner (Hrsg.): Soziale Arbeit. Kernthemen und Problemfelder. Opladen/Toronto, Barbara Budrich, 222–234.

Thole, Werner (2009): Bildung und soziale Gerechtigkeit. Soziale Arbeit als Feld nonformaler Bildungspraxis. In: Sozial Extra 33(7/8), 20–23.

Tippelt, Rudolf/Schmidt, Bernhard (2009). Einleitung der Herausgeber. In Tippelt, Rudolf / Schmidt, Bernhard (Hrsg.), Handbuch Bildungsforschung (Bd. 2). Wiesbaden, VS Verlag, S. 9–19.

Treptow, Rainer (2020): Fragen – Themen – Zuständigkeiten. Gestaltung der elterlichen Aufgaben. In: Sozialpädagogische Impulse (3), 18–20.

Winkler, Michael (2020): Bildung – ein Mysterium. In: Sozialpädagogische Impulse (3), 4–7.

Dipl. Sozialpäd.[in] (FH) Marina Tomic Hensel, MA, ist FH-Professorin am Department Soziales der Fachhochschule St. Pölten. Sie hat Soziale Arbeit sowie Gender Studies studiert. Ihre Lehr- und Forschungsschwerpunkte sind u. a. Ökonomisierung, Bildungsdiskurse und Kasuistik. Sie untersucht in ihrer Dissertation im Bereich der Bildungswissenschaft die Kontroverse um die Ökonomisierung von Bildung aus einer diskursanalytischen Perspektive, marina.tomic-hensel@fhstp.ac.at.

Lustvoll forschend lernen und die Welt verändern

Vom Nutzen der Erotik für kollaborative Aktionsforschungsprojekte mit Studierenden

Michaela Moser

Zusammenfassung

Wie können Studierende der Sozialen Arbeit durch gemeinsames Forschen mit- und voneinander lernen und dabei gesellschaftliche Verhältnisse verändern? An der FH St. Pölten werden kollaborative Aktionsforschungsprojekte durchgeführt, die genau das ermöglichen. Studierende arbeiten gemeinsam mit Praxispartner:innen, nutzen dabei partizipative Methoden sowie biografische und erfahrungsbasierte Ansätze. Kreative Planungswerkzeuge wie Dragon Dreaming und Moderationstechniken wie Dynamic Facilitation helfen, vorhandenes Wissen zu aktivieren und innovative Lösungen zu entwickeln. Trotz Herausforderungen wie knappen Ressourcen und institutionellen Hürden zeigt sich, dass durch die Verbindung von u. a. feministischen, postkolonialen und pädagogischen Perspektiven die transformative Kraft von Begehren und Erotik als Lebens- und Erkenntnisquellen nutzbar gemacht werden kann. Forschendes Lernen wird so zu einer engagierten, lustvollen und politischen Praxis.

M. Moser (✉)
Ilse Arlt Institut für soziale Inklusionsforschung, Fachhochschule St. Pölten, St. Pölten, Österreich
E-Mail: michaela.moser@fhstp.ac.at

1 Einleitung

Wie gelingen kollektive Qualifizierungsarbeiten von sieben und mehr Studierenden als Resultat eines Lehrforschungsprojektes mit Anspruch auf Wissensgenese, Kompetenzerweiterung und gesellschaftliche Veränderungen? Was hat Hochschulbildung mit Erotik und der Neuordnung von Begehren zu tun? Welchen Sinn hat, was seit über zehn Jahren so viel Zeit und Energie meines Lebens beansprucht?

Der vorliegende Beitrag widmet sich diesen Fragen. Er reiht sich damit in Diskurse zu forschendem Lernen in der Hochschulbildung ein und versteht sich als reflektierender Bericht konkreter Praxis am Department Soziales der Fachhochschule St. Pölten. Seit Anlaufen der dort verankerten Bachelor- und Master-Studiengänge, die in den frühen 2000er-Jahren entwickelt wurden, werden Qualifizierungsarbeiten in Form konkreter Forschungsprojekte umgesetzt. Studierende verfassen dabei zwar teilweise auch individuelle Qualifizierungsarbeiten, werden vor allem im Master-Studiengang jedoch zum Schreiben von Gruppenarbeiten angehalten, in beiden Fällen zu im Groben vorgegebenen Themen.[1] Sowohl Ansprüche als auch die Genese dieses Zugangs werden im Folgenden skizziert, Zielsetzungen, Abläufe, Prozesse, Methoden und Ergebnisse derartiger Projekte werden anhand konkreter Beispiele näher illustriert. Dabei beziehe ich mich auf Beispiele von Bachelor- und Masterprojekten, die ich selbst – meist gemeinsam mit Kolleg:innen – begleitet habe. Nicht weil andere Arbeiten weniger interessant wären – ganz im Gegenteil, es gibt eine große Zahl spannender Projekte von Kolleg:innen –, sondern weil es um unmittelbare Einblicke in konkrete Prozesse gehen soll.

Länger schon wollte ich „unsere" bzw. „meine" Art, Lehrforschungsprojekte zu gestalten, schriftlich darstellen. Die Zusage zum vorliegenden Beitrag zwang mich nun dazu. Aus der zunächst als Dokumentation gedachten Schreibaufgabe wurde auch ein Prozess der Selbstvergewisserung, der mich überraschender- und zugleich naheliegenderweise zurück zur eigenen ersten Qualifizierungsarbeit führte. Reflexionen zur u. a. Kontingenz in Bildungsprozessen, der Bedeutung von Begehren und dem Nutzen der Erotik für derartige Lehrforschungsprojekte schließen den Beitrag ab. Sie bilden eine Brücke zwischen eigenem Lehren und Lernen, aktueller beruflicher Tätigkeit an einer Fachhochschule und persönlichen Bildungserfahrungen, die von politischem Engagement gleichermaßen geprägt

---

[1] Ein ähnlicher Prozess für Qualifizierungsarbeiten in Studiengängen Sozialer Arbeit (und auch in anderen sozialwissenschaftlichen Disziplinen) ist mir – zumindest von österreichischen Fachhochschulen und Universitäten – nicht bekannt.

sind wie von u. a. Theorie und Praxis feministischer Ethik, der Philosophie italienischer und diesen nahestehender deutschsprachiger post-patriarchaler Theoretiker:innen und der Lektüre post-kolonialer Reflexionen zu Fragen von Bildung und Wissensgenese (vgl. u. a. Castro Varela 2015; das Kollektiv 2021; Knecht et al. 2012; Moser 1993; Moser/Praetorius 2003).

2 Forschendes Lernen

Vor einem kurzen Überblick zu Begriffen und Diskursen rund um das Thema forschendes Lernen ist mir eine biografische Notiz wichtig. Ich bin Quereinsteigerin sowohl in die Disziplin der Sozialen Arbeit als auch in die Hochschullehre und Forschung. Nach einem Magisterstudium der (katholischen) Theologie und einem Master in Public Relations, beruflichen Tätigkeiten in Jugendarbeit und Erwachsenenbildung und als Koordinatorin des NGO-Netzwerks Armutskonferenz habe ich zehn Jahre lang ein PR-Büro für die Dachorganisation der österreichischen Schuldenberatungen aufgebaut und geleitet, bevor ich nach einer philosophisch-ethischen Dissertation zum Thema Frauenarmut 2012 eine Dozent:innen-Stelle im Department Soziales an der Fachhochschule St. Pölten antrat. Mit Sozialer Arbeit war ich bis dahin vor allem als Aktivistin der Armutskonferenz vertraut. Auch hatte ich mir in den Jahren der Tätigkeit für soziale Organisationen ein recht umfangreiches Wissen zu sozialen Fragen und Sozialpolitik aneignen können, konkrete Forschungserfahrung im akademischen Sinne hatte ich wenig, schon gar nicht mit empirischer Forschung. Meine didaktischen Kompetenzen brachte ich aus der Erwachsenenbildung, methodische Skills und gruppendynamisches Wissen aus zivilgesellschaftlichen Lernprozessen mit. Es war ein Sprung ins kalte Wasser und ein akademischer Quereinstieg, wie er nur an Fachhochschulen möglich. Konkret ist er nicht zuletzt dem damaligen Department-Leiter Peter Pantuček-Eisenbacher zu verdanken, den ich – wie später auch die für meine Bestellung zuständige Kommission – von meiner Passung für die im Department anstehenden Aufgaben überzeugen konnte. In die Begleitung von forschendem Lernen wurde ich im Rahmen eines ersten von mir geleiteten Lehrforschungsprojekts im Masterstudiengang bereits nach einem Jahr involviert, ohne vom Begriff und den dazugehörigen Diskursen zu diesem Zeitpunkt je gehört zu haben.

Forschendes Lernen war an unserer Hochschule schon länger explizit Thema, nicht zuletzt in den ca. ab dem Jahr 2005 von damaligen Kolleg:innen entwickelten Curricula für Bachelor- und Master-Studiengänge Sozialer Arbeit (vgl. FH St Pölten 2006, 2008). Als Thema hochschuldidaktischer Diskurse wurde der Begriff im deutschsprachigen Bereich bereits in den 1970er-Jahren in Form einer oft zitierten und 2009 neu aufgelegten Schrift der deutschen Bundesassistentenkonferenz lanciert (vgl. Ludwig 2012; Baacke et al. 2009) und ist seitdem in „zahllosen Texten und Programmen beschworen und in verschiedenen Kontexten, in den letzten Jahren wieder zunehmend, ansatzweise umgesetzt worden" (Ludwig 2012:1). Dies belegen zahlreiche Publikationen zum Thema (vgl. u. a. Brinkmann 2020; Hoffmeister et al. 2020; Mieg/Tremper 2020; Sabla 2017). Dabei geht es im Kern darum, ein konkretes Forschungsprojekt in allen wesentlichen Phasen gemeinsam mit Lernenden zu konzipieren, durchzuführen und zu reflektieren (vgl. Huber 2012:11; Huber 2012:2).

Für den Hochschuldidaktiker Ludwig Huber, der für die Entwicklung eines noch immer gültigen Verständnisses von forschendem Lernen als entscheidend gilt (vgl. Batelka 2019) gleicht dieses dem „Problem based Learning", über das es mit Blick auf ein „selbst gefundenes oder gewähltes Problem" und „in der Entwicklung eigener Methoden und weiterer Untersuchungen" jedoch hinausgeht. Idealerweise soll es

> in der Gemeinschaft der Lehrenden und Lernenden betrieben werden (…) und auch soziales Lernen zur Entwicklung sozialer Kompetenzen fördern. Im Forschenden Lernen soll Wissenschaft gerade als sozialer Prozess erfahren werden. Insofern reicht die Ermöglichung Forschenden Lernens über die Einrichtung einer Lernumgebung, in der Studierende individuell lernen und evtl. forschen (Individualisierung), hinaus. (Huber 2012:3)

Ähnliches dürften auch die Kolleg:innen im Blick gehabt haben, als sie 2005 und in den Folgejahren die kollaborative Form entwickelten, in der in St. Pölten Bachelor- und Master-Lehrforschungsprojekte im Wesentlichen bis heute umgesetzt werden.[2]

Katharina Auer-Voigtländer, die aktuell das Department Soziale Arbeit an der Fachhochschule St. Pölten leitet, hat deren Bedeutung kürzlich in einem Konferenzbeitrag dargestellt (vgl. Auer-Voigtländer 2024). Dabei hat sie deren vielfachen Mehrwert als 1) Beitrag zu sozialwissenschaftlicher Grundlagenforschung, 2) anwendungsorientierter Wissensgenese, 3) Stärkung professioneller Entwicklung von Studierenden sowie 4) zur wissenschaftsbasierten Disziplinentwicklung gewürdigt. Die Lehrforschungsprojekte, die im fünften und sechsten Semester des Bachelorstudiums umgesetzt werden und sich im Masterstudium

---

[2] Jedenfalls hat Peter Pantuček-Eisenbacher dies in einem aus Anlass dieses Beitrags geführten Online-Gespräch im Herbst 2024 so bestätigt bzw. darauf hingewiesen, dass es nicht zuletzt die Unzufriedenheit mit individuellen Masterarbeiten war, die zu diesem Konzept führte.

über alle vier Semester erstrecken, greifen Herausforderungen und Anliegen sozialarbeiterischer Praxis auf und werden mit den Forschungsschwerpunkten des Departments abgestimmt.

Geforscht wird in aus sechs bis zwölf Studierenden bestehenden Gruppen, die von einem Lehrendenteam begleitet werden, das meist aus einer hauptberuflich lehrenden Person und einer weiteren Person aus Forschung und/oder konkreter Sozialarbeitspraxis besteht. Studierende sollen in diesen Projekten das Forschen lernen: von der Konzeption über die eigenständige Umsetzung bis hin zur Verbreitung von Ergebnissen. Sie werden ermutigt, auch über geeignete Formen der Vermittlung ihrer Forschung an unterschiedliche Zielgruppen nachzudenken. In der Folge entstehen Infofolder, Konzepte für Unterrichtsstunden oder Workshopreihen und es werden mitunter auch Videos gedreht oder Bücher publiziert.[3] Integriert sind die Projekte in die Schwerpunkte des Ilse-Arlt-Instituts für soziale Inklusionsforschung, das 2007 mit dem Ziel einer Stärkung der Verknüpfung von Lehre und Forschung gegründet wurde.[4]

Konkrete Themen und Ziele der Projekte werden oft aus der Praxis an das Department herangetragen, für Bachelorprojekte wird dabei mit einem öffentlichen Call um Einreichungen geworben.[5] Inhaltlich geht es um die Erschließung neuer Forschungsfelder bzw. um Forschung in Feldern, für die es (noch) keine oder kaum Finanzierung gibt, um Anwendungsentwicklungen in unterschiedlichen Handlungsfeldern, aber auch um Wissensgenese im Sinne von Grundlagenforschung. In der Auseinandersetzung mit einer konkreten Forschungsfrage aus dem Feld wird so professionelle Entwicklung mit Praxisbezug, aber ohne unmittelbaren Handlungsdruck im Sinne einer Klient:innen-Beziehung vorangetrieben. In den von mir initiierten kollaborativen Aktionsforschungsprojekten entstehen dabei auch alternative Perspektiven auf Klient:innen, auf zukünftige Kolleg:innen, Vorgesetzte, auf Handlungsfelder und Rahmenbedingungen, Methoden und Haltungen, und es gelingt – hoffentlich – das Einüben kritischer Reflexionsfähigkeit als Grundzugang zur eigenen Theorie und Praxis.

Ein Blick in frühere und aktuelle Curricula zeigt die dahinterstehenden Überlegungen zu den Kompetenzen, die erworben werden sollen. Diese reichen von

---

[3] Bekannt sind mir das in einem Masterprojekt entstandene Buch „Hilfe! Ich bin ein Helfer" (Müller et al. 2015) sowie der im Rahmen eines Bachelorprojekts entstandene Sammelband „34 Begegnungen. Erfahrungen von Klient*innen mit Sozialer Arbeit" (Grigori/Vyslouzil 2018).

[4] Am Institut wird aktuell in den drei Schwerpunkten Methoden- und Professionsentwicklung, Health and Social Care, Partizipation, Diversität und Demokratieentwicklung geforscht.

[5] Zu finden unter: https://inclusion.fhstp.ac.at/projekte/einreichung-lehrforschungsprojekt.

der Entwicklung von Fragestellungen über Strategien der Wissens-Auffindung und Recherche, dem Umgang mit Literatursammlungen und der Einschätzung von Textqualitäten, der Aneignung von Methoden empirischer Sozialforschung, der Anwendung von Zitationsregeln bis hin zur Texterstellung und Nutzung von Verbreitungswegen reichen (vgl. FH St. Pölten 2006, 2008, 2012, 2017). Durch die projekt- und teamförmige Annäherung an ein gemeinsames Thema und dessen kollektive Bearbeitung werden auch Projektplanung und -management sowie gelingendes Teamwork als Lernziele integriert.

3 Kollaboratives Arbeiten in konkreten Projekten

Die im Folgenden vorgestellten Projekte zeichnen sich u. a. dadurch aus, dass sie von Gruppen, bestehend aus sieben bis zehn Studierenden, in Form einer gemeinsamen Masterthese umgesetzt wurden.

Die Auswahl der angebotenen Projekte erfolgt von Forschungsschwerpunkt- und Studiengangsleitungen gemeinsam, danach kommt es zu einer Zuordnung der Studierenden. Im Bachelor erfolgt dies im Rahmen einer Art „Marktplatz" gegen Ende des vierten Semesters, wo die designierten Projektleiter:innen ihre Projekte vorstellen und mit interessierten Studierenden ins Gespräch kommen. Danach erfolgt die Zuteilung mittels des Auswahltools „Gerechte Verteilung" am E-Campus (= Moodle-Plattform). Dabei können Studierende ihre Präferenzen in Form einer ersten, zweiten und dritten Wahl angeben und sie werden daraufhin mittels Algorithmus auf die verschiedenen Projekte verteilt. Nachträgliche Änderungen und Tauschmöglichkeiten sind nicht vorgesehen. Im Master erfolgt die Zuteilung in Rahmen der Einführungs-Lehrveranstaltung zu Beginn des ersten Semesters. Alle Projekte werden zuvor am E-Campus vorgestellt und es besteht die – erfahrungsgemäß kaum genutzte – Möglichkeit, per Forum Fragen an die Projektleiter:innen zu stellen. In einem moderierten Prozess und in Abwesenheit der Projektleitungen wird die Selbstzuteilung der Studierenden unterstützt. Dabei formieren diese sich zunächst in Gruppen rund um die jeweiligen Projektvorschläge. Oft ergibt sich von selbst eine recht ausgewogene Aufteilung. Bei einem unausgewogenen Verhältnis beginnt ein Aushandlungsprozess, in dem Studierende einer Gruppe mit wenigen Personen gefordert sind, weitere Kolleg:innen von dem von ihnen gewählten Projekt zu überzeugen. Dies hat in den letzten Jahren stets innerhalb von rund 30 min funktioniert. Als Plan B wäre sonst ein Ausweichen auf das Tool „Gerechte Verteilung" möglich.

Nach erfolgter Zuteilung beginnt die Arbeit in den jeweiligen Projektgruppen, die über knapp zwei Semester im Bachelor und knapp vier Semester im Master läuft und mit der Abgabe der jeweiligen Arbeiten endet. Abgesehen von einigen zentralen Eckpunkten, wie u. a. der verpflichtenden Abgabe von Exposés, verlaufen die Projekte je nach Thema, Zugang und Arbeitsweise der Projektleitungen recht unterschiedlich, mehr oder weniger vorstrukturiert, mit mehr oder weniger schnellem Feldzugang und Offenheit im Prozess und mehr oder weniger konkreten Aufträgen aus einem Praxisfeld. „Üblich" ist, dass eine gewisse Wahlfreiheit mit Blick auf individuell interessierende Aspekte und letztendlicher Formulierung der Forschungsfrage für die entstehende Arbeit besteht. Obwohl also die Themen grundsätzlich vorgegeben sind, haben die beteiligten Studierenden durchaus die Möglichkeit, persönliche Schwerpunkte zu setzen. Teil des Konzepts ist das gemeinsame Erarbeiten von u. a. theoretischen Grundlagen und teilweise auch gemeinsamen Erhebungen bzw. das spätere Teilen von individuell oder in Gruppen erhobenen Daten für verschiedene Arbeiten. Im Zuge des Bachelorprojekts sollen individuelle Bachelorarbeiten entstehen, seit einigen Jahren sind jedoch auch hier gemeinsame Arbeiten von zwei – sehr selten auch mehr – Personen möglich, wobei innerhalb dieser Arbeiten die einzelnen Teile jeweils individuell Autor:innen zugeordnet werden müssen. Zusätzlich werden die Studierenden motiviert, Überlegungen über ein ihre Ergebnisse vermittelndes Produkt anzustellen und umzusetzen. Für den Master sind explizit Gruppenarbeiten erwünscht, in den meisten Fällen unterteilt sich die Gruppe in drei bis vier Untergruppen von jeweils zwei bis vier Personen, die ein gemeinsames Subprojekt im Rahmen des größeren Themas verfolgen. So entschieden sich in einem von mir gemeinsam mit Marina Tomic Hensel geleiteten Masterprojekt mit dem Thema „Diversity – Parole oder Programm. Eine diversitätsorientierte Analyse des Studiums Sozialer Arbeit", das sich mit Fragen des Umgangs mit Vielfalt und Heterogenität im Studium der Sozialen Arbeit an der Fachhochschule St. Pölten beschäftigte, zwei Studierende für ein Subprojekt zu Nutzer:innen-Beteiligung in der Lehre Sozialer Arbeit, zwei Studierende forschten zu Barrieren im Hochschulbereich für Menschen mit Hörbehinderung und eine Gruppe von fünf Studierenden widmete sich dem Thema unterrepräsentierter Studierendengruppen im Studium Sozialer Arbeit und erkundete Barrieren beim Zugang zum und im Studium für Menschen mit Migrationsbiografie, armutsbetroffene Studierende und Studierende mit Kind (vgl. Kasser 2022; Koller et al. 2022; Omann/Zwehl 2022; Schweizer 2022). Für die Entwicklung derartiger Subgruppen und deren konkreter Forschungsfragen stehen knapp zwei Semester bis zur Anmeldung der Masterthese und Abgabe entsprechender Exposés zur Verfügung.

Projekte, in denen die gesamte Gruppe eine gemeinsame Arbeit verfasst, sind eher die Ausnahme und ergeben sich – so meine Einschätzung – entweder durch einen sehr konkreten Projektauftrag und/oder eine bestimmte Form der

Projektplanung zu Beginn. So wurde in einem von mir mit Christoph Redelsteiner geleiteten Masterprojekt auf ein Anliegen der Gemeinde Orth an der Donau reagiert und ein Handbuch sowie vier Konzepte für eine bessere Gesundheitsversorgung entwickelt (Auer et al. 2018), die schließlich auch in gekürzter Form als Broschüre veröffentlicht wurden (Ilse Arlt Institut 2019). In einem Bachelorprojekt zum Thema Selbstorganisation verfasste eine Gruppe von acht Personen eine gemeinsame Arbeit mit individuell entwickelten Kapiteln zu konkreten Selbstorganisationen verschiedener Gruppen (Gradinger et al. 2018). Ein Masterprojekt zu inklusiver Mobilität (Bennesdorfer et al. 2017) beschäftigte sich mit Mobilitätsarmut und Lösungsansätzen von bzw. für die Zielgruppen Alleinerziehende, Erwerbsarbeitslose, Geflüchtete, Jugendliche und alte Menschen. In einem weiteren – mit Lisa Rücker geleiteten – Projekt zum Thema Gemeinwesenarbeit wurden von neun Studierenden Eckpunkte für zielgruppenübergreifende und selbst organisierte Gemeinwesenarbeit und ein konkretes Konzept für Gemeinwesenarbeit in St. Pölten erarbeitet (Drochter et al. 2020). Anknüpfend an dieses Projekt setzten in den letzten zwei Jahren acht weitere Masterstudierende in einer Kooperation mit u. a. dem Kulturfestival Tangente St. Pölten konkrete Nachbarschaftsprojekte um und dokumentierten ihre Erfahrungen in einem „Handbuch für Einsteiger:innen" in die Gemeinwesenarbeit (vgl. Faul et al. 2024).

Mein allererstes Lehrforschungsprojekt widmete sich von 2013 bis 2015 den Themen Macht und Partizipation, womit ich neue Perspektiven auf unterschiedliche Felder Sozialer Arbeit ermöglichen wollte. Diese Überlegungen mündeten schließlich in einer Masterarbeit zu den Themen Klient:innen-Partizipation in Form von Selbstvertretungs-Strukturen und Beiräten in sozialen Organisationen, Selbsthilfe und Selbstorganisation, bürgerschaftliches Engagement, Online-Beteiligung, Kulturarbeit und Conferencing (vgl. Beck et al. 2015). Im Hintergrund stand das Anliegen, Nutzer:innen-Partizipation in der Sozialen Arbeit voranzutreiben. Dies in die Lehre und Forschung einzubringen, war mir von Beginn meiner Tätigkeit an ein wichtiges Anliegen und entsprang vor allem meinen Erfahrungen aus der Zusammenarbeit mit Selbstorganisationen von Menschen mit Armutserfahrungen, wie sie seit 2010 in der österreichischen Armutskonferenz und im European Anti Poverty Network, wo ich seit vielen Jahren engagiert bin, umgesetzt werden.

4 Von Ergebnissen träumen, vorhandenes Wissen heben

Meine Herangehensweise an Lehrforschungsprojekte war und ist geprägt von Erfahrungen und Methoden partizipativen Arbeitens, wie ich sie aus verschiedenen Organisationen kenne, und von Entscheidungsprozessen, die mein Leben und meinen Alltag in einem gemeinschaftlichen Wohnprojekt begleiten. Dabei gelernte Projektplanungszugänge setze ich auch in der Lehrforschung ein, und so begann das erste wie später viele weitere Projekte mit einer Runde gemeinsamen Träumens. Das mag im ersten Moment etwas schräg und in manchen Ohren esoterisch klingen, ist aber ein zentraler Teil der Projektplanungsmethode „Dragon Dreaming", die sich seither als Ansatz für Lehrforschungsprojekte bewährt hat.

Dragon Dreaming ist eine durch den Australier John Croft vermittelte und bekannt gewordene Methode der Projektplanung, die auf Arbeitsweisen und Weisheiten australischer Aborigines beruht und auf die Prinzipien Partizipation, Nachhaltigkeit und systematisches Denken setzt (vgl. Koglin/Kommerell 2022:34; Croft 2014). Gemäß den vier Phasen des Dragon Dreamings, nämlich Träumen, Planen, Handeln, Feiern, braucht ein Erfolg versprechendes Projekt zunächst eine starke geteilte Vision und beginnt deshalb mit dem Träumen (vgl. Koglin/Kommerell 2022:60–75). Dieses wird mit einem sogenannten Traumkreis eingeleitet. Alle Projektteilnehmer:innen werden aufgefordert, sich gedanklich in die Zukunft zu versetzen und sich vorzustellen, wie das Projekt idealerweise gelaufen sein wird. Das ist im Fall des Lehrforschungsprojekts meist der Tag der Sponsion, an dem der erfolgreiche Abschluss des Projekts formal begangen und gefeiert wird.

> Wie muss das Projekt im Zeitraum (…) für dich sein oder was muss geschehen, damit du sagst: Besser als mit diesem Projekt und diesen Menschen hätte ich meine Zeit nicht verbringen können. (Koglin/Kommerell 2022:82)

Mithilfe dieser Frage werde alle Beteiligten angeregt, darüber nachzudenken, was sie mit diesem Projekt erreichen wollen. Beiträge werden reihum im Kreisgespräch in mehreren Runden gesammelt und auf einem Flipchart mitgeschrieben. Durch das Hineinversetzen in die Zukunft und die Anregung, in der Vergangenheitsform zu sprechen (wie z. B. „das Projekt war so toll, weil es uns gelungen ist, reale Fragestellungen aufzugreifen und einen tatsächlich hilfreichen Beitrag für die Praxis zu erarbeiten"), werden Vorstellungen und Wünsche konkret benannt. Im besten Fall entsteht dabei eine Art kollektiver Flow, der als Grundstein für eine starke Identifikation mit dem Projekt hilfreich sein kann (vgl. ebd.:81). Die

Inhalte des Traumkreises dienen als Orientierungslinien für das Projekt. In einem weiteren Schritt können in Kleingruppen und später – oder auch gleich – mit der Gesamtgruppe auf dieser Basis konkrete Formulierungen für die gemeinsame Vision und konkrete Projektziele erarbeitet und in anschließenden Planungsschritten entsprechend Maßnahmen und Regeln für eine gute Zusammenarbeit festgehalten werden.[6]

Ein weiteres wichtiges Element ist das Heben und Sichtbarmachen von bereits vorhandenem Wissen. Dies kann auf vielerlei Weise umgesetzt werden, z. B. durch bereits im Vorfeld von den Studierenden vorzubereitenden Kurzporträts, die Einblicke zur Person, aber auch in Erfahrungen und vorhandenes Wissen zum Thema geben, oder durch die Aufgabe, Kurzreferate in der ersten Lehrveranstaltungseinheit zu halten. Für eine kompakte und dynamische Sammlung von vorhandenem Wissen und Fragen, die bearbeitet werden sollen, eignet sich die aus der Bürger:innen-Beteiligung stammende Methode Dynamic Facilitation besonders gut (vgl. Rough o. J.; Zur Bonsen 2007).

Dynamic Facilitation, meist kurz DF genannt, stammt aus der Organisations- und Unternehmensberatung, wurde vom US-Amerikaner Jim Rough entwickelt und wird hierzulande vor allem im Zusammenhang mit Bürger:innen-Räten angewendet (vgl. Land Vorarlberg o. J.). Die in der Moderation anspruchsvolle Methode[7] ermöglicht eine gleichermaßen offene wie strukturierte Diskussion mit einer Gruppe von bis zu 20 Personen. Dabei nimmt sie Abstand von linearen Diskussionsverläufen. Die Teilnehmenden werden eingeladen, zu sagen, was ihnen gerade in den Sinn kommt; die Strukturierung erfolgt durch die Mitschrift auf vier unterschiedlichen Flipcharts, auf denen Herausforderungen und Fragen, Lösungen und Ideen, Bedenken und Einwände sowie Informationen und Sichtweisen getrennt gesammelt werden. Herausforderungen und Fragen sollen mit Blick auf die aktive Lösungsfindung jeweils in Form von „How to"-Fragen formuliert werden, also z. B. „Wie können wir Nachbar:innen der Fachhochschule für Gemeinwesenprojekte gewinnen?", „Wie kann Soziale Arbeit Selbsthilfegruppen unterstützen?"; Lösungen und Ideen werden Brainstorming-artig und zunächst ohne spezifische Zuordnung zu den formulierten Fragen gesammelt; Widersprüche zu den genannten Vorschlägen kommen – räumlich getrennt – auf das Einwände-Plakat und werden damit festgehalten, ohne dass die zuvor genannten

---

[6] Die Methode Dragon Dreaming liefert dafür detaillierte Anleitungen. Für die eigene Umsetzung empfiehlt sich das „Dragon Dreaming Playbook" von Koglin und Kommerell (2022) und die Lektüre der vielfältigen Materialien der Website https://dragondreaming.org/, auf der auch Hinweise auf Dragon-Dreaming-Einführungskurse zu finden sind.

[7] Gute Aus- und Fortbildungsseminare zu DF werden u. a. von Dynamic Facilitation e. V. – Miteinander Berge versetzen https://dynamicfacilitation.org angeboten.

Ideen vorschnell abgewertet oder gar verworfen werden; sämtliche weiteren, eher unspezifischen Statements, Beobachtungen und Gedanken werden als Informationen gesammelt. Aufgabe der Moderation ist es, aus den Beteiligten möglichst viel an vorhandenen Gedanken und Wissen herauszuholen, was mitunter zu einer in sonstigen Diskussionen eher ungewöhnlichen, zuweilen sehr direkten „Befragung" einzelner Personen führt. Dies entspricht dem zur Methode gehörenden Ansatz des „Purgings", in der deutschsprachigen Literatur auch als Prozess der „Reinigung" beschrieben (vgl. Zur Bonsen 2007:93). Vor allem Lösungsansätze sollen nicht nur bruchstückhaft, sondern möglichst zur Gänze eingebracht werden. Wenn Lösungen vorgestellt werden, „wird zugehört", bis die Person, die davon erzählt, „sich vollständig ,entleert' hat" (ebd.). Wenn es gut läuft, kann eine Gruppe mit Unterstützung dieser Methode in einen kreativen Fluss gemeinsamen Denkens kommen und es können „Durchbrüche" im Sinne eines neuen Verständnisses einer geteilten Herausforderung, von Aha-Erlebnissen im Hinblick auf ein spezifisches Problem oder ganz neue Lösungsansätze und/oder die Entstehung eines starken „Wir-Gefühls" möglich werden. Daraus ergibt sich dann oft organisch der Wunsch, in einen nächsten Planungsschritt überzugehen (vgl. Zubizarretta/Zur Bonsen 2019:91). Einen – vorläufigen – Abschluss findet eine Dynamic-Facilitation-Session durch den gemeinsamen Blick auf das gesammelte Material und den Versuch einer Zusammenfassung in Form einiger weniger kompakter Aussagen. Auch eine abschließende Reflexion auf den erlebten Prozess empfiehlt sich, nicht zuletzt auch mit Blick auf den damit verbundenen, im Kontext eines Lehrforschungsprojekt zusätzlich interessantem Kompetenzerwerb in Sachen gelingender Zusammenarbeit.

5 Beteiligungsformate nutzen, Co-Forscher:innen einbeziehen

Mehrsemestrige Lehrforschungsprojekte bieten auch eine gute Möglichkeit für partizipatives bzw. kollaboratives Arbeiten mit diversen Communitys und Nutzer:innen außerhalb der üblichen sozialarbeiterischen Praxis und gewohnter Klient:innen-Beziehungen. Studierende bekommen die Möglichkeit zur Arbeit mit verschiedenen Zielgruppen in einem Setting, das es ermöglicht, diese außerhalb ihrer Rolle als „Klient:innen" wahrzunehmen, kennenzulernen und mit ihnen zu kollaborieren. So kam es etwa im Bachelorprojekt „Inklusion und Soziale Medien" im Studienjahr 2015/2016 zu einer intensiven Zusammenarbeit mit verschiedenen im Klient:innen-Beirat des Departments vertretenen Gruppen.[8] Ausgangspunkt für die Projekte war eine Veranstaltung mit Vertreter:innen von Selbsthilfegruppen und Nutzer:innen unterschiedlicher Organisationen, bei dem Interessen und Fragestellungen zu Social Media diskutiert und erhoben und daraus Forschungsaufträge für die Bachelorstudierenden entwickelt wurden. Dabei entstanden Forschungsarbeiten zu u. a. Chatgruppen in der Selbsthilfe und adäquater Unterstützung für Social-Media-Aktivitäten von Menschen mit Lernschwierigkeiten. Eine in einem psychosozialen Betreuungszentrum in NÖ tätige Studentin setzte ein partizipatives Aktionsforschungsprojekt mit ihren Klient:innen um (Aiwu 2016). Dabei wurde in interaktiven Workshops das Interesse der Bewohner:innen an der Nutzung von Internet und Sozialen Medien erfasst und die Zugangsbarrieren wurden festgehalten. Zentrale Ergebnisse waren, dass es sowohl technische Infrastruktur – die Bewohner:innen hatten damals keinen Zugang zum Internet – als auch personelle Unterstützung braucht, um die Inklusion der Bewohner:innen im Bereich Social Media zu stärken. Diese Ergebnisse wurden von den Projekt-Beteiligten der Leitung des Betreuungszentrums vorgelegt und dabei wurde auf die durch die Forschung erworbene „Evidenz" für das unter den Bewohner:innen vorhandene breite Interesse verwiesen. Erste Schritte für einen verbesserten Zugang wurden in der Folge umgesetzt. Neben der Auseinandersetzung mit dem Thema Internet und soziale Medien wuchs dabei sowohl bei der Studierenden als auch bei ihren Klient:innen und in der diese versorgenden Einrichtung das Bewusstsein für die Notwendigkeit von mehr Nutzer:innen-Partizipation und Selbstvertretung (vgl. Aiwu 2016:34–35). Nutzer:innen wurden in diesem Projekt als Co-Forscher:innen in unterschiedlichen Phasen einbezogen und auch die Projektleitung wurde entsprechend besetzt. Neben mir selbst waren dafür der Selbstvertreter Erich Girlek und sein Assistent Michael Hanl beteiligt, die langjährige Erfahrung in der Arbeit unabhängiger Selbstvertretung, aber auch in der Mitarbeit in Organisationen für Menschen mit Lernschwierigkeiten mitbrachten.

Co-Forscher:innen und Communitys spielten auch in dem in den letzten beiden Jahren umgesetzten Masterprojekt „Nachbarschaft stärken, Gemeinschaft bilden" (Faul et al. 2024) eine große Rolle. Die Kontaktaufnahme mit und Gestaltung der Beziehung zu unterschiedlichen Initiativen und Organisationen, aber auch zu

---

[8] Der 2012 ins Leben gerufene Klient:innen-Beirat will Klient:innen Sozialer Arbeit als relevante Nutzer:innen-Gruppe aktiv in Planungen und Umsetzung von Lehre und Forschung am Department einbeziehen (Vgl. Moser et al. 2023). Bei den rund dreimal im Jahr organisierten Treffen werden von den Beteiligten gewählte Themen diskutiert und seitens des Departments konkrete Vorhaben aus Lehre und Forschung vorgestellt. Dabei haben sich bereits einige Kooperationen im Bereich der Lehrforschungen ergeben.

Nachbar:innen aus dem direkten Umfeld der Hochschule war dabei besonders wichtig. Dies nicht zuletzt, weil im Rahmen dieses Projekts konkrete Aktivitäten nicht nur gemeinsam konzipiert, sondern auch realisiert und anschließend reflektiert wurden: von Community-Cooking-Veranstaltungen wie einem Suppenfest und zwei Kimchi-Workshops über das Anlegen und Betreuen von Gemeinschaftsbeeten im FH-Garten bis hin zu einem ersten inklusiven Sporttag in St. Pölten. Von den Studierenden wurde dabei nicht nur die Planung und Organisation der Aktivitäten erwartet, sondern auch die Recherche und Auseinandersetzung mit entsprechender Literatur sowohl zu Gemeinwesenarbeit als auch zu den für die Teilprojekte relevanten Themen wie inklusivem Sport oder Green Social Work. Darüber hinaus beschäftigten sich einzelne Studierende mit Theorie und Praxis aktivierender Befragung als Grundlage für die später folgenden Projekte sowie mit leicht verständlicher Sprache im Sinne einer gelingenden Kommunikation mit unterschiedlichen Gruppen. Erfahrungen und Erkenntnisse wurden schließlich nicht nur in einer gemeinsamen Masterarbeit dargelegt, sondern führten auch zur Publikation eines Gemeinwesenarbeit-Handbuchs für Einsteiger:innen (Projektgruppe Nachbarschaft stärken 2024). Zusätzlich wurden Social-Media-Accounts bzw. Gruppen (Facebook, Instagram, WhatsApp) aufgesetzt und bespielt.

6   Cui bono? Was bringt's wem?

Als Forscher:innen sind Studierende in Lehrforschungsprojekten auch gefordert, ihr Tun und Lassen im Sinne eines positiven gesellschaftlichen Wandels mit Blick auf existierende Machtverhältnisse zu reflektieren. Dabei sind u. a. die Materialien des Centers for Social Justice and Community Action der Universität Durham hilfreich, auch wenn die praktischen Anregungen für methodisch vielfältige ethische Arbeit, etwa in Form von Dilemma-Cafés oder Theaterwerkstätten, aus Zeitgründen meist nur eingeschränkt umgesetzt werden können (vgl. Center for Social Justice 2022a, 2022b). Ein Blick in die entsprechenden Unterlagen schärft jedenfalls die Einsicht in die Notwendigkeit, sich Gedanken über persönliche Integrität, respektvolle Settings, gleichberechtigte Kommunikationsstrukturen, demokratische Entscheidungsprozesse, mehr Aufmerksamkeit für marginalisierte Positionen, Möglichkeiten für aktives gemeinsames Lernen und kollektives Handeln zu machen.

Wie die Grazer Kolleg:innen Maria Anastasiadis und Michael Wrentschur (2019) feststellen, ist die kollaborative Aktionsforschung eine wertvolle Methode, „um wissenschaftliche Erkenntnisse mit praktischen Anwendungen zu verknüpfen und gleichzeitig gesellschaftliche Veränderungen anzustoßen" (ebd.:20), wenngleich ihre Umsetzung erhebliche Herausforderungen mit sich bringt. Dies nicht zuletzt mit Blick auf die langfristige Sicherung der Forschungsergebnisse über den eigentlichen Forschungsprozess hinaus und eine nachhaltige Fortführung der angestoßenen Prozesse und Aktivitäten.

Im Rückblick auf die verschiedenen Projekte und das dabei deutlich werdende Potenzial verspüre ich zuweilen Bedauern, dass Angaben darüber, welche Wirkung die einzelnen Projekte entfalten, kaum möglich sind. Es wächst der Wunsch nach einer Art Begleitforschung, in der diese systematischer und am liebsten auch in langfristiger Perspektive erfasst werden können. Zu gerne würde ich wissen, wie die Studierenden des ersten Projekts zu Macht und Partizipation, die als sichtbares „Produkt" ihrer Arbeit damals ein „Partizipations-Methodensackerl" mit diversen „Zutaten" für gelingende Partizipation in der Sozialen Arbeit, wie etwa einem Sprechball, einem Redestab und einer Tasse für gute Kommunikation, Post-its für kollaboratives Arbeiten, Bleistift und Radiergummi für Fehlerfreundlichkeit, Flexibilität und Bereitschaft zu Veränderung sowie einem kleinen Heft mit theoretischen Basics zu Nutzer:innen-Partizipation und Machtfragen, entwickelten und zusammenstellten, heute auf die Ergebnisse und Erkenntnisse dieses Projekts zurückblicken. Damals, so erinnere ich mich leb- und etwas schmerzhaft, haben sie mich im Zuge ihrer Abschlussprüfung leicht schockiert und etwas verzweifelt zurückgelassen, als auf meine Frage, wie sie die im Masterprojekt gewonnenen Erkenntnisse nun umsetzen würden, die wohl sehr ehrliche Antwort „gar nicht" kam. Begründet wurde dies damit, dass „das" in der Praxis eben nicht umsetzbar sei. Eine Aussage – wie ich nach mittlerweile etlichen ähnlichen Reflexionen zu anderen Projektergebnissen weiß –, die die geringe Bereitschaft vieler Praxisfelder zur Aufnahme „neuer" Methoden und Ansätze widerspiegelt. Und vielleicht macht dies auch deutlich, dass dieses Projekt seiner Zeit voraus war, denn rund zehn Jahre später wird Partizipation in der Sozialen Arbeit nun verstärkt zum Thema. Schön wäre es auch, wenn in die Projekte selbst von Beginn an Überlegungen zur Erhebung des damit erzielten Impacts stärker inkludiert werden könnten, etwa mithilfe des gut durchdachten und sehr praktikablen Modells zur Impact-Erfassung partizipativer Projekte, wie es vom Open Innovation in Science Center der Ludwig Boltzmann Gesellschaft entwickelt und zur Verfügung gestellt wird (Ludwig Boltzmann Gesellschaft o. J.). Mithilfe der dort angebotenen „Wirkungs-Logik-Karte", die sowohl als Planungs- als auch Evaluierungs-Instrument dient, könnten zu Beginn und gemeinsam mit Co-Forscher:innen und anderen relevanten Akteur:innen (wie etwa Kooperationspartner:innen, Auftraggeber:innen, Fördergeber:innen, wichtigen Umsetzer:innen) Prozess-, Inhalts- und Wirkungsziele festgelegt und im Zuge der Forschung sowie nach deren Abschluss laufend gemeinsam überprüft werden. In der Realität fehlt für derartige Prozesse meist die Zeit. Vor allem gegen Ende eines Lehrforschungsprojekts geht oft allen Beteiligten die Luft aus. Nach Abgabe der Masterarbeit folgt die Vorbereitung auf die Prüfung und es fehlt an Gelegenheiten für umfassende Reflexionen. Dafür müsste der Zeitplan für Lehrforschungsprojekte ganz neu bedacht und umgestellt werden. Und selbst dann scheint es fraglich, ob und wie die Zeit „nach der Abgabe" tatsächlich noch dafür genutzt werden kann. Erfahrungen aus Bachelorprojekten, bei denen nach dem Abgabetermin noch Zeit für die Konzipierung und Umsetzung von Vermittlungsaktivitäten eingeplant ist, zeigen, dass in der Realität dann meist die Vorbereitungen für die herannahende Abschlussprüfung im Zentrum stehen. Die Finalisierung der Qualifizierungsarbeiten im laufenden Studienbetrieb, wie sie bei uns für den ersten Abgabetermin vorgesehen ist, bedeutet schon jetzt beträchtlichen Zeitdruck für viele – oft fast in Vollzeit berufstätige – Studierende. Im Rahmen des Nachbarschafts-Masterprojekts, bei dem aus organisatorischen Gründen im Zuge der Kooperation mit dem Tangente-Festival erst eine Abgabe zum zweiten Termin und damit nach Ende des Studienbetriebs möglich war, zeigte sich, dass dies für deutlich mehr Luft, mehr Zeit und damit einen stärkeren Fokus auf und für die Finalisierung der Masterarbeit und das gleichzeitig entstehende Vermittlungsprodukt „Handbuch" durchaus hilfreich war. Der Mangel an fehlender Zeit „danach" betrifft auch etwaige wissenschaftliche Publikationen zu den erzielten Ergebnissen, sofern diese nicht ins Projekt integriert werden konnten. Die meisten Studierenden tauchen nach dem Studium wieder voll in die Praxis ein, zu Beiträgen in Fachpublikationen oder auf wissenschaftlichen Konferenzen kommt es leider nur in Ausnahmefällen.

Auch eine adäquate Bewertung der Projekte ist im derzeitigen System nicht möglich, da die Benotung durch Projektbegleitung und Zweitbegutachter:in sich einzig auf die abgegebene schriftliche Arbeit, nicht jedoch auf Beiträge im Prozess beziehen kann. Wieweit das zu ändern möglich ist, wird im Rahmen einer anstehenden Curriculums-Überarbeitung für den Masterstudiengang hoffentlich bedacht werden können.

Und selbstverständlich stellen sich in derartigen Projekten auch alle für Aktionsforschungsprojekte „üblichen" praktischen Herausforderungen. Darunter Fragen zur Motivierung von Projektpartner:innen und nach dem Wert, den eine Mitarbeit für diese hat, nach Möglichkeiten von Aufwandsentschädigungen für Co-Forschende und einem Budget für etwaige Sachkosten.

Die Frage nach dem Sinn und Wert der konkreten Projekte kann aktuell vor allem anekdotisch und mit Blick auf deren Verschriftlichung in Masterthesen, konkrete positive Rückmeldungen der Beteiligten sowie auf die durch die Projekte angestoßenen bleibenden Aktivitäten und Beziehungen beantwortet werden. Umso wichtiger ist (mir) in diesem Zusammenhang das Verständnis pädagogischer Handlungen als unumgänglich zufälliger und vorläufiger Interaktionen, die es dennoch immer wieder vermögen, neue Orientierungen und wertvolle – wenn auch fragmentarische – Erkenntnisse für ein gutes Leben aller hervorzubringen, wie es die Philosophin Andrea Günter in ihren Reflexionen zu einer postkonventionellen Pädagogik beschreibt (vgl. Günter 2006:7–9).

> Dass menschliches Tun vielfach Zufälligem, Persönlichem und Vergänglichem entspricht, führt hingegen zu keiner Schwächung, wenn als Aufgabe erkannt wird, dass genau hieraus auch in der Vergangenheit wiederholt das Leben tragende Maßgaben für Orientierung herausgeschält werden konnten und für heute herausgeschält werden können. (…) Kontingenz ist notwendig. Durch sie kann Überkommenes geöffnet und verändert werden. Durch Kontingenz entsteht Postkonventionalität: Überschreitung der Konventionen. (Ebd.:9–10)

7 Vom Nutzen der Erotik

In einer Präsentation, die ich zu Beginn von Lehrforschungsprojekten verwende, gibt es eine Folie, in der über dem Bild demonstrierender Menschen ein – von mir in das Foto montiertes – Transparent mit dem Slogan „Keine soziale ohne kognitive Gerechtigkeit" zu sehen ist. Damit versuche ich meinen Zugang zu partizipativer Forschung als Wissensgenerierung im Interesse eines „guten Lebens für alle" zu vermitteln. Ich skizziere bereits umgesetzte Projekte, erläutere Methoden und Zugänge und weise auf die Herausforderungen epistemischer Ungerechtigkeit (Miranda Fricker), epistemischer Armut (Pascah Mungwini) und die Notwendigkeit epistemischer Diversität (Franziska Dübgens) hin. Beim reflektierenden Blick auf diese Schlagworte frage ich mich, wie weit sie geeignet sind zu vermitteln, was mich zu meiner spezifischen Art und Weise, Lehrforschungsprojekte umzusetzen, antreibt. Vielleicht wäre es sinnvoller, mehr von meinen Erfahrungen aus früheren Projekten und von eigenen Lernmomenten zu erzählen, um deutlich zu machen, worum es mir geht und womit ich hoffe Studierende anzustecken.

Es geht mir um eine Forschung, die konkrete Verbesserungen für einzelne bzw. eine Gruppe von Menschen spürbar voranbringt und dabei auch den Ansprüchen und Zielen einer kritischen bzw. radikalen und folglich re-politisierten Sozialen Arbeit und ihrem Auftrag, „Bedingungen für eine gerechte Welt zu schaffen" (Tomic Hensel/Zahorka 2021:365), entspricht. Wie meine Kolleg:innen Marina Tomic Hensel und Florian Zahorka in ihrer Rückschau auf die Konferenz des

Internationalen Sozialarbeitsverbands IFSW 2020 und die dort diskutierte globale Agenda Sozialer Arbeit treffend feststellen, erfordert die Einlösung des Anspruchs einer politisch involvierten Sozialen Arbeit, „die sich nicht damit zufriedengibt, allein die Folgen der gegenwärtigen Weltverhältnisse zu verwalten", sondern diese vielmehr „in Richtung globale soziale Gerechtigkeit transformiert" (ebd.:368), entsprechende Konsequenzen für die Ausbildung. Dies nicht zuletzt im Sinne einer De-Kolonialisierung, „die eine selbstkritische Perspektive auf die eigene Professions- und Disziplinengeschichte" (ebd.) und damit einen kritischen Blick auf etablierte Curricula verlangt, der meines Erachtens auch die generelle Funktion von Bildung reflektieren sollte und sowohl ein Bekenntnis zu als auch die Entwicklung konkreter Praxen von „strategischem Lernen" (Castro Varela 2015) und die Auseinandersetzung „mit dem Konzept der epistemischen Gewalt" braucht, um „Bildungsprozesse als wichtiges Element der Aneignung von Verhältnissen und der Hegemoniesicherung wahrzunehmen" (ebd.).

Die postkoloniale Theoretikerin Gayatri Chakravorty Spivak, auf die sich María do Mar Castro Varela in einem Beitrag zum strategischen Lernen bezieht, beschreibt Bildung als „möglichst zwangsfreie Neuordnung von Begehren" (Spivak 2012, zit. in Castro Varela 2015). Castro Varela plädiert dem folgend für eine Re-Politisierung von Bildung, die sich gegen deren Ökonomisierung stellt, sich für den „Lerngegenstand Gesellschaft und das Ziel der Befreiung" (ebd.) engagiert und die seit den 1970er-Jahren zunehmend ausgetrocknete Öffnung von Bildungsräumen neu erkämpft.

Ich verstehe das als Auftrag, Lehrforschungsprojekte als Mittel und Weg der Re-Politisierung sowohl von Sozialer Arbeit als auch von Bildung und zur Öffnung von in diesem Fall forschenden Bildungsräumen zu nutzen. Es gilt, deutlich zu machen, dass die Einbeziehung von Communitys und Co-Forscher:innen im Sinne der Sichtbarmachung von im akademischen Diskurs oft unterbewerteten Fähigkeiten, der Beteiligung an Wissensproduktion und des Reflektierens und Teilens von Privilegien erfolgt. Es gilt, noch stärker die Zusammenhänge von Theorie und sozialer Praxis zu verdeutlichen, das Miteinander von Lernen und Kämpfen zu vermitteln sowie die Tatsache, dass es dabei für viele – und eigentlich für uns alle – um nicht weniger als ihr Leben geht (vgl. das kollektiv 2021). Und es gilt, das dafür notwendige Begehren bei allen Beteiligten (neu) zu entfachen, zu re-arrangieren und zu nähren.

Für die Studierenden – aber auch für uns Lehrende – bedeuten diese Projekte viel Arbeit. Gesellschaftliche Transformationen in Angriff zu nehmen und dafür auch „den Geist" zu „dekolonisieren" (Castro Varela 2015) verlangt Anstrengung und Geduld. Um den dafür notwendigen sprichwörtlich langen Atem zu behalten, braucht es Begehren. Es braucht einen inneren Antrieb, der Kraft gibt und dafür sorgt, dass wir eine Sache gern tun, es wagen, eigene Grenzen zu überschreiten, uns begeistern zu lassen, dass wir uns lebendig fühlen und unser Tun als sinnvoll empfinden, wie „Begehren" im von mir mitverfassten „ABC des guten Lebens" (Knecht et al. 2012) beschrieben wird.

Das zentrale Moment von Bildung, so Castro Varela mit Verweis auf Spivak (vgl. Castro Varela 2015), liege darin, Begehrensstrukturen in Schwingung zu versetzen.

> Neuordnungen sind anstrengend, sie verunsichern, weshalb eine politische Bildung immer auf Widerstand stößt, auch vonseiten derjenigen, die sie mehr oder weniger professionell betreiben. Sie widersetzt sich den glatten, einfachen Lösungen und sucht Bündnisse, wo diese bisher nicht denkbar waren, um Allianzen zu ermöglichen, die es bisher noch nicht gibt. Privilegien zu nutzen, bedeutet dann, auch immer damit rechnen zu müssen, dass die, die bisher davon ausgeschlossen blieben, diese für sich einklagen. Bildung muss mit einem Risiko für die einhergehen, die heute noch uneingeschränkt Zugang zu ihr haben. (Ebd.)

Gute Bildung irritiert und versetzt die Beteiligten in Unruhe, ich weiß nicht mehr, wo ich das (zuerst) gelesen habe, aber ich kenne die Orte und die Menschen, wo und von denen ich es gelernt habe. Damit diese Unruhe für Veränderungsschritte produktiv gemacht werden kann, braucht es, was die Schwarze Theoretikerin und Aktivistin bell hooks „engaged pedagogy" nennt (vgl. Kazeem-Kaminski 2016). Eine Pädagogik, die sich als Bildungsstrategie versteht, die alle Beteiligten als Lernende und Lehrende, Veränderungen im Sinne des Wohlergehens aller, kritisches Denken und Aufbau von Gemeinschaft fordert und fördert (vgl. ebd.:124; hooks 2023, 2024a, 2024b).

Dafür sind Zeit, Räume und finanzielle Ressourcen nötig, aber eben auch innerer Antrieb, ein Begehren, das mich am Ende dieser Reflexionen zu meiner eigenen ersten akademischen Qualifizierungsarbeit führt. „Vom Nutzen der Erotik für feministische Ethik" (Moser 1993) lautete der Titel meiner Diplomarbeit, mit der ich Anfang der 1990er-Jahre mein Magisterstudium katholischer Theologie abschloss. Damals wie heute trieben mich Fragen nach dem guten Leben für alle um, damals wie heute überzeugt mich die Ermutigung der Schwarzen Autorin Audre Lorde, die Erotik und damit einen nicht nur für Frauen ambivalenten und hoch sexualisierten Begriff als positive Lebensmacht zurückzugewinnen (vgl. Lorde 1978). Lorde fordert uns heraus, das in uns liegende Potenzial der Erotik als „Lebensmittel" wiederzuentdecken und ein möglicherweise angelerntes Misstrauen gegenüber diesem abzulegen. Erotik ist für sie „ein Maß der beginnenden Wahrnehmung unserer selbst im Chaos unserer stärksten Gefühle" (ebd.:188).

Sie ist die Erinnerung an unsere Fähigkeit zu fühlen und zu erkennen, dass diese uns stärker und mächtiger macht – und damit fähig, jene Mittelmäßigkeit, die die Gesellschaft von uns fordert, zu überschreiten. Von der Erotik lernen wir das Streben nach höchster Qualität, wobei es nicht darum geht, Unmögliches zu verlangen, sondern vielmehr um die Stärke und Intensität unseres Tuns. (…). Damit kann unser Tun systemsprengende Kraft bekommen. Denn sobald wir intensiv zu fühlen und zu handeln beginnen, wird diese Intensität zu einem Vergrößerungsglas, durch das wir alle Aspekte unseres Lebens und alle Vorgänge auf dieser Welt genau betrachten und das uns zwingt diese auch zu beurteilen und zu benennen. Sobald wir die Fülle und Tiefe dieses Gefühls einmal erlebt haben und seine Macht wiedererkennen, können wir uns nicht mehr mit weniger zufriedengeben, nicht für uns und nicht für andere Menschen. (Moser 1993:55).

Dass es mir und den Kolleg:innen in Lehre und Forschung – weiterhin und noch verstärkt – gelingt, diesen Zustand intensiven Lebendigseins in entsprechend lustvollen Lehrforschungsprojekten zu wecken, wünsche ich mir. Und nehme mir vor, verstärkt dafür zu kämpfen, die Türen der Hochschulen weiter zu öffnen für eine breitere Beteiligung und diversere Zusammensetzung von Co-Forschenden, Co-Lehrenden und Studierenden, die gemeinsam dafür sorgen, dass – in Anlehnung an ein zentrales pädagogisches Postulat von bell hooks – aus Hörsälen und Seminarräumen Räume radikaler Möglichkeiten werden (vgl. Kazeem-Kaminski 2016:146).

Literatur

Aiwu, Adelheid (2016): Inklusion durch Social Media? Partizipatives Forschen im Psychosozialen Betreuungszentrum Tulln. BSO-Arbeit, St Pölten.

Anastasiadis, Maria/Wrentschur, Michael (2019): Forschungsräume öffnen und das Soziale gestalten. Intentionen und Realisierungen partizipativer Forschung in der Sozialen Arbeit. In: Österreichische Zeitschrift für Soziologie, Suppl 3, 44, 9–25.

Auer, Oliver/Herold, Sandra/Laminger, Sarah Maria/Presser, Marlies/Renner, Patricia/Seidl, Magdalena/Stöger, Lisa (2018): Entwicklung eines Gemeinwesenzentrums mit integrierter Gesundheitsversorgung. Ein allgemeines Handbuch und vier Konzepte für die Marktgemeinde Orth an der Donau. Masterarbeit, St. Pölten.

Auer-Voigtländer, Katharina (2024): Lehrforschung. Ein Beitrag zu Potentialen von Lehrforschungsprojekten im Kontext sozialwissenschaftlicher Grundlagenforschung, im Rahmen der NWRSA Jahrestagung 2024. Unveröffentlichte Vortragsunterlagen.

Baacke, Dieter/Brinckmann, Christel/Meyer, Erich/Georg, Dietrich/Schmitz, Hans Dieter/Heuer, Dieter/Weber, Klaus/Skowronek, Helmut/Brinckmann, Hans/Friedrich, Hannes/Waagemann, Carl-Hellmut/Lange, Dietz/Ritter, Ulrich Peter (2009): Forschendes Lernen – wissenschaftliches Prüfen. Ergebnisse der Arbeit des Ausschusses für Hochschuldidaktik. Bundesassistentenkonferenz (Hrsg.), Bielefeld, UVW.

Batelka, Sarah (2019): Trauer um Ludwig Huber. Nachruf auf der Website der Universität Bremen. https://www.uni-bremen.de/universitaet/hochschulkommunikation-und-mar keting/aktuelle-meldungen/detailansicht/trauer-um-ludwig-huber-die-universitaet-hat-einen-freund-und-berater-verloren am 1.12.2024.

Beck, Sabrina/Heurex, Alina/Hörmann, Cora/Lackner, Gerda/Sommer, Stephanie/Wan, Wai Kei/Winklehner, Sabine/Zauner, Marlene/Zeiringer, Anja/Zotter, Kathrin (2015): Macht und Partizipation. Masterthese, FH St Pölten.

Bennesdorfer, Barbara/Strasseger, Boris/Schweighofer, Barbara/Höllerer, Adelheid/ Diensthuber, Annabelle (2017): Inklusive Mobilität. Mobilitätsarmut von Adressat_ innengruppen der Sozialen Arbeit. Probleme und Lösungsstrategien. Masterarbeit, St. Pölten.

Brinkmann, Malte (2020): Forschendes Lernen. Pädagogische Studien zur Konjunktur eines hochschuldidaktischen Konzepts. Wiesbaden, Springer VS.

Castro Varela, María do Mar (2015): Strategisches Lernen. In: Zeitschrift Luxemburg.de. Gesellschaftsanalyse und linke Praxis (2), https://www.zeitschrift-luxemburg.de/strategis ches-lernen am 1.12.2024.

Centre for Social Justice and Community Action, Durham University (2022a): Community-based Participatory Research. A Guide to Ethical Principles and Practice. 2nd edition, https://www.durham.ac.uk/media/durham-university/departments-/sociology/Commun ity-Based-Participatory-Research-A-Guide-to-Ethical-Principles,-2nd-edition-(2022)-.pdf am 20.11.2024.

Centre for Social Justice and Community Action, Durham University (2022b): Community-based Participatory Research. A Guide to Ethical Principles and Practice. 2nd edition, APPENDIX Toolkits and cases, https://www.durham.ac.uk/media/durham-university/ departments-/sociology/Ethical-guidance,-toolkit-and-cases,-final-version,-Dec-2023. pdf am 20.11.2024.

Croft, John (2014): Factsheet No #5: Introduction: Making Dreams Come True. Using Dragon Dreaming to Build an Outrageously Successful Project. A Comprehensive Stage Approach. https://dragondreaming.org/wp-content/uploads/2020/01/Fact-Sheet-Num ber-05-Introduction-making-dreams-come-true-using-dragon-dreaming-to-build-an-out rageously-successful-project.pdf am 20.11.2024.

das kollektiv Frauen* (2021): Weil es ums Leben geht. Feministische Bildungsarbeit und Transformation. In: Magazin erwachsenenbildung.at. Das Fachmedium für Forschung, Praxis und Diskurs 43, https://erwachsenenbildung.at/magazin/21-43/meb21-43.pdf am 7.12.2024.

Drochter, Rosanna/Fichtinger, Sophie/Gahleitner, Susanne/Kopp, Alexander/Kundrat, Elena/Minassians, Melina/Trestl, Michelle/Vettori, Hannah/Winkler, Alexandra (2020): Gemeinwesenarbeit. Neu gedacht und selbst organisiert. Masterarbeit, Fachhochschule St. Pölten, https://phaidra.fhstp.ac.at/o:4358 am 20.8.2024.

Faul, Thomas/Heitzinger, Magdalena/Jarmer, Vanessa/Mayrhofer, Sandra/Reissig, Viktoria/ Reithofer, Josef/Schnetzinger, Julia/Treviño Lenz, Ana Sofia (2024): Nachbarschaft stärken. Gemeinschaft leben. Ein Aktionsforschungsprojekt zu Gemeinwesenarbeit in St. Pölten. Masterthese, FH St. Pölten.

FH St. Pölten (2006): Antrag Bachelorstudiengang Soziale Arbeit. Version 1.0 vom 16.1.2006. Unveröffentlichtes Arbeitspapier.

FH St. Pölten (2008): Antrag auf Akkreditierung des FH-Masterstudiengangs „Soziale Arbeit", Version 1.1. Erfüllung des 1. Mängelbehebungsauftrags vom 07.07.2008, St. Pölten, 24.9.2008.

FH St. Pölten (2012)/Brandstetter, Manuela/Fellöcker, Kurt/Pantuček, Peter/Redelsteiner, Christoph (2012): Antrag Master Soziale Arbeit. Erläuterungen 2012–03–20.

FH St. Pölten (2017): Antrag Master Soziale Arbeit 1.3. Evaluation und Anpassungen 2017: Working Paper 2016–02–05, Peter Pantuček-Eisenbacher, Ergänzungen 2017–04–03 sind gelb unterlegt.

Gradinger, Claudia/Greimel, Cornelia/Harrer, Theresa/Kots, Johannes K./Ortner, Paul/ Reiter, Laura/Taschner, Sandra/Thiemann, Anna (2018): Nichts über uns – ohne uns! Ausgewählte Beispiele von Selbstorganisation marginalisierter Gruppen in Österreich. BSO-Arbeit, St. Pölten.

Grigori, Eva/Vyslouzil, Monika (Hrsg.) (2018): 34 Begegnungen. Klient*innen berichten von ihren Erfahrungen mit Sozialer Arbeit, Sozialpädagogik. Wien, LIT Verlag.

Günter, Andrea (2006): Einleitung: Postkonventionelle Pädagogik aus Italien. Die Herausforderung der Kontingenz und der Sinn der Autorität. In: Dies. (Hrsg.): Frauen Autorität – Pädagogik. Theorie und reflektierte Praxis. Königstein/Taunus, Ulrike Helmer, 7–27.

Hoffmeister, Thomas/Koch, Henning/Tremp, Peter (Hrsg.) (2020): Forschendes Lernen als Studiengangsprofil. Zum Lehrprofil einer Universität. Wiesbaden, Springer VS.

hooks, bell (2023): Die Welt verändern lernen. Bildung als Praxis der Freiheit. Münster, Unrast.

hooks, bell (2024a): Gemeinschaft leben lernen. Bildung als Praxis der Hoffnung. Münster, Unrast.

hooks, bell (2024b): Kritisch denken lernen. Antworten aus der Praxis. Münster, Unrast.

Huber, Ludwig (2012): Forschendes Lernen. Online-Unterlagen des Zentrums für Wissenschaftsdidaktik der Ruhr-Universität Bochum. https://lehreladen.rub.de/lehrformate-methoden/forschendes-lernen/ am 1.12.2024.

Ilse Arlt Institut für Soziale Inklusionsforschung (2019): gemeinsam – gesundheit – gestalten. Gemeinwesenzentrum Orth an der Donau. https://research.fhstp.ac.at/content/download/313637/file/Brosch%C3%BCre%20-%20Gemeinwesenzentrum%20Orth%20an%20der%20Donau.pdf am 1.12.2024.

Kasser, Victoria (2022): Deafhood und Deaf Gain – zum ersten Mal geHÖRT? Wenn sich hörende Selbstverständlichkeiten und Privilegien auf den Hochschulzugang und Verbleib im Studium für Menschen mit Hörbehinderung auswirken. Masterarbeit, St. Pölten.

Kazeem-Kaminski, Belinda (2016): Engaged Pedagogy. Antidiskriminatorisches Lehren und Lernen bei bell hooks. Wien, Zaglossus.

Knecht, Ursula/Krüger, Carolin/Markert, Dorothee/Moser, Michaela/Mulder, Anne-Claire/ Praetorius, Ina/Roth, Cornelia/Schrupp, Antje/Trenkwalder-Egger, Andrea (2012): ABC des guten Lebens. Darmstadt, Christel Göttert.

Koglin, Ilona/Kommerell, Julia (2022): Das Dragon Dreaming Playbook. Als Team die Welt verändern. Aus guten Ideen erfolgreiche Projekte machen. München, Vahlen.

Koller, Angelika/Krebelder, Barbara/Mantler, Eva Katharina/Yildirim, Nesrin (2022): Unterpräsentierte Studierendengruppen im Studium Soziale Arbeit. Barrieren beim Zugang und im Studium. Masterarbeit, St. Pölten.

Land Vorarlberg (o. J.): Bürgerräte in Vorarlberg. https://vorarlberg.at/-/buergerraete-in-vorarlberg am 9.3.2025.

Lorde, Audre (1978): Vom Nutzen der Erotik. Erotik als Macht. In: Schultz, Dagmar (Hrsg.): Macht und Sinnlichkeit. Berlin, Orlanda Frauenverlag, 97–108.

Ludwig Boltzmann Gesellschaft – Open Innovation in Science Center (o. J.): Impact Tools. Tools to Leverage the Societal Impact of Our Research. https://ois.lbg.ac.at/ois-resources/tools/ am 26.8.2024.

Mieg, Harald A./Tremp, Peter (Hrsg.) (2020): Forschendes Lernen im Spannungsfeld von Wissenschaftsorientierung und Berufsbezug. In: ZHFE. Zeitschrift für Hochschulentwicklung 15(2), https://www.zfhe.at/index.php/zfhe/issue/view/66 am 6.12.2024.

Moser, Michaela (1993): Vom Nutzen der Erotik … für feministische Ethik. Die Re-Vision der Erotik bei Audre Lorde, Carter Heyward und Rita N. Brock und ihre Konsequenzen für eine feministisch-theologische Ethik. Diplomarbeit, Innsbruck.

Moser, Michaela/Pilgerstorfer, Andrea/Vettori, Hanna/Zauner, Martin (2023): Konzept Klient*innen-Beirat Department Soziales. Unveröffentlichtes Konzeptpapier.

Moser Michaela/Praetorius, Ina (Hrsg.) (2003): Welt gestalten im ausgehenden Patriarchat. Königstein/Taunus, Ulrike Helmer.

Müller, Ingrid/Hinterecker, Simone/Moes, Frederic (2015): Hilfe, ich bin Helfer! Über Risiken und Nebenwirkungen in der Sozialen Arbeit. Wien, new academic press.

Omann, Christoph/Zwehl, Philipp (2022): Changing Perspective. Möglichkeiten und Grenzen einer Nutzer*innenbeteiligung in der Lehre Sozialer Arbeit in Österreich. Masterarbeit, St. Pölten.

Projektgruppe „Nachbarschaft stärken. Gemeinschaft leben" (2024): Gemeinwesenarbeit leicht gemacht. Ein Handbuch für Einsteiger:innen. St. Pölten.

Rough, Jim (o. J.): Dynamic Facilitation – Overview. Handout der Webplattform partizipation.at, https://partizipation.at/methoden/dynamic-facilitation/ am 30.11.2024.

Sabla, Kim-Patrick (2017): Forschendes Lernen in der Praxis Sozialer Arbeit. Stuttgart, utb.

Schweizer, Christina Editha (2022): Wie gestaltet sich eine inklusive barrierefreie Lehre im Hochschulbereich für Menschen mit Gehörlosigkeit? Masterarbeit, St. Pölten.

Tomic Hensel, Marina/Zahorka, Florian (2021): Re-Politisierung Sozialer Arbeit entlang professionsethischer Prinzipien. In: soziales_kapital 25, https://soziales-kapital.at/index.php/sozialeskapital/article/view/728/1354 am 1.12.2024.

Zubizarreta, Rosa/Zur Bonsen, Matthias (Hrsg.) (2019): Dynamic Facilitation. Weinheim, beltz.

Zur Bonsen, Matthias (2007): Werkzeugkiste 12. Dynamic Facilitation. In: Organisations-Entwicklung (3), 91–95, https://partizipation.at/wp-content/uploads/2021/07/werkzeug-dynfac-zurbonsen.pdf am 9.3.2025.

FH-Prof.[in] **Mag.**[a] **Dr.**[in] **Michaela Moser** ist Dozentin und wissenschaftliche Mitarbeiterin am Ilse Arlt Institut für Soziale Inklusionsforschung der Fachhochschule St. Pölten mit den Schwerpunkten Partizipation, Diversität und Demokratieentwicklung. Sie ist Teil einer Denkfreundinnen-Gruppe rund um das „ABC des guten Lebens" www.abcdesgutenlebens.de, seit vielen Jahren in der österreichischen Armutskonferenz www.armutskonferenz.at engagiert und lebt im gemeinschaftlichen Wohnprojekt Wien www.wohnprojekt-wie.at, michaela.moser@fhstp.ac.at.

Chancen der (Aus-)Bildung im dualen Studium an Hochschulen: Perspektiven von Praxispartner:innen und Studierenden

Stefanie Kessler und Karsten König

Zusammenfassung

Duale Studienangebote gewinnen in Deutschland kontinuierlich an Bedeutung und werden als zukunftsfähige Möglichkeit für eine berufsorientierte akademische Ausbildung angesehen: Studierende erwerben frühzeitig Praxiskompetenzen und erhöhen ihre Übernahmechancen, während Betriebe Nachwuchs bedarfsgerecht ausbilden können. Allerdings gibt es bisher keinerlei Studien, in denen untersucht wurde, wie die Verbindung von Theorie und Praxis nicht nur auf einer organisatorisch-administrativen Ebene, sondern auch inhaltlich dauerhaft und gut gelingen kann. In einer explorativen Studie in den zwei großen dualen Bachelorstudiengängen Soziale Arbeit und Marketing an der IU Internationalen Hochschule konnten wir rekonstruieren, wie Studierende und Praxispartner das Zusammenspiel von Theorie und Praxis im Studienalltag erleben und bewerten. Die Auswertung zeigte divergierende Praxen: Einige Unternehmen nutzten Dualstudierende primär als flexible Arbeitskräfte und externalisierten deren Bildung, während andere gezielt Lernprozesse durch eine aktive Begleitung von Selbstbildungsprozessen förderten. Studierende dagegen sind teilweise stark an praxisnahem Anwendungswissen

S. Kessler (✉)
Fachgebiet Sozialwissenschaften/Duales Studium, IU Internationale Hochschule, Hannover, Deutschland
E-Mail: stefanie.kessler@iu.org

K. König
Fachgebiet Sozialwissenschaften/Duales Studium, IU Internationale Hochschule, Dresden, Deutschland
E-Mail: karsten.koenig@iu.org

© Der/die Autor(en), exklusiv lizenziert an Springer Fachmedien Wiesbaden GmbH, ein Teil von Springer Nature 2025
P. Renner et al. (Hrsg.), *Bildung und Ausbildung im Diskurs*,
https://doi.org/10.1007/978-3-658-48571-9_5

interessiert und finden offenbar schwer Zugang zum Wert eines reflektierenden Theoriediskurses. Die Ergebnisse deuten darauf hin, dass duale Studiengänge ihr Bildungspotenzial vor allem dann entfalten, wenn Betriebe Studierende als aktiv Lernende begreifen und deren Verknüpfung von Theorie und Praxis unterstützen, während Hochschulen sichtbare Bezüge zwischen theoretischem Wissen und praktischen Aufgaben herstellen, aber zugleich die Bedeutung abstrakten Grundlagenwissens vermitteln sollten.

1 Einführung

Das duale Studium an Hochschulen wird bei Studieninteressierten wie Praxisbetrieben als Chance beworben. Es ermögliche Studierenden gleichzeitig die Aneignung von Theorie im Studium und Einblicke in die Praxis. Auch die hohe Wahrscheinlichkeit der Weiterbeschäftigung nach Studienabschluss sei ein Plus. Praxispartner:innen gestattet es – angesichts des Fachkräftemangels –, Nachwuchs frühzeitig im Betrieb zu binden und ihren Bedarfen nach auszubilden. Politisch wurde bereits im Bolognaprozess unter den EU-Mitgliedsstaaten die Förderung der Beschäftigungsfähigkeit als wesentliches Ziel des Studiums festgelegt. Für Hochschulen bedeutet dies, dass sie ihren akademischen Bildungsanspruch mit der Qualifizierung Studierender für den Arbeitsmarkt bzw. die Praxis in Einklang bringen müssen (vgl. Schubarth/Speck 2014:11). Insbesondere in dualen Studienangeboten sieht u. a. der Wissenschaftsrat eine Lösung, um eine solche Berufsqualifizierung im Studium zu gewährleisten. Diese könnten dazu beitragen, den „hohen Bedarf an Nachwuchskräften, die (…) sowohl theoretische Kompetenzen für die komplexeren Anforderungen als auch berufspraktische Erfahrungen mitbringen" (Wissenschaftsrat 2013:5) zu decken.

Trotz dieser Chancen und des zunehmenden Zulaufs von Studierenden ist die (Aus-)Bildung im dualen Studium bisher nur in ersten Ansätzen untersucht (vgl. Grupp/Hindley 2021; Krings/Sprügel 2022). Die Forschung konzentriert sich auf die Verbindung von Theorie und Praxis in der Lehre, das heißt, es wird die Didaktik innerhalb der Hochschule, kaum aber die Beziehung zu den Praxiseinrichtungen oder deren Anteil untersucht. Die Rolle der Praxisstellen als Lernort, wie sie seit vielen Jahren in der wissenschaftlichen Analyse dualer Berufsausbildungen im Fokus steht (vgl. Kaßebaum/Ressel 2024), ist für duale Hochschulbildung bisher nicht untersucht. Im Rahmen des explorativen Forschungsprojektes „Organisationale Lernunterstützung im Dualen Studium" haben wir die Praxisbetriebe als Lehr- bzw. Lernorte in den Blick genommen und die Perspektiven von Vorgesetzten und Anleiter:innen sowie Dualstudierenden auf diese untersucht. Dabei sind wir zum einen der Frage nachgegangen, wie Dualstudierende von Vorgesetzten und Anleiter:innen in den Praxiseinrichtungen wahrgenommen und in ihrem Lernprozess unterstützt oder auch behindert werden. Zum anderen fragten wir, inwiefern Dualstudierende ihre Erkenntnisse aus dem Studium in der Praxis anwenden und nutzen können. Das Forschungsprojekt zielte damit darauf ab, Erkenntnisse darüber zu erlangen, wie die (Aus-)Bildung Dualstudierender in der Praxis unterstützt und mit dem Studium verknüpft wird.

In dem Beitrag möchten wir Ergebnisse aus dem Forschungsprojekt darstellen und dabei der Frage nachgehen, inwiefern (Aus-)Bildung im Dualen Studium an Hochschulen eine Chance für beide Seiten, Studierende wie Praxisbetriebe, sein kann und wann Ausbildung und/oder Bildung in einem ganzheitlichen Verständnis behindert wird. Unter Ausbildung verstehen wir eine Wissens- und Kompetenzvermittlung an Studierende durch Hochschule und/oder Praxisbetriebe, während Bildung im ganzheitlichen Sinne darüber hinaus die Möglichkeit der selbsttätigen Aneignung von (Berufs-)Welt umfasst. Gegenstand der Forschung waren die größten Bachelorstudiengänge an der IU Internationalen Hochschule: Soziale Arbeit und Betriebswirtschaftslehre. Im folgenden Text liegt der Schwerpunkt auf dem Studiengang Soziale Arbeit, da hier besonderer Wert auf die Verbindung von Theorie und Praxis gelegt wird.

Zunächst werden die Erwartungen an das duale Studienmodell erläutert (1). Daran anschließend führen wir in das Forschungsdesign der Studie ein (2) und stellen danach die Ergebnisse beider Seiten – der Studierenden und der Praxispartner:innen – vor (3). Zuletzt werden die Ergebnisse diskutiert (4).

2 Erwartungen an duale Studienmodelle – allgemein und in der Sozialen Arbeit

Duale Studiengänge nehmen in Zahl und Popularität zu (vgl. Nickel/Thiele 2024:5; BMBF 2017:95; Hofmann/König/Brenke 2023). Ein duales Studium kombiniert akademische Studien an einer Hochschule mit praktischer Ausbildung in Praxisbetrieben. Studierende wechseln dabei zwischen Theoriephasen an der Hochschule und Praxisphasen im Betrieb. Gemäß Koepernik und Wolter (2010:61) zielt das duale Studium darauf ab, „wissenschaftsbasierte professionelle Handlungskompetenz" zu vermitteln. Dies geschieht: 1) indem Lehrpersonen Studierende in wissenschaftliches Denken durch Verwendung von Fachbegriffen, Wissensbeständen und Methoden einführen; und 2) indem sie ihnen disziplinäres Wissen als Voraussetzung für die Wahrnehmung beruflicher Aufgaben vermitteln.

Studierende sollen sich hierfür 3) eine wissenschaftliche Haltung aneignen, die Neugierde weckt und dazu anregt, Fragen zu stellen und sich kritisch auch mit der Praxis zu befassen, sowie 4) Schlüsselkompetenzen (insb. soziale Fähigkeiten) ausbilden (vgl. ebd.:60–61). Aus der Auseinandersetzung mit verschiedenen Konzepten wissen wir, dass hierfür nicht allein Lehrveranstaltungen, sondern ein stärkerer Bezug zur Praxis notwendig ist (vgl. Moch 2006:400–403; Seeck/Ackermann 2000; Röh et al. 2019:251). Im dualen Studium durchlaufen Studierende einen doppelten Lernprozess: im formalen Bildungssystem Hochschule und in ihren jeweiligen Praxisorganisationen. Im Hochschulkontext wird diskutiert, wie ein Theorie-Praxis-Transfer durch projektorientiertes oder forschendes Lehren und Lernen gestützt werden kann (vgl. Hess 2022; Schulte/Linke/Bachmann 2018; Völter 2020:45). Jedoch ist der Diskurs bisher beschränkt auf die Gestaltung eines Theorie-Praxis-Transfers durch Hochschullehrende und Dozent:innen. Worüber wir jedoch wenig wissen, ist, wie in der Praxis durch Vorgesetzte, Anleitende und Kolleg:innen der Lernprozess Studierender in der Aneignung einer wissenschaftsbasierten, professionellen Handlungskompetenz Rückbindung erfährt und unterstützt wird.

Die Verbindung von Theorie und Praxis ist im Kontext der Professionalisierung Sozialer Arbeit von großer Bedeutung. Das Professionelle der Sozialen Arbeit zeichnet sich durch den „reflexiven Umgang mit den Paradoxien professionellen Handelns" (Völter 2020:45) und die Bewältigung unvorhersehbarer Situationen in einer „widersprüchlichen Einheit von standardisiertem Wissen und nicht-standardisierbarer fallspezifischer Intervention im Arbeitsbündnis" (Oevermann 2005:26) mit dem:der jeweiligen Klient:in aus. Die methodisch angeleitete Auseinandersetzung mit der Praxis ist ein wesentlicher Teil der Professionalisierung oder (Aus-)Bildung von Sozialarbeiter:innen. In der Disziplin der Sozialen Arbeit wird die Entwicklung eines professionellen Habitus insbesondere durch die Vermittlung wissenschaftlichen Wissens und das Einüben methodischer und technischer Fähigkeiten gefördert (vgl. Rahnfeld 2023:41–42; Becker-Lenz/Hermann-Müller 2013:210–211). Der Fokus liegt entsprechend auf dem Studium, während die Praxis als Lernort oft vernachlässigt wird. Dabei wird angenommen, dass „Fachkräfte in der Praxis überwiegend situativ handeln und sich hauptsächlich an ihren Erfahrungen und an institutionellen Routinen orientieren" (von Spiegel 2019:61). Sozialarbeitende nehmen in ihrer Handlungspraxis also zu wenig Bezug auf wissenschaftliches Wissen (vgl. u. a. Schallberger 2013). Etwas verkürzt lässt sich feststellen, dass im Diskurs die Praxis problematisiert und die Lösung im Studium gesucht wird. Dabei herrscht durchaus ein Bewusstsein vor, dass die (Aus-)Bildung im Studium sich auf die Praxis beziehen muss (vgl. z. B. Nentwig-Gesemann 2011:54–55; Görtler et al. 2022). Ein duales Studium der Sozialen Arbeit biete „grundsätzlich eine gute Voraussetzung zur Vermittlung und Reflexion von Praxisthemen und Theoriebezügen" (Haake et al. 2024:99), da Dualstudierende parallel zum Studium bereits in der Praxis tätig sind und ihre gewonnenen Erfahrungen und Fragen im Studium einbringen, reflektieren und diskutieren können. Haake et al. warnen dennoch vor den Gefahren der Praxis im dualen Studium. Praxiseinrichtungen könnten „mit ihren impliziten Kulturen, Haltungen und Handlungslogiken bei Studierenden im Dualen Studiengang die Vorstellung von Praxis einengen" oder zu „einer unkritischen Übernahme [von] Problemlagen oder (…) Fragestellungen" beitragen (ebd.). Inwiefern die Praxis die (Aus-)Bildung der Studierenden im dualen Studium beeinflusst oder gar behindert, wurde bislang jedoch nicht untersucht.

3 Methodisches Vorgehen

Das explorative Forschungsprojekt ist in der qualitativ-rekonstruktiven Organisationsforschung zu verorten. Mit diesem Ansatz kann Wissen über formale und informelle Lehr- und Lernpraktiken innerhalb der Praxisstellen im dualen Studium erlangt werden. Dem praxeologischen Forschungsparadigma folgend werden die inhärenten Logiken der Praxis untersucht (vgl. Elven/Schwarz 2018), und es wird rekonstruiert, wie Dualstudierende Studienkenntnisse in ihrer Handlungspraxis verarbeiten und wie Kolleg:innen und Vorgesetzte die Arbeit und Interaktion mit Dualstudierenden prozessieren (vgl. Vogd/Amling 2017). Dieses Vorgehen bietet den Vorteil, dass neben subjektiven Theorien, Erklärungen und Bewertungen der eigenen Handlungsweisen auch atheoretische Wissensbestände, die die Handlungspraxis der Untersuchten (d. h. Dualstudierender, Vorgesetzter/Kolleg:innen) anleiten, rekonstruiert werden können.

Gruppendiskussionen eignen sich besonders zur Erfassung implizit geteilten Wissens (vgl. Mensching 2017). Dabei führen die Teilnehmenden, ausgehend von einem Impuls, die Diskussion selbst. Voraussetzung ist, dass sie über gemeinsame oder ähnliche Erfahrungen verfügen, die es ihnen ermöglichen, auf gemeinsame Erlebnisse Bezug zu nehmen.

Im Rahmen des Forschungsprojektes wurden getrennte Gruppendiskussionen mit Studierenden im dualen Studium sowie Vorgesetzten und Kolleg:innen der Studierenden in den Praxisbetrieben an der IU Internationalen Hochschule geführt. Diese ist nach der Dualen Hochschule Baden-Württemberg der größte Anbieter für ein duales Studium in Deutschland. An der IU Internationalen Hochschule sind Theorie und Praxis besonders eng verzahnt: Den Studierenden wird ein Wechsel zwischen Hochschule und Praxisstelle innerhalb der Woche ermöglicht. An zwei Tagen nehmen sie an Lehrveranstaltungen teil und an drei Tagen arbeiten sie in den Praxisbetrieben.

Die Studierenden wurden in einem ersten Diskussionsimpuls aufgefordert zu schildern, wie sie in ihrer Praxis auf ihre Studienkenntnisse Bezug nehmen können.[1] Daran schlossen sich exmanente Fragen zur Einarbeitung und Lernunterstützung bei den Praxispartner:innen an. Komplementär dazu wurden Vorgesetzte und Kolleg:innen im ersten Diskussionsimpuls gebeten zu berichten, wie sie die Dualstudierenden in der Praxis erleben.[2] Im Weiteren wurden Vorgesetzte und Kolleg:innen gefragt, wie Dualstudierende eingearbeitet, in der Praxis eingesetzt und hierbei angeleitet bzw. unterstützt werden sowie welche Fort- und Weiterbildungsangebote die Praxisorganisationen machen.

Die Gruppendiskussionen wurden aufgenommen und im Anschluss daran wurden thematisch relevante Sequenzen transkribiert. Diese wurden dann mit der dokumentarischen Methode der Interpretation (vgl. Bohnsack 2021; Przyborski/Wohlrab-Sahr 2021:349–393) ausgewertet, mit dem Ziel, kollektiv geteilte Handlungsmuster unter den Teilnehmenden zu rekonstruieren und im Fallvergleich zu kontrastieren. Die dokumentarische Methode der Interpretation bietet mit ihrem Verfahren in zwei Schritten (formulierende und reflektierende Interpretation) den Vorteil, sowohl explizite als auch implizite Wissensbestände rekonstruieren zu können. Damit kann herausgearbeitet werden, inwiefern sich die Untersuchten in ihrer Praxis auf theoretisches Wissen bspw. aus dem Studium oder auch auf in der Praxis angeeignetes Erfahrungswissen beziehen. Zudem ermöglicht die

---

[1] Der Diskussionsimpuls lautete: „Ich habe Sie zu dieser Diskussion eingeladen, um mit Ihnen die Frage zu diskutieren, wie Sie Ihre Studienkenntnisse in Ihrer Praxistätigkeit anwenden bzw. nutzen. Lassen Sie Ihre Praxisarbeit im vergangenen Semester noch einmal Revue passieren: Wann haben Sie während Ihrer praktischen Arbeit Bezüge zu Studieninhalten herstellen können?

Denken Sie gern auch an ganz konkrete Beispiele, die Sie hier erzählen können und an denen sich Ihre Erfahrungen festmachen lassen. Nehmen Sie sich ruhig kurz Zeit, um über diese Frage für sich nachzudenken. Dann können wir in die Diskussion einsteigen, indem Sie Ihre Erfahrungen schildern. Wer möchte, kann dann einfach beginnen."

[2] Der Diskussionsimpuls lautete: „Wir haben Sie zu dieser Gruppendiskussion eingeladen, um mit Ihnen die Frage zu diskutieren, wie Sie die Dualstudierenden in der Praxis erleben. Welche Ideen und Anregungen haben Dualstudierende in Ihrem Unternehmen/Ihrer Einrichtung bislang eingebracht? Denken Sie gern auch an ganz konkrete Beispiele, die Sie hier erzählen können und an denen sich Ihre Erfahrungen festmachen lassen. Nehmen Sie sich ruhig kurz Zeit, um über diese Frage für sich nachzudenken. Dann können wir in die Diskussion einsteigen, indem Sie Ihre Erfahrungen schildern. Wer möchte, kann dann einfach beginnen."

dokumentarische Methode, dass im Zuge des Fallvergleichs Orientierungen abstrahiert und in sinngenetische Typen überführt werden, wodurch systematische Muster und Strukturen der sozialen Wirklichkeit sichtbar gemacht werden (vgl. Przyborski/Wohlrab-Sahr 2021:381–382).

4 Ergebnisse

Im Folgenden werden ausgewählte Ergebnisse vorgestellt, die sowohl die Perspektive der Praxisorganisationen als auch die der Studierenden einbeziehen. Eine detaillierte Darstellung anhand empirischen Materials ist aus Platzgründen nur bedingt möglich. Stattdessen werden die erarbeiteten Typen beschrieben und mit kurzen Zitaten veranschaulicht.

4.1 Perspektive der Praxispartner:innen

Anhand der Gruppendiskussionen wurden implizite Bilder der Studierenden sowie damit in Relation stehende Handlungsmodi der Lernunterstützung rekonstruiert. Dabei konnten im Fallvergleich vier Typen herausgearbeitet werden. In diesen kommen unterschiedliche Orientierungen zu den Themen Lehren und Lernen an den Praxisorten zum Ausdruck. Insbesondere scheint vielfach ein spezifisches Bild von Dualstudierenden noch zu fehlen, sodass diese jeweils mit anderen Mitarbeitenden oder Lernenden verglichen werden (Abb. 1).

Bei Anleiter:innen und Kolleg:innen, die Typ 1 zugeordnet werden können, lässt sich rekonstruieren, dass diese Studierende mit Mitarbeitenden vergleichen, die bereits über ein abgeschlossenes Studium verfügen. In der Wahrnehmung dieser Praxisbetriebe sind die Mitarbeitenden „fertig" ausgebildet und die Studierenden werden im Vergleich dazu als defizitäre Mitarbeitende gesehen, die (noch) nicht über die gleichen Fähigkeiten verfügen. Daraus wird zwar der Schluss gezogen, dass hier noch Qualifizierungsbedarf besteht. Dieser wird jedoch externalisiert. Der Praxisbetrieb wird nicht als Lehr- und/oder Lernort verstanden, sondern allein die Hochschule. Diese wird in der Verantwortung für die Ausbildung gesehen. Damit geht ein Verständnis einer, dass in der Hochschule vermitteltes Wissen von Mitarbeitenden in der Praxis direkt angewendet werden kann (siehe Perspektive der Studierenden). Zugleich wird den Studierenden selbst ein Entwicklungsbedarf attestiert, den sie individuell an der Hochschule und im Privaten vollziehen müssen.

Typ	Typ 1	Typ 2	Typ 3	Typ 4
Implizites Bild Dualstudierende	Als defizitäre Mitarbeitende	Als Auszubildende	Als Schüler:innen	Als Engagierte
Damit verbundener Modus der Lernunterstützung	Praxisorganisation als Arbeits- und nicht als Bildungsort	Praxisorganisation als Erziehungsort; Modus des Erziehens	Praxisorganisation als Lehrort; Modus des Lehrens und Prüfens von Wissen	Praxisorganisation als Lernort; Modus des Lernbegleitens

Abb. 1 Rekonstruierte Typen, bezogen auf Praxispartner:innen

> mein Eindruck ist ähm dass die Studierenden das alles also die brauchen einfach so eine Zeit, um das erstmal zu verstehen auch an der Hochschule die können da glaub ich noch gar nicht so viel aus der Hochschule einbringen. […]
>
> die müssen sich jetzt erstmal auch mit dem System so Selbstlernen und so auseinandersetzen und erstmal da ankommen und äh feststellen okay es ist keiner mehr da der mir jetzt ganz genau sagt was ich zu tun oder zu lassen habe sondern ich muss irgendwie ne eigene Idee davon entwickeln (GD BS 1, Bw, 47–49 & Dm, 56–60)[3,4]

Lernen und sich professionalisieren wird damit in die Eigenverantwortung der Studierenden übertragen. Dabei zeichnet sich darüber hinausgehend ab, dass bereits ausgebildete Mitarbeitende als „ausgelernt" verstanden werden und damit

---

[3] GD steht für Gruppendiskussion. Die Diskussionen wurden von uns der Erhebungsreihenfolge nach nummeriert. Zugeordnet wurde jeweils noch DD für Dresden oder BS für Braunschweig. Bei der Transkription wurden den Sprecher:innen Kürzel zugeordnet, bestehend aus einem Buchstaben, der in chronologischer Sprecher:innen-Reihenfolge vergeben wurde, sowie einem w oder m für das Geschlecht des:der Sprecher:in.

[4] Die Transkription orientierte sich an den Regeln von TiQ: Talk in Qualitative Social Research (vgl. Bohnsack 2021:255), das heißt, es wurde weitgehend so transkribiert, wie Teilnehmende gesprochen haben und es wurden keinen Satzzeichen gesetzt. Es gelten folgende Regeln: Komma – kurze Pause, (.) Sekundenpause, (…) Pause über mehrere Sekunden, Punkt – sinkende Intonation, Fragezeichen – steigende Intonation, @ Lachen. Namen oder Orte wurden anonymisiert und sofern von Sprechenden benannt durch Pseudonyme in eckigen Klammern z. B. *[Martin]* ersetzt. Auch Auslassungen werden hier mit eckigen Klammern […] gekennzeichnet.

insgesamt die Praxisorganisation nicht als Lernort für Mitarbeitende betrachtet wird.

Im Vergleich dazu wird von allen anderen Typen der Praxisbetrieb als Lehr- oder Lernort verstanden. Damit wird Verantwortung für den Lernprozess der Studierenden in der Praxis übernommen und es wird versucht, diesen auf unterschiedliche Weise aktiv zu beeinflussen und zu gestalten.

Anleitende und Kolleg:innen, die Typ 2 entsprechen, fassen Dualstudierende als Auszubildende. Sie werden nicht als Studierende gesehen, die den eigenen Lernprozess selbst organisieren, sondern als Mitarbeitende, die im Betrieb durch Vorgesetzte qualifiziert werden. Damit wird die Ausbildung im Betrieb entkoppelt vom Studium. Mit dem Bild, das Praxispartner:innen von Studierenden haben, geht ein Lehrmodus des Erziehens einher. Den Praxispartner:innen ist besonders wichtig, dass die Studierenden sich an organisationale Regelerwartungen (wie etwa Pünktlichkeit, passendes Erscheinungsbild etc.) anpassen. Fehlverhalten wird von Vorgesetzten sanktioniert. Zur Vermittlung erwarteter Fähigkeiten werden Übungssettings als Rahmen für ein Training der Dualstudierenden gestaltet oder ausgewählt, bevor sie in der „richtigen" Praxis eigenverantwortlich tätig werden dürfen. Dabei werden sie engmaschig betreut und angeleitet. Interessant ist dabei, dass auf kommunikativer Ebene zum Teil etwas anderes vermittelt wird, als implizit zum Ausdruck kommt.

> ja, also er macht alles, was man ihm sagt und das macht er auch bereitwillig, aber ich denke mal, man würde ihn vielleicht auch damit überfordern, wenn man nicht wüsste, was er schon an Grundkenntnissen hat. (GD DD 12, 2, Lw, 105)

> [...] jetzt ist demnächst so ne so ne [...] Veranstaltung [...] wo es um potenzielle Bewerber geht die wir ansprechen wollen. und das ist von Azubis für Azubis oder von Bachelor-Trainees für potenzielle Bachelor-Trainees und das wollen sie vorbereiten. dann müssen sie ein Imagefilm noch so nen kleinen machen. [...] und das sind alles Dinge die wir ihnen gerne mitgeben. und aus meiner Sicht ist es ganz wichtig ihnen immer viel Eigenverantwortung mitzugeben denn das ist das Einzige woran man wirklich wächst. und ähm klar muss der ein oder andere lernen damit erstmal umzugehen. aber Ziel geben und links und rechts die Leitplanken in denen sie sich bewegen und dann nicht immer kontrollieren. und es muss auch nicht so sein wie ich es mir vorstelle. es muss nur vernünftig sein. (GD BS 14, 1, Pm, 150–161)

Entsprechend bildet die Praxis für die Dualstudierenden einen zweiten parallelen Lehrort. Eine Verbindung zum Lehrort Hochschule wird nicht aktiv hergestellt und die Praxispartner:innen verfolgen hier ihre eigenen Lehrziele.

Minimale Differenzen dazu weist der Typ 3 auf, der Dualstudierende als Schüler:innen versteht. Hier wird eine Parallele zum Schulkontext als Ort der

Wissensvermittlung und -kontrolle deutlich. Dabei wird ein bestimmtes Bild von Schule abgerufen, wo Wissensvermittlung vorwiegend von der Lehrkraft ausgeht. Vorgesetzte vermitteln in der Praxis, ähnlich einer Lehrkraft, notwendiges Wissen; die Dualstudierenden werden über organisationale Abläufe, pädagogische Konzepte etc. instruiert. Die Anwendung dieses Wissens sowie an der Hochschule vermittelter Kenntnisse wird in Personalgesprächen durch die Vorgesetzten abgefragt und bewertet. Dafür informieren sich Vorgesetzte auch vorab über Module, die in dem jeweiligen Semester gelehrt werden, und/oder lassen sich Mitschriften und Prüfungsleistungen der Studierenden zeigen. Wenn die Leistung der Dualstudierenden den Erwartungen entspricht, wird ihnen mehr Verantwortung übertragen. Im Unterschied zu Typ 2 wird hier also Bezug genommen auf das Studium, auch wenn hier ebenfalls die Praxis als zweiter Lehrort fungiert. Wie bereits bei Typ 1 und Typ 2 deutlich wurde, zeigt sich auch hier eine Wissenshierarchie, wonach bereits fertig ausgebildete Mitarbeitende als vergleichsweise wissender betrachtet werden.

> [...] und letzte Woche hatte ich mit ihr auch schon ein Fallgespräch. ich habe ihr was vorgestellt und habe sie befragt. wie würdest du denn vorgehen? was wäre der Werdegang? wie können wir dem Kind helfen? und die Kenntnisse die sie da schon hatte die haben mich sehr beeindruckt
>
> muss ich sagen. also das ist. man hat gemerkt dass man sich damit beschäftigt hat dass sie ähm wirklich die logische Schrittfolge schon eins zu eins die wir auch gegangen sind teilen konnte. also das war schon ähm sehr gut. ich habe gesagt da hättest eine Eins plus gekriegt von mir @
>
> weil sie genau wusste wie gehe ich vor wann spreche ich mit der Mutter. ein ziemlich sozial schwaches Feld wo das Kind herkommt und wie fülle ich die Anträge aus [...]. und solche Sachen. also das war schon ein sehr interessantes Gespräch was wir da hatten wo sie sich wirklich sehr gut eingebracht hat und wo man schon gemerkt hat mit diesem Feld grade Soziale Arbeit hat sie sich schon auseinandergesetzt. (.) (GD BS 2, 1, Fw, 128–144)

Bei Typ 4 lässt sich ein Bild von Dualstudierenden als Engagierte rekonstruieren, die es seitens der Praxispartner:innen zu unterstützen gilt.

> ich finde schon dass beide unheimlich viel frischen Wind mitbringen. [Martin] ist extrem engagiert (…) also weiß schon ziemlich genau was er möchte wo es hingeht. er holt sich Hilfestellung wenn es nötig ist. er geht aber auch schon die Wege schon ziemlich doll alleine (GD BS 1, Cw, 99–103)

Im Unterschied zu Typ 2 und Typ 3 nehmen Vorgesetzte und Kolleg:innen die Studierenden als interessiert, engagiert und eigenständig lernend wahr. Lernen wird hierbei als informeller Prozess in der Praxis im Sinne des Erfahrungslernens verstanden, der sowohl durch eigenständiges Ergreifen von Lerngelegenheiten durch Studierende (z. B. Einbringen und Gestalten von Projekten) als auch durch das Übertragen von Aufgaben in die Verantwortung der Studierenden von den Praxispartner:innen angestoßen wird. Der Wahrnehmung der Vorgesetzten und Kolleg:innen nach eignen sich Studierende hier praktisches Wissen und Fähigkeiten selbst an und greifen auf Studienkenntnisse in ihrer Handlungspraxis zurück. Dabei beobachten Vorgesetzte und Kolleg:innen auch Lernfortschritte und einen Professionalisierungsprozess bei ihren Studierenden. Diese werden dabei im Modus des Lernbegleitens unterstützt. Vorgesetzte und Kolleg:innen sprechen mit den Dualstudierenden über ihr Lernen an der Hochschule und in der Praxis, sie reflektieren mit ihnen herausfordernde Praxissituationen, sprechen mit ihnen über Projektideen und anstehende Aufgaben. Dabei wird auch versucht, den Bezug herzustellen zu aktuellen Studieninhalten, also Praxis explizit auch mit dem Studium zu verzahnen. Darüber hinaus werden Studierende genauso wie andere neue Mitarbeitende eingearbeitet und in internen Fortbildungen geschult. Das informelle Lernen wird somit durch non-formale Lerngelegenheiten ergänzt. Dabei zeichnet sich ein Verständnis der Praxisorganisation als Lernort ab, an dem nicht nur Dualstudierende, sondern alle Mitarbeitenden lernen. Entsprechend dokumentiert sich hier auch, dass Vorgesetzte und Kolleg:innen von Dualstudierenden lernen und sie explizit als Wissensvermittler:innen etwa in Dienstbesprechungen einbinden.

In diesen impliziten Bildern Dualstudierender und in den Handlungsmodi der Lernunterstützung zeigt sich somit, dass (Aus-)Bildung aus Sicht der Praxispartner:innen nicht in jedem Fall auch in der Praxis verortet wird. Wie bei Typ 1 deutlich wird, kann ein fehlendes Verständnis der Praxisorganisation als Lehr- oder Lernort eine Theorie-Praxis-Verzahnung behindern. Ausbildung wird einseitig der Hochschule zugeschrieben. Das duale Studium wird hier nicht als Chance genutzt, um Personal entsprechend den eigenen Anforderungen zu qualifizieren. Verhindert werden kann dabei freilich nicht, dass Studierende Bezüge zum Studium selbst, also auch ohne Unterstützung ihrer Vorgesetzten und Kolleg:innen, herstellen.

Auch wenn Typ 2 Ausbildung im Praxisbetrieb verortet, behindert die hier in der Praxis vorgenommene Entkopplung der Lehre vom Studium eine Verzahnung von im Studium vermittelter Inhalte mit der Praxis. Das duale Studium wird hier genutzt, um Personal passend auszubilden, jedoch stellt sich hier die Frage nach der Relevanz des Studienanteils.

Unterstützt wird eine Verbindung von Studieninhalten und Praxis dagegen von Typ 3 und Typ 4, auch wenn sie sich in ihrem pädagogischen Grundverständnis unterscheiden. Während Dualstudierende mit Vorgesetzten und Kolleg:innen gemäß Typ 4 auf Augenhöhe zusammenarbeiten und voneinander lernen, ist der Lehrprozess gemäß Typ 3 hierarchisch. Darin dokumentieren sich grundlegende Unterschiede in der Organisationskultur der betreffenden Praxisbetriebe. Nichtsdestotrotz wird bei beiden Typen das duale Studium als Chance genutzt, Studierende als angehende Fachkräfte passend zur Organisationskultur zu qualifizieren.

4.2 Studentische Perspektive

Der Fokus der Gruppendiskussionen mit den Studierenden lag weniger auf ihrer eigenen Rolle in den Einrichtungen als vielmehr auf der Anwendung von Studieninhalten in der Praxis. Dabei werden implizit sehr unterschiedliche Wissensformen thematisiert, wobei der Schwerpunkt der Diskussionen eher auf einem praxisnahen, anwendungsorientierten Wissen liegt. Dies scheint dadurch beeinflusst zu sein, dass einerseits der Diskussionsimpuls explizit darauf abzielte, die Praxisrelevanz des Wissens in den Mittelpunkt zu stellen, und andererseits das Interesse der befragten Studierenden im zweiten und dritten Semester sich auf die Bewältigung der Praxis konzentrierte.

Dabei wird aus studentischer Perspektive deutlich, dass der Nutzen von einer engen Passung des dargebotenen Wissens mit der konkreten Praxiserfahrung abhängt. Bei den befragten Studierenden zeigt sich eine gezielte Suche nach Wissen – vorrangig im Studium und weniger in der Praxis selbst – , das eine Erweiterung ihres praktischen Handlungsspielraums ermöglichen soll. Module, deren Themen (z. B. Ethik) als nicht hilfreich für den Praxisalltag empfunden werden oder die nicht zum konkreten Tätigkeitsfeld der Studierenden passen (z. B. Kinder vs. Erwachsene), werden entsprechend als nicht nützlich attribuiert. Die Studierenden sind in verschiedenen Bereichen wie frühkindlicher Bildung, stationärer Kinder- und Jugendhilfe oder der Arbeit mit Menschen mit Behinderung tätig. Den Lehrenden gelingt es aus Sicht der Studierenden offenbar nicht, Beispiele aus allen Arbeitsfeldern in die Lehrveranstaltungen einzubringen und deren Bedeutung für das jeweilige Handlungsfeld zu vermitteln. In diesem Kontext wird auch (noch) fehlendes Wissen problematisiert, das etwa die rechtliche Einschätzung einer Situation erschwere:

> und ich habe dann aber auch gemerkt, dass mir früh am Anfang schon so Wissen gefehlt hat wie zum Beispiel Sozialrecht haben wir halt jetzt erst (.) und ich habe irgendwie jetzt so mit der Zeit merke ich so, dass ich vieles auch gern schon vorher gewusst hätte? (GD 5, Lw, 223–226)

In Bezug auf das anwendungsnahe Wissen ergibt sich für die Studierenden eine konkrete einrichtungsbezogene Perspektive auf spezifische Informationen über die dortige Praxis. Die Studierenden erwarten hier eine bessere Unterstützung von den Praxiseinrichtungen und etwa mehr Informationen über Routinen und wichtiges Prozesswissen. Da der Fokus sehr stark auf dieser Anwendungsnähe liegt, scheint das von der Hochschule vermittelte Wissen zumindest in den ersten drei Semestern keine besondere Bedeutung für die Studierenden zu haben:

> bisher muss ich sagen konnte ich glaube ich (.) schon sagen nichts jetzt zumindest bewusst anwenden was ich in der Uni gelernt habe? […] wir hatten sowas auch nicht. wir hatten jetzt ja eher so viel historisch und (..) ja Theorieansätze und so was und die kann man halt auch wenig in der Praxis verwenden. (GD BS 4, Em, 21–27)

Dabei ist den Studierenden bewusst, dass sich aus unterschiedlichem Vorwissen, unterschiedlichen Anforderungen und der Parallelität von Studium und Praxis ein Abwägungsprozess ergibt, in dem die Praxisanleiter:innen die Studierenden mit Aufgaben betrauen, die ihrem jeweiligen Kenntnisstand im Studium entsprechen.

> da muss man halt immer abwägen okay kann ich jetzt du bist wahrscheinlich eine sehr kompetente Kraft und sie haben gesagt okay die Frau L. kann ich mit der Patientin allene losschicken (GD DD 5, Jw, 280–282)

Die Diskussion über anwendungsnahes Wissen nimmt in den Gruppendiskussionen jeweils einen großen Raum ein, wobei bezüglich des Wissens, das von der Hochschule vermittelt wird, überwiegend ein Mangel an Anwendungsnähe thematisiert wird. Nur kurz werden Module benannt, denen eine gewisse Praxisnähe zugesprochen wird, wie bspw. Methodenmodule oder das Modul Praxisreflexion, in dem im Sinne einer einfachen Gruppensupervision Themen aus der Praxis aufgearbeitet werden.

> jetzt durch zum Beispiel die Kurse Gesprächsführung und Beratung und Theorien und Methoden (.) kriegt man schon mal so ein bisschen mehr Einblicke oder Impulse wie man vielleicht an bestimmte Themen (..) herangehen kann. (GD BS 4, Gm, 42–44)

Nur einzelne Studierende reflektieren vorsichtig die Grenzen eines solchen anwendungsnahen Wissens und verweisen auf die Chancen eines eher abstrakten Reflexionswissens:

> Aber ich muss sagen ähm man bekommt nen anderen Blick für gewisse Sachen. also ich habe da in meiner Einrichtung vorher schon ein FSJ gemacht (.) und ich hätte nie diese (.) sag ich mal Sicht über den Tellerrand oder diese diese Weitsicht was so (.) [...] hätte ich nie gehabt (GD DD 5, Jw, 74–75)

Zu einem ähnlichen Befund kommen Haake et al. (2024:9), die in einer explorativen Studie ein großes Interesse an Anwendungswissen feststellten und anmerken, dass es „einem Teil der Studierenden an einem ausreichenden Verständnis über den Sinn der theoretischen Betrachtung der Sozialen Arbeit fehlt". Damit ergibt sich eine Kategorisierung von Wissen die, anders als herkömmliche Ansätze (implizit vs. explizit, intrinsisch vs. extrinsisch, Faktenwissen vs. prozedurales Wissen, vgl. z. B. Brodsky 2022:67), auf den Grad der Anwendbarkeit in der Praxis fokussiert. In Bezug auf die Vermittlung unterschiedlich anwendbaren Wissens können diese Wissensformen entweder eher bei den Praxiseinrichtungen, bei Praxiseinrichtungen und Hochschule oder eher nur bei den Hochschulen verortet werden (siehe Abb. 2). Auch in Bezug auf die Bedeutung der unterschiedlich praxisnahen Wissensformen können Unterschiede identifiziert werden: Konkretes Prozesswissen ist für die praktische Arbeit zwingend erforderlich, anwendungsnahes Wissen ist für eine bessere Bewältigung der Praxis hilfreich und abstraktes Wissen könnte zur Weiterentwicklung der Praxis beitragen. Der Fokus der Studierenden liegt deutlich bei praxisnahen Wissensformen und hier werden gute Abstimmungen zwischen Praxis und Hochschule sowie eine Passfähigkeit des Wissens erwartet.

Unabhängig davon wird jedoch auf einer impliziten Ebene deutlich, dass die Studierenden sehr wohl auch schon im ersten Studienjahr theoretisches Wissen aus dem Studium selbstverständlich anwenden, ohne dass ihnen der Lernerfolg bewusst zu sein scheint. So führt eine Studentin etwa eine fundierte Diskussion zum Nähe-Distanz-Verhältnis:

> man hat dort ganz viel mit Nähe und Distanzverhalten zu tun weil man (.) ähm da die Jüngsten im Alter von vier Jahren aber auch die Ältesten mit acht Jahren schon noch mal öfter in den Arm nehmen ähm (..) ja kann und muss vielleicht auch als man das bei den Jugendlichen machen muss? (GD DD 6, Nm, 12–13)

Wissens-arten	Konkretes Prozesswissen	Praxisnahes Anwendungswissen	Theoretisches Reflexionswissen
Vermittelt durch wen?	Sollte durch die Praxisstelle vermittelt werden	Sollte durch die Hochschule und die Praxispartner:innen vermittelt werden	Sollte durch die Hochschule vermittelt werden
Bedeutung	Zwingend erforderlich	Bessere Bewältigung der Praxis	Ressource für Weiterentwicklung der Praxis
Bewertung	Überwiegend vorhanden, in Grenzfällen fehlend	Wird vielfach als fehlend beschrieben	Wird von Studierenden kaum wahrgenommen
Förderliche Bedingungen	Rechtzeitige Vermittlung vor Verantwortungsübernahme	Interesse der Praxispartner:innen am Wissenserwerb in der Hochschule / Passfähigkeit	Keine Aussage der Studierenden – kann die Bedeutung dieses „Distanzwissens" in der Lehre sichtbar gemacht werden?

Abb. 2 Wissensarten aus Sicht der Studierenden

In der gleichen Gruppendiskussion beschreibt ein Student, dass Wissen aus der Hochschule nicht nach irgendeinem Plan bewusst angewandt werden könne, sondern erst im Nachhinein in pädagogischen Handlungen identifiziert werde. Er entscheide häufig „aus dem Bauch heraus" (GD DD 6, Nm, 45–53) und erkenne erst in der späteren Diskussion mit Kolleg:innen die theoretischen Grundlagen seines Handelns oder z. B. pädagogische Ansätze aus dem entsprechenden Modul in der pädagogischen Praxis der Einrichtung wieder. Diese Aussage relativiert die oben zitierte Annahme des „überwiegend situativen Handelns" (von Spiegel 2019:61) ein wenig, insofern Studierende offenbar im Nachhinein die Theoriegeleitetheit ihres Handelns erkennen. In Bezug auf die Organisation von Lernprozessen externalisieren die Studierenden die Verantwortung für eine gelingende Verbindung von Theorie und Praxis. So wird etwa ein generelles Defizit bei der Anleitung wahrgenommen und von der Hochschule eine bessere Vorbereitung dieser eingefordert:

ist für die Zukunft äh sinnvoller, wenn man da (.) viel mehr im Austausch ist und erklärt wird was alles (.) in der Praxis gemacht werden soll damit man auch eine vernünftige Anleitung bekommt. weil aus den Gesprächen jetzt stellt sich heraus dass ja nicht alle eine vernünftige Anleitung bekommen haben? (.) und man sich halt vieles selbst aneignen muss oder soll (GD BS 4, Gm, 255–258)

Diese Erwartung wäre eine Entsprechung zu den zuvor beschriebenen Perspektiven der Praxisanleiter:innen Typ 2 und Typ 3, die Studierende als anleitungsbedürftig sehen, wobei die Studierenden ebenso wie einige Anleiter:innen die Verantwortung für die Gestaltung der Lernprozesse eher bei der Hochschule sehen. Anleiter:innen wollen zumindest zum Teil auch von der Hochschule informiert und „angeleitet" werden. Vorrangig erwarten sie von der Hochschule Informationen darüber, was die Studierenden wann zu lernen und zu tun haben.

5   Diskussion und Fazit

Duale Studienangebote gelten, gemessen an den Studierendenzahlen, als zukunftsfähiges Bildungsmodell. Strukturell sind sie eine logische Folge einer im Rahmen von Praktika, Lehrforschung und Service-Learning-Projekten (vgl. Kriener et al. 2021; Altenschmidt/Stark 2016) immer engeren Verzahnung von Theorie und Praxis. Erst allmählich werden duale Studienangebote auch Gegenstand von Bildungs- und Hochschulforschung. In dieser explorativen Studie konnten wir darlegen, dass die großen Erwartungen an duale Studiengänge sich keinesfalls von selbst erfüllen. Vielmehr zeigen unsere Gruppendiskussionen, dass zumindest in den ersten drei Semestern des Studiums sowohl die Praxispartner:innen als auch die Studierenden den Fokus auf anwendungsnahes Prozesswissen legen. Offenbar mangels anderer Vorstellungen von der Rolle dualer Studierender werden diese in der Praxis als „defizitäre Fachkräfte" (Typ 1) angesehen oder wie „Auszubildende" (Typ 2) ohne akademischen Hintergrund behandelt. Auch im dritten Typ werden die Studierenden („Schüler:innen") als anleitungsbedürftig beschrieben, wobei den Praxisstellen nach eigener Aussage die Rolle zukommt, die erworbenen Studienkenntnisse in der Praxis zu prüfen.

Dies trifft auf die Haltung vieler Studierender, die sich stark auf die Bewältigung ihrer Aufgaben in der Praxis fokussieren und sich dazu Anleitung und anwendungsnahes Wissen wünschen (vgl. auch Haake et al. 2024:9). Seminarinhalte ohne praktischen Bezug werden vielfach als wenig hilfreich oder unnötig beschrieben. In vielen Passagen unserer Gruppendiskussionen kommt ein anleitungsorientierter Modus zum Ausdruck: Praxispartner:innen wollen den Studierenden kleinteilige Vorgaben geben und erwarten auch von der Hochschule klare Lern- und Übungsanweisungen, so wie es in der beruflichen Ausbildung üblich ist. Auch die Studierenden erwarten vielfach eine klare Anleitung durch die Hochschule und dass diese die Praxisbetriebe kleinteilig informiert. Als hilfreich werden Methoden und ein „Reflexionsmodul" beschrieben, während Grundlagenmodule als praxisfern und im Einzelfall auch als unnötig bewertet werden. In weiten Teilen der Gruppendiskussionen bestätigt sich die Sorge von Haake et al. (2024:13), dass ein frühzeitiger Weg in die Praxis den wissenschaftlichen Blick eher einengen könne.

Eher vorsichtig zurückhaltend wird eine wissenschaftsorientierte Perspektive eingebracht: Studierende realisieren erst im Zuge des Gesprächs, dass sie Bezüge implizit herstellen, die Praxis zumindest in Anfängen durch eine theoretische Brille beobachten und dass theoretische Grundlagen geeignet sein könnten, die Praxis weiterzuentwickeln und zu verändern. Auch Anleiter:innen weisen vereinzelt darauf hin, dass eine reflexive Haltung und die mögliche Veränderung der Praxis das eigentliche Ziel eines dualen Studiums sein müssten. In dem oben beschriebenen Typ 4 („Engagierte") kommt eine Haltung zum Ausdruck, die Studierende als Akteur:innen in ihrem Lernprozess sieht und den Fokus weniger auf eine Bewältigung der Praxis, sondern vielmehr auf eine Begleitung von Bildungsprozessen legt.

In Anlehnung an das Lernzonenmodell (vgl. Senninger 2004:8) lassen sich somit für die Verzahnung von Theorie und Praxis in Bildungsprozessen drei Zonen identifizieren, die mit fließenden Übergängen ganz unterschiedliche Anforderungen an Bildungsprozesse stellen: In der Praxiszone steht die Bewältigung praktischer Herausforderungen im Mittelpunkt. Hier mögen konkrete Anweisungen und Vorgaben hilfreich sein. In der theoretischen Zone spielt der Praxisbezug keine Rolle. Es kommt vielmehr auf die Durchdringung theoretischer Modelle, ihre Abgrenzung und Einordnung an. Dazwischen entsteht eine Lern- und Entwicklungszone, in der sich Theorie und Praxis aufeinander beziehen und so praktische Entwicklung und Wissensaufbau gleichermaßen fördern (Abb. 3).

Wenn ein duales Studium mehr leisten soll als das schnelle Füllen von Personallücken oder eine theoretische Ausbildung mit angehängten Praxisteilen, dann muss es den verknüpfenden Teil der Reflexion von Theorie und Praxis stärken. Von den Studierenden würde dies verlangen, dass sie die vielfach erlebte Lücke zwischen praktischen Anforderungen und Theorie aushalten, bis es gelingt, Verbindungen herzustellen. Sie müssten darauf vertrauen (können), dass die Relevanz der theoretischen Inhalte, jedenfalls im Studienverlauf, Stück für Stück erlebbar wird. Vorgesetzte und Anleiter:innen müssten den Fokus vom nützlichen

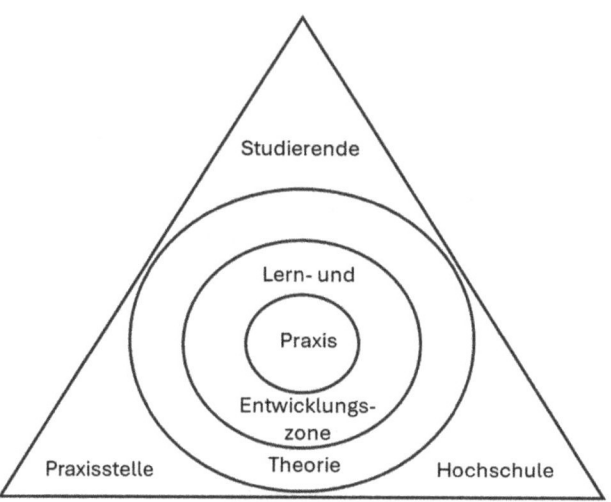

Abb. 3 Zonen der Theorie-Praxis-Verzahnung im dualen Studium

Einsatz der Studierenden in der Praxis zu exemplarischen Lernprozessen am praktischen Beispiel verschieben. Die Hochschullehrenden hätten dafür Sorge zu tragen, dass das vermittelte Wissen zumindest im Zeitverlauf sichtbare Bezüge zur Praxis ermöglicht und sie müssten bei allen Akteur:innen ein Bewusstsein für die Komplexität der Lernprozesse schaffen.

Literatur

Altenschmidt, Karsten/Stark, Wolfgang (Hrsg.) (2016): Forschen und Lehren mit der Gesellschaft. Community Based Research und Service Learning an Hochschulen. Wiesbaden, Springer.

BMBF, Bundesministerium für Bildung und Forschung (2017): Studiensituation und studentische Orientierungen. 13. Studierendensurvey an Universitäten und Fachhochschulen. https://www.researchgate.net/publication/328190472_Studiensituation_und_studentische_Orientierungen_-_13_Studierendensurvey_an_Universitaten_und_Fachhochschulen am 12.9.2024.

Bohnsack, Ralf (2021): Rekonstruktive Sozialforschung. Einführung in qualitative Methoden. 10. Aufl., Opladen, Barbara Budrich.

Becker-Lenz, Roland/Müller-Hermann, Silke (2013): Die Notwendigkeit von wissenschaftlichem Wissen und die Bedeutung eines professionellen Habitus für die Berufspraxis der Sozialen Arbeit. In: Becker-Lenz, Roland/Busse, Stefan/Ehlert, Gudrun/Müller-Hermann, Silke (Hrsg.): Professionalität in der Sozialen Arbeit. Standpunkte, Kontroversen, Perspektiven. 3. Aufl., Wiesbaden, VS Verlag für Sozialwissenschaften, 203–229.

Brodsky, Alexander (2022). Lernen am Arbeitsplatz im dualen Studium. Wiesbaden, Springer.

Elven, Julia/Schwarz, Jörg (2018): Praxistheoretische Grundlagen der Organisationspädagogik. In: Göhlich, Michael/Schröer, Andreas/Weber, Susanne Maria (Hrsg.): Handbuch Organisationspädagogik. Wiesbaden, Springer VS, 249–260.

Görtler, Michael/Taube, Gabriele/Thielemann, Nurdin (Hrsg.) (2022): Soziale Arbeit und Professionalität. Reflexionen zwischen Theorie, Lehre und Praxis. Opladen, Barbara Budrich.

Grupp, Katja/Hindley, Clare (2021): Das duale Studium aus der Perspektive von Studierenden. In: Hattula, Cansu/Hilgers-Sekowsky, Julia/Schuster, Gabriele (Hrsg.): Praxisorientierte Hochschullehre: Insights in innovative sowie digitale Lehrkonzepte und Kooperationen mit der Wirtschaft. Wiesbaden, Springer VS, 259–268.

Haake, Filomena/Hilliger, Birgit/Hoffmann, Reinhard/Kilanowitsch, Alida (2024): Theorie und Praxis Sozialer Arbeit als trianguläres Spannungsverhältnis im dualen Studium. In: Hess, Simone/Gründer, René/Alleweldt, Erika/Boße, Michel/Rahn, Sebastian (Hrsg.): Erfolgsmodell duales Studium Sozialer Arbeit? Professionalisierung und Persönlichkeitsentwicklung durch förderliche Lehr-Lern-Settings. Wiesbaden, Springer VS, 93–113.

Hess, Simone (Hrsg.) (2022): Forschungsorientierung im dualen Studium der Sozialen Arbeit/Sozialpädagogik im Hinblick auf Berufsbefähigung. Perspektiven auf Studiengänge, Didaktik, Themen und Kompetenzen Studierender. Wiesbaden, Springer VS.

Hofmann, Silvia/König, Maik/Brenke, Petra (2023): AusbildungPlus. Duales Studium in Zahlen 2022. Bonn, Bundesinstitut für Berufsbildung (bibb), https://www.bibb.de/dienst/publikationen/de/18262?referrer=/dienst/publikationen/de/suche?publication_search_result_voe%255BfreeTextSearch%255D%3DStudium%26publication_search_result_voe%255BentriesPerPage%255D%3D10%26publication_search_result_voe%255Bsorting%255D%3Dnewest_desc am 12.9.2024.

Kaßebaum, Bernd/Ressel, Thomas (2024). Lernort: „Ausbildungsbetrieb" im Dualen System. In: Spöttl, Georg/Tärre, Michael (Hrsg.): Didaktiken der beruflichen und akademischen Aus- und Weiterbildung. Wiesbaden, Springer Gabler, 417–431.

Kriener, Martina/Roth, Alexander/Burkard, Sonja/Gabler, Heinz (Hrsg.) (2021): Praxisphasen im Studium Soziale Arbeit. Weinheim, Beltz Juventa.

Krings, Thorsten/Sprügel, Maria Pia (2022): Erfolgsfaktoren des Dualen Studiums. Stuttgart, Kohlhammer.

Koepernik, Claudia/Wolter, Andrä (2010): Studium und Beruf. Hans Böckler Stiftung, Arbeitspapier 210/2010. https://www.boeckler.de/fpdf/HBS-004654/p_arbp_210.pdf am 12.9.2024.

Mensching, Anja (2017): Das Gruppendiskussionsverfahren in der Organisationsforschung. Ein Zugang zur Rekonstruktion des Verhältnisses zwischen Regelerwartungen und Regelpraktiken. In: Vogd, Wolfgang/Amling, Steffen (Hrsg.): Dokumentarische Organisationsforschung. Opladen, Barbara Budrich, 59–70.

Moch, Matthias (2006): Wissen – Verstehen – Können. Kompetenzerwerb durch reflexive Praxisanleitung im Studium der Sozialen Arbeit. In: Neue Praxis, Ausgabe 5, 532–544.

Nentwig-Gesemann, Iris/Fröhlich-Gildhoff, Klaus/Harms, Henriette/Richter, Sandra (2011): Professionelle Haltung. Identität der Fachkraft für die Arbeit mit Kindern in den ersten drei Lebensjahren. München, Deutsches Jugendinstitut.

Nickel, Sigrun/Thiele, Anna-Lena (2024): CHECK: Duales Studium in Deutschland. Daten-Analyse 2024. Gütersloh, Centrum für Hochschulentwicklung, https://www.che.de/download/check-duales-studium/?wpdmdl=29802&refresh=6604219319cef1711546771 am 12.9.2024.

Oevermann, Ulrich (2005): Wissenschaft als Beruf. Die Professionalisierung wissenschaftlichen Handelns und die gegenwärtige Universitätsentwicklung. In: Stock, Manfred/Wernet, Andreas (Hrsg.): Hochschule und Professionen. Sonderheft. die hochschule 14(1), 15–51.

Przyborski, Aglaja/Wohlrab-Sahr, Monika (2021): Qualitative Sozialforschung. 5. Aufl., München, Oldenbourg.

Rahnfeld, Claudia (2023): Profession – Professionalisierung – Professionalität in der Sozialen Arbeit. In: Görtler, Michael/Taube, Gabriele/Thielemann, Nurdin (Hrsg.): Soziale Arbeit und Professionalität. Reflexionen zwischen Theorie, Lehre und Praxis. Opladen, Budrich, 33–47.

Röh, Dieter/Spatscheck, Christian/Antes, Wolfgang/Borrmann, Stefan/Köttig, Michaela/Kubisch, Sonja/Steckelberg, Claudia/Thiessen, Barbara (2019): Qualitätsstandards für das Studium der Sozialen Arbeit. In: Soziale Arbeit 68(7), 250–256.

Schallberger, Peter (2013): Diagnostik und handlungsleitende Individuationsmodelle in der Heimerziehung. Empirische Befunde im Lichte der Professionalisierungsdebatte. In: Becker-Lenz, Roland/Busse, Stefan/Ehlert, Gudrun/Müller-Hermann, Silke (Hrsg.): Professionalität in der Sozialen Arbeit. Standpunkte, Kontroversen, Perspektiven. 3. Aufl., Wiesbaden, VS Verlag für Sozialwissenschaften, 275–296.

Schubarth, Wilfried/Speck, Karsten (2014): Employability und Praxisbezüge im wissenschaftlichen Studium. Fachgutachten für die Hochschulrektorenkonferenz. https://www.hrk-nexus.de/fileadmin/redaktion/hrk-nexus/07-Downloads/07-02-Publikationen/Fachgutachten_Employability-Praxisbezuege.pdf am 12.9.2024.

Schulte, Jörg/Linke, Knut/Bachmann, Barbara (2018): Analyse des praxisorientierten Projektstudiums in dualen Studiengängen im Kontext des Lern formates Forschendes Lernen. die hochschullehre, 4, 583–604.

Seeck, Dietmar/Ackermann, Friedhelm (2000): SozialpädagogInnen/SozialarbeiterInnen zwischen Studium und Beruf: Wissen und Können in der Sozialen Arbeit. Motivation, Fachlichkeit und berufliche Identität. Eine empirische Annäherung. In: Rundbrief/Gilde Soziale Arbeit e.V., Nr. 1, 21–38,

Senninger, Tom (2004): Abenteuer leiten – in Abenteuern lernen. Methodenset zur Planung und Leitung kooperativer Lerngemeinschaften für Training und Teamentwicklung in Schule, Jugendarbeit und Betrieb. Münster, Ökotopia.

Spiegel, Hiltrud von (2019): Methodisches Handeln in der Sozialen Arbeit. In: Kreft, Dieter/Müller, C. Wolfgang (Hrsg.): Methodenlehre in der Sozialen Arbeit. Konzepte, Methoden, Verfahren, Techniken. 4. Aufl., München, Ernst Reinhardt, 61–68.

Vogd, Werner/Amling, Steffen (2017): Einleitung: Ausgangspunkte und Herausforderungen einer dokumentarischen Organisationsforschung. In: dies. (Hrsg.): Dokumentarische

Organisationsforschung. Perspektiven der praxeologischen Wissenssoziologie. Opladen, Barbara Budrich, 9–40.
Völter, Bettina/Cornel, Heinz/Gahleitner, Silke Birgitta/Voß, Stephan (2020): Professionsverständnisse in der Sozialen Arbeit. Weinheim, Beltz Juventa.
Wissenschaftsrat (2013): Empfehlungen zur Entwicklung des dualen Studiums. Positionspapier. Bonn, Wissenschaftsrat, Drucksache 3479–13, https://www.wissenschaftsrat.de/download/archiv/3479-13.pdf?__blob=publicationFile&v=4 am 12.9.2024.

Prof.in Dr.in Stefanie Kessler ist Professorin für Soziale Arbeit im Dualen Studium an der IU Internationalen Hochschule am Campus Hannover. Zuvor hat sie in der politischen Bildung an der Friedrich-Schiller-Universität Jena promoviert und parallel als wissenschaftliche Mitarbeiterin in der Organisationspädagogik an der Christian-Albrechts-Universität zu Kiel gearbeitet. Ihre Forschungsschwerpunkte sind: qualitativ rekonstruktive Forschung zum Lernen in und von Organisationen sowie politische Bildung/Demokratiebildung in Schule und Sozialer Arbeit, stefanie.kessler@iu.org.

Prof. Dr. Karsten König ist Professor für Soziale Arbeit im Dualen Studium an der IU Internationalen Hochschule am Campus Dresden. Er hat am Institut für Hochschulforschung in Wittenberg zehn Jahre u. a. zu Professionalisierung sozialer Berufe und Transfer geforscht und im Anschluss Konzepte zur Praxisreflexion an einer privaten Hochschule entwickelt und gelehrt. Seine Forschungsschwerpunkte sind Professionalisierung in der Lehre sozialer Berufe, Lehrforschung und Beteiligung in der Kinder- und Jugendhilfe, karsten.koenig@iu.org.

Bedeutung der Praxislernphasen für die Bildung einer professionellen Identität im Studium der Sozialen Arbeit

Dagmar Fenninger-Bucher und Regina Scheitel

Zusammenfassung

Praxislernphasen im Studium der Sozialen Arbeit an österreichischen (Fach)-Hochschulen stellen mit 400–700 h Workload einen wesentlichen Bestandteil des Bildungsprozesses dar. Im vorliegenden Beitrag wird die Integration von Erfahrungen aus absolvierten Praxislernhasen in die Bildung der professionellen Identität als Sozialarbeiter:in unter Berücksichtigung der je subjektiven Sozialisationsgenese und der im Studium erworbenen theoretisch-wissenschaftlich-ethischen Erkenntnisse untersucht. Die reflexive Bearbeitung der eigenen sozialen Praxis aus der Perspektive von Studierenden konnte im Rahmen einer qualitativen Forschung angeregt werden, die sich auf 61 von und mit Studierenden geführte semistrukturierte, episodische Kurzinterviews nach Flick (2011) bezieht. Die dem induktiv-methodischen Denkansatz der Grounded Theory nach Strauß und Corbin (2010) folgende Entwicklung der Ergebnisse zeigt, wie Studierende als Praktikant:innen unter Umständen zu Beobachter:innen abwertenden und diskriminierenden Verhaltens gegenüber Adressat:innen werden, wodurch Verunsicherung entstehen, aber auch

---

D. Fenninger-Bucher (✉) · R. Scheitel
Bachelor Soziale Arbeit, Department Gesundheit & Soziales, Hochschule für angewandte Wissenschaften Burgenland, Eisenstadt, Österreich
E-Mail: dagmar.fenninger-bucher@hochschule-burgenland.at

R. Scheitel
E-Mail: regina.scheitel@hochschule-burgenland.at

das eigene Unrechtsbewusstsein geschärft werden kann. Zum anderen können mangelnde Reflexionsmöglichkeiten während der Praxislernphasen die Bildung von (Vor)Urteilen und die Reproduktion von Alltagstheorien verstärken. Eine weitere Herausforderung für Studierende der Sozialen Arbeit stellen biografisch konnotierte Belastungen dar, die durch Praxiserfahrungen erinnert oder wieder belebt werden. Die gewonnenen Ergebnisse zeigen aber auch, wie Studierende ihren professionellen Entwicklungsprozess aktiv gestalten und Erfahrungen aus der Praxis an ihrem Theorieverständnis prüfen sowie Möglichkeiten der Einflussnahme identifizieren.

1 Einleitung

Die Bildungsinhalte im Studium der Sozialen Arbeit beziehen sich grob skizziert auf Theorien, Methoden und Verfahren der Sozialen Arbeit, auf ihre Arbeitsfelder inkl. rechtlicher Grundlagen, auf Professionsethik und kritisch-reflexive Professionsdebatten sowie auf Praxislernphasen an Praktikumsstellen (vgl. Anastas 2010; Staub-Bernasconi 2017). Nach Doel und Shardlow (2005) stellen Praxislernphasen einen wesentlichen Teil des Studiums der Sozialen Arbeit und damit des Bildungsprozesses dar. Sie folgen der Intention, dass Studierende Praxisbezüge herstellen, Erfahrungswissen sammeln und kritisch-reflexiv betrachten sowie theoretische Inhalte verstehen und anwenden (vgl. Becker-Lenz et al. 2012). In den Curricula der Bachelor-Studiengänge an österreichischen (Fach-)Hochschulen sind sie in einem Ausmaß von 400 bis 700 h Workload implementiert. Darüber hinaus bieten Praxisreflexions-Lehrveranstaltungen in konstanten Kleingruppen die Möglichkeit für Reflexion, Erfahrungsaustausch sowie für die Entwicklung der Persönlichkeit und professionellen Identität.

Der vorliegende Beitrag untersucht im Rahmen einer qualitativen Forschung die Frage nach der Integration von Erfahrungen aus absolvierten Praxislernphasen in die Bildung der professionellen Identität als Sozialarbeiter:in unter Berücksichtigung der je subjektiven Sozialisationsgenese und theoretisch-wissenschaftlich-ethischer Erkenntnisse im Rahmen des Bachelor-Studiums Soziale Arbeit. Dazu wurden Daten aus 61 Interviews unter dem methodischen Zugang der Grounded Theory nach Strauß und Corbin (2010) regelgeleitet analysiert und vier Schlüsselphänomene induktiv entwickelt. Die Zielperspektive besteht in der Herausarbeitung der Möglichkeiten und Herausforderungen in Praxislernphasen sowie einer optimierten Praxis der Begleitung und Unterstützung von Studierenden. In den folgenden Kapiteln werden das methodische Vorgehen im Forschungsprozess sowie die vier Schlüsselphänomene vorgestellt, diskutiert und durch Empfehlungen für die zukünftige Ausgestaltung von Praxislernphasen ergänzt.

2 Methodisches Vorgehen

Studierende des dritten Semesters (N = 89) in einem Vollzeit-Bachelor-Studiengang der Sozialen Arbeit führten im Rahmen einer Lehrveranstaltung zu wissenschaftlichem Arbeiten im binären Peer-Setting Interviews zu ihren bisherigen Erfahrungen in Praxislernphasen des Studiums durch. Für die Datensammlung wendeten die Studierenden semi-strukturierte, episodische Kurzinterviews nach Flick (2011) an. Die Interviews wurden in zwei aufeinanderfolgenden Studienjahren von Studierenden unterschiedlicher Kohorten durchgeführt. Im Anschluss an die Interviewführung wurden die Interviews nach Kuckartz et al. (2008) transkribiert und es wurde eine Datenanalyse mittels Grounded Theory nach Strauss und Corbin (2010) durchgeführt.

Zum Zeitpunkt der Interviews im Rahmen der Lehrveranstaltung hatten die Studierenden bereits 265 Praktikumsstunden absolviert. Die Aufgabenstellung ermöglichte ihnen nicht nur ein vertieftes Verständnis qualitativer Forschungsmethoden und sozialwissenschaftlicher Ansätze, sondern auch die Reflexion ihrer eigenen Lernerfahrungen, die sich auf das Studium im Gesamten, auf die Praxislernphasen im Speziellen, auf ihre persönliche Entwicklungs- und Transitionsbiografie sowie auf berufliche Vorerfahrungen in sozialen Institutionen beziehen.

Das Datenmaterial der vorliegenden Forschung beschränkt sich auf die von den Studierenden verfassten Interviewtranskripte. Für die Verwendung der Transkripte konnte die schriftliche Zustimmung von 61 Studierenden eingeholt werden (Rücklaufquote von 68,5 %). Da die Verfasserinnen dieses Beitrags zugleich als Seminarleiterinnen der oben genannten Lehrveranstaltung tätig waren, gab es vor dem aktuellen Forschungsprozess Kontakt zu den gesammelten Daten, der sich jedoch auf die Begleitung des Peer-Feedbacks zum wissenschaftlichen Vorgehen der Studierenden beschränkte. Ein sich potenziell ergebender ethischer Konflikt wurde durch ein Vier-Augen-Codierverfahren im Sinne des Denkansatzes der Grounded Theory nach Strauss und Corbin (2010) bearbeitet, wodurch zudem die Reliabilität und Validität der Datenanalyse sichergestellt wurde und tiefenstrukturierte, latente Inhalte und Bedeutungszusammenhänge angemessen erfasst werden konnten.

3 Entwicklung beruflicher Werte

Das „Global Social Work Statement of Ethical Principles" der International Federation of Social Workers (IFSW 2018) formuliert richtungsweisende ethische Prinzipien für die professionelle Praxis und ist in der Lage, Studierende der Sozialen Arbeit in ihrem praxisbezogenen Berufsverständnis zu stärken. Die in diesem Kapitel vorgestellte Entwicklung beruflicher Werte wird durch Lerneffekte deutlich, die Studierende in Praxislernphasen für sich und ihr Professionsverständnis ableiten können, und bezieht sich unter anderem auf das Erkennen und Verstehen systemischer Herausforderungen.

3.1 Beobachtung als Modus des Lernens

Studierende erleben in Praktikumsverhältnissen Momente der Bestürzung, aber auch Phasen, in denen sie sehen, wie professionsethische Werte gelebt werden können. Beobachtungslernen ist eine Lernmethode, die in der Theorie des sozialen Lernens nach Bandura diskutiert wird (vgl. Bethards 2014). Diese Art des Lernens hat sich als effektiv erwiesen, wenn es um die Entwicklung der Praxis der Sozialen Arbeit geht (vgl. Trowell/Miles 1991). Die Studierenden erkennen die Bedeutung des Beobachtens als eine Form des Lernens an und erhalten in dieser passiveren Rolle die Möglichkeit, ihre Beobachtungen zu reflektieren (vgl. IV 63). Positive Beobachtungserfahrungen führen zu einer Stärkung der eigenen beruflichen Werte. „Und deshalb war es besonders schön, einfach zu sehen, wie viel Wert das Wohl des Kindes für die Leute dort hat" (IV 36). Das kann sich auch auf die Differenzierung nach Berufsgruppen beziehen: „Im Gegensatz dazu ging der Sozialarbeiter durch (…) und kommunizierte ganz normal von Mensch zu Mensch und versuchte, die Dinge ein bisschen auszugleichen" (IV 34).

Negativ konnotierte Beobachtungen lösen Gefühle von Betroffenheit und Unbehagen aus. „Und mich hat das total schockiert, weil ich nicht damit gerechnet habe, dass die Mitarbeiter:innen diesen Menschen so gegenübertreten und dass man solche Äußerungen wirklich tätigt" (IV 9). Das unfreiwillige Miterleben unprofessionellen und abwertenden Verhaltens stellt für Studierende insofern eine Lernerfahrung dar, als sie dadurch über professionsbezogene Werte reflektieren (vgl. IV 34). Es kann aber auch dazu führen, dass sie aus der Beobachter:innenrolle heraustreten und eine aktivere Rolle einnehmen. „(…) und habe mich dann dazu aufgerafft, dass ich der Person das gesagt habe" (IV 9). Die Sicht von außen kann bei Unsicherheit über die ethische Vertretbarkeit zudem dazu anregen, Beratung oder Unterstützung einzufordern.

3.2 Erkennen der persönlichen und beruflichen Grenzen

Eine europäische Studie mit Fokus auf Fachkräfte in der Sozialpflege ergibt, dass in der stationären Pflege und in der Sozialarbeit mehr als 80 % der Beschäftigten weiblich sind (vgl. Baltruks/Hussein/Montero 2017:32). Studierende mit weiblicher Identität stehen möglicherweise vor besonderen Herausforderungen, wenn es darum geht, das Wirken von Intersektionalität innerhalb ihrer Identität als Frau und Praktikantin in der Sozialarbeit zu verstehen (vgl. Charter 2021:120). Insbesondere in Bedrohungssituationen zählt dazu die Erkenntnis über körperliche Unterschiede, die im beruflichen Kontext zuvor nicht in Betracht gezogen wurden. „Ähm, dass Männer, die mir körperlich überlegen sind, vor allem körperlich mehr Macht quasi über mich haben und mehr tun können, als ich gerne hätte" (IV 36). Dies kann mit Verunsicherung und Ohnmachtsgefühlen einhergehen: „Und das hat mich verunsichert, dass irgendwie so eine Situation wieder entstehen könnte. Dass er meine Grenzen weit übersteigt und ich keine Möglichkeit habe, (mich) zu wehren" (IV 36). Feministische Theorien tragen dazu bei, die Bedeutung der Stärkung von Sozialarbeiterinnen zu verdeutlichen, und erinnern daran, dass „unser Status als Beruf, der sich für soziale Gerechtigkeit einsetzt, uns nicht immun gegen Sexismus und andere Formen der Unterdrückung macht" (Charter 2021:128), dies schließt die Betroffenheit durch bestehende Unterdrückungssysteme ein. Lehrveranstaltungen wie Gesprächsführung können genutzt werden, um Vorgehensweisen und Grenzziehungen zu reflektieren (vgl. IV 50). Darüber hinaus ermöglichen verschiedene Arten von Reflexion, Peer-Feedback und theoriebezogener Rückversicherung den Studierenden, sich mit der Integration professionsethischer Werte auseinanderzusetzen, wozu auch die Sorge um sich selbst am Arbeitsplatz und das kompetente Handeln im Umgang mit herausfordernden Situationen gehören (vgl. IFSW 2018).

Zum Erlernen beruflicher Grenzen gehört weiter der Lernschritt, mit Enttäuschungen umzugehen, die mit den eigenen Erwartungen an das Verhalten von Adressat:innen verknüpft sind. „Ich war sehr verzweifelt und ich war sehr traurig, dass meine Bemühungen nichts gebracht haben. Und auch ein bisschen wütend, weil er (es) sich nicht nur selbst verhaut hat, sondern auch meine Arbeit zunichtegemacht hat" (IV 57). Ein professioneller Zugang in der Sozialen Arbeit bedeutet auch, die Erwartungen an persönliche Erfolge vom direkten Handeln der Adressat:innen trennen zu können, und in Praxislernphasen kann an dieser Herausforderung gearbeitet werden. „Dort habe ich gelernt, viel logischer und rationaler mit den Problemen der Menschen umzugehen" (IV 32). Ein erster

Schritt in diesem Lernprozess kann für Studierende in der Erkenntnis bestehen, dass ein gewisses Maß an Distanz notwendig ist, während sie gleichzeitig in der Lage sind, Empathie und die für die Sozialarbeit wichtige menschliche Verbindung aufrechtzuerhalten (vgl. IV 62, IV 32).

3.3 Identifikation systemischer Herausforderungen

Sozialarbeit als Profession beinhaltet nach Staub-Bernasconi (2007) ein komplexes Management des Tripelmandats, womit Studierende in Praxislernphasen teilweise erstmalig konfrontiert werden. „Ich hätt halt irgendwie davor nicht gedacht, dass die Arbeit mit Kindern so komplex ist, auch dass man so viel falsch machen kann" (IV 28). Dazu zählt auch das Erkennen der Tragweite von sozialarbeiterischen Interventionen, „(…), weil halt irgendwie alles gefühlt eine Auswirkung hat und vielleicht auch auf ihr späteres Leben" (ebd.). In der Konfrontation mit dieser Herausforderung können sich Studierende anfangs überfordert und sorgenvoll hinsichtlich ihrer beruflichen Zukunft fühlen. „Und dann habe ich mich gefragt, wie kann ich dann dort als Sozialarbeiterin, wenn ich fertig ausgebildet bin, selbst so eine große Verantwortung übernehmen" (IV 43). Dementsprechend entwickeln sie Vorkehrungen, um die Angemessenheit ihrer Interventionen sicherzustellen, wie zum Beispiel in der Gruppe zu reflektieren und Sichtweisen anderer Professionist:innen aufzunehmen, „weil man selbst nicht alles wissen kann und es wichtig ist" (ebd.).

Um soziale Gerechtigkeit entsprechend den Werten und Prinzipien Sozialer Arbeit (vgl. IFSW 2018) fördern zu können, ist es für Sozialarbeiter:innen von Bedeutung, die systemischen Herausforderungen anzuerkennen, die zu den Ungerechtigkeiten in den Gemeinschaften beitragen, mit denen sie arbeiten. Das bedeutet auch, integer zu handeln und sich der eigenen Position innerhalb eines oft ungerechten Systems und der Auswirkungen auf Adressat:innen bewusst zu sein (vgl. IV 20). Ein Beispiel aus der täglichen Praxis bezieht sich auf finanzielle Beschränkungen, die sich unmittelbar auf Arbeitsbedingungen für Fachkräfte und auf ihre Adressat:innengruppe auswirken: „(…), dass (das) Personalmangel und Stress zur Folge hat und dass sich das auf die ganze Einrichtung auswirkt, also sowohl auf die Mitarbeiter:innen als auch auf die Klient:innen" (IV 53). Diese Erkenntnisse können bei Studierenden zu verschiedenen emotionalen Reaktionen führen, die von Wut (vgl. IV 20), bis hin zum Gefühl der Überforderung reichen: „Im Moment ist es halt schon belastend, vor allem, weil man als Praktikantin nicht viel machen kann" (IV 45). Diese Erfahrungen können dazu beitragen, mehr Empathie für Adressat:innen zu entwickeln, die mit systemischen Herausforderungen konfrontiert sind (vgl. IV 63).

4 Stellenwert biografischer Erfahrungen

Frigga Haug (2003) definiert im Rahmen von Lernprozessen die beiden Komponenten Erfahrung und Erinnerung als strategische Bestandteile von Lernprozessen und als wesentliche Voraussetzung für Selbsttätigkeit. Es geht darum, Widersprüche nicht nur auszuhalten, sondern diese für die eigene Entwicklung zu nutzen (vgl. Haug 2003:103). Die Forschungsergebnisse zeigen, wie sich eigene unverarbeitete Erfahrungen gegen mögliche Lernprozesse wenden und die Erinnerung zur Lernblockade werden kann, wenn Studierende in Praktikumssituationen mit den Belastungen und Ausgrenzungserfahrungen von Adressat:innen konfrontiert werden.

4.1 Überwältigung durch unverarbeitete biografische Erfahrungen und Ängste

Praktikumserlebnisse werden vor allem dann als positiv oder negativ erinnert, wenn sie auf die Studierenden emotionalisierend wirken. Das trifft unter anderem zu, wenn es sich um Erfahrungen bzw. Beobachtungen handelt, die mit der eigenen, als Kind erlebten Biografie korrelieren oder im Gegensatz zu dieser stehen. So können miterlebte Gesprächssituationen im Praktikum zu einer unfreiwilligen Konfrontation mit schmerzhaften biografischen Erfahrungen führen: „Es war eine Art Trigger. Und es hat halt Erinnerungen vielleicht wachgerufen" (IV 21). Mögliche Lerneffekte und Reflexionsmöglichkeiten durch Beobachtung von Gesprächssituationen in der Praxis können sich in solchen Momenten nicht entsprechend entfalten, da der Fokus auf einen situationsangepassten Umgang mit überwältigenden Gefühlen und Erinnerungen gelegt werden muss, wie das folgende Zitat zeigt: „Aber ich habe in dem Moment, so blöd es klingt, die Zähne zusammengebissen und durchgestanden" (IV 35).

Auch der Schmerz in Zusammenhang mit Mangelerfahrungen in vergangenen biografisch erlebten Krisen kann in exemplarischen Praktikumssituationen erneut in den Vordergrund treten:

> Während einer Zeit, in der ich eine Belastungsdepression hatte, hatte ich Suizidgedanken und habe das aber kaum mit jemandem geteilt (...). Wenn ich jemanden auf

der anderen Seite gehabt hätte, der so reagiert hätte, hätte ich vielleicht das Gefühl gehabt, dass ich es teilen kann. (IV 37)

Solche emotional überwältigenden Situationen für Studierende in Praktikumssequenzen lösen in den betroffenen Subjekten Ängste hinsichtlich der eigenen Professionalität aus und führen zum Bewusstsein, dass ihre Aufgabenstellung auch darin besteht, sich nicht von Emotionen leiten zu lassen (vgl. IV 21). So wird beispielsweise die Angst beschrieben, dass die eigenen biografischen Erfahrungen unbewusst handlungsleitend werden und die Bewertung von Situationen beeinflussen (vgl. ebd.).

In diesem Zusammenhang kann die Schlussfolgerung gezogen werden, dass das Studium der Sozialen Arbeit mit seinen theoretischen Inhalten eine gute Basis für den Umgang mit biografisch emotionalisierenden Momenten bieten kann (vgl. ebd.), auch wenn die konkrete Umsetzung (noch) nicht wirklich greifbar ist. Haug (2020:189) verweist in ihrer Forschung mit Studierenden darauf, dass eine hohe emotionale Beteiligung und Beunruhigung in eine Lernstörung münden können, aber zugleich auch die Chance von Lernerfolgen in sich birgt.

4.2 Vermischung kindlichen Erlebens und professioneller Kontexte

Die erhöhte Vulnerabilität in der Lebensphase Kindheit mit Herausforderungen aufgrund von entwicklungsbedingten Transitionen hängt auch mit Abhängigkeiten von erwachsenen Bindungs- und Bezugspersonen zusammen. Sie implizieren das Erleben eingeschränkter Handlungs- und Entscheidungsmöglichkeiten, die im negativen Fall Gefühle des Ausgeliefertseins in sich bergen (vgl. Chassé et al. 2010:51).

Die Konfrontation mit Handlungsweisen von Adressat:innen in belastenden Lebenssituationen oder aber die eigene Stellung als Praktikant:in in Arbeitsteams sozialer Organisationen können zu Auslösern für das Wiedererleben oder zumindest starke Erinnern an kindliche Hilf- und Schutzlosigkeitserfahrungen werden. Diese Erinnerungen beziehen sich sowohl auf die je eigene Familienkonstellation als auch auf Erfahrungen im institutionellen Betreuungs- oder Bildungssetting und äußern sich beispielsweise wie folgt:

Weil mich dieses Mädchen sehr an mich in diesem Alter erinnert hat (…), da ich in dieser Zeit selbst in Mathematik und generell in der Schule sehr große Probleme hatte und mich auch andere Sorgen plagten. (IV 15)

In diesen Zusammenhängen wird auf fehlende Unterstützungsformen und auf Verlassenheitsgefühle in der eigenen Kindheit verwiesen (vgl. IV 35), aber vor allem werden Vergleiche gezogen, die neuerliche Gefühle der Betroffenheit hervorrufen:

> Ich dachte mir, nicht schon wieder so eine Situation wie in früheren Lebensabschnitten, wo ich mich hilflos gefühlt habe und nicht verstanden habe, warum keiner mitbekommt, dass ich überfordert bin. (ebd.)

Die Vermischung kindlichen Erlebens und professioneller Kontexte im Zuge von Praxislernphasen führt zu Gedankengängen, die um schmerzhafte Erinnerungen kreisen sowie aktuelle Erfahrungen skalieren und einordnen:

> Ich mein, es gab in der Schule schon so Übergriffe, schon auch. Die waren wahrscheinlich sogar schlimmer, aber damals war's halt anders, also das Machtverhältnis war anders. (IV 10)

Eine weitere Verknüpfung führt zur Bildung von Urteilen über die Motive von Adressat:innen, die in der eigenen enttäuschten Erfahrungswelt verortet sind und einen professionell verstehenden und empathischen Zugang erschweren. Eine Interviewperson bezieht sich beispielsweise auf den eigenen Vater, den sie als „extremen Narzissten" (IV 45) charakterisiert, und bildet daraus ihr persönliches Urteil über Adressat:innen im Kinder- und Jugendhilfe-Bereich: „Die Eltern haben mich immer wieder aufs Neue schockiert, weil nein, die sind so in die Opferrolle geschlüpft und sie waren die Armen" (ebd.). Das Bewusstsein über die Wirkung auf das eigene Erleben – „(...), dass mich das selbst zerstört vom Privaten her" (ebd.) – steht neben der finalen Urteilsbildung, wonach „(...), mich narzisstische Persönlichkeiten einfach fertigmachen" (ebd.).

Die Beispiele aus dem Datenmaterial legen den Schluss nahe, dass persönliche Involviertheit und Kränkung die Anwendung von Alltagstheorien in sozialarbeiterischen Kontexten befördern und zu unreflektierter Reproduktion gesellschaftlich verankerter Praxen und Alltagsmeinungen führen können (vgl. Holzkamp 2012:19). Zudem stellen Urteilsbildungen über andere Personen einen Gegenpol zu Selbstreflexion und Selbsterkenntnis dar und können zur sozialen Erniedrigung der davon betroffenen Subjekte führen (vgl. Riegler 2016:96). Abschließend wird darauf verwiesen, dass Reflexionsansätze in sehr emotionalisierten und mit kindlichem Erleben vermischten Praktikumserfahrungen in erster Linie die Intention zur Folge haben, auf eine bessere Abgrenzung zu achten (vgl. IV 45).

4.3 Selbstzweifel durch fehlende Anerkennung und Abwertung im Praktikum

Nicht-Akzeptanz und Anerkennungsverweigerung können professionsbezogene Lernerfahrungen verhindern und lösen Selbstzweifel aus. Gefühle des Nicht-Dazugehörens und Nicht-willkommen-Seins treten zwangsläufig und sehr rasch auf, wenn sich Studierende mit einem unausgereiften Onboarding konfrontiert sehen. Dies kann mit mangelnder Kommunikation innerhalb der Praktikumsstelle in Verbindung stehen: „(…) also ich bin in das Praktikum gekommen und keiner wusste, dass ich überhaupt ein Praktikum dort mache" (IV 58), oder auf mangelnde Bereitschaft des Teams in der Praktikumsstelle zurückzuführen sein (vgl. IV 2). „Es war eine sehr fordernde und auch sehr bedrückende Zeit, insbesondere herausgefordert hat mich, dass ich im Team nie willkommen war" (ebd.).

Weitere Ergebnisse zeigen, dass Studierende in Praxislernphasen Gefühle der Verunsicherung und des Alleingelassenseins entwickeln, wenn sie nicht entsprechend begleitet und einbezogen werden oder ihnen in weiterer Folge nicht in ausreichendem Maß Aufgaben zugewiesen werden. Sie beschreiben „(…) ein komisches Gefühl, wenn ich da in dem Büro gesessen bin" (IV 2), und mangelnde Möglichkeiten, einzuschätzen, welches Verhalten von ihnen erwartet werde (vgl. IV 35). Weiters äußern sie ihr Unverständnis darüber, nicht an arbeitsbezogenen Aktivitäten teilhaben zu dürfen:

> (…) verbrachte ich die erste Zeit nur allein in der Gruppe, während alle anderen auf Ausflug waren, wo ich nicht mitfahren durfte. (IV 58)

> Ich musste in einer Ecke sitzen und zuhören (…). Es machte mich müde und entmutigt. (IV 32)

> (…) da hab ich irgendwie das Gefühl gehabt, dass die Sozialarbeiter:innen so weit weg sind und ich immer betteln muss. (IV 2)

Fehlende Zugehörigkeitsgefühle und Teilhabemöglichkeiten führen dazu, dass sich die betroffenen Subjekte abgewertet fühlen und starke emotionale Belastungssymptome entwickeln:

> (…) einfach das Gefühl, nirgendwo zugehörig zu sein und jetzt nicht wirklich das, wofür ich da bin, richtig ausführen zu können, das war etwas, was mich schon ziemlich belastet und negativ berührt hat. Ich habe mich auch ein bisschen dreckig gefühlt, weil ich mir gedacht habe, wozu bin ich jetzt eigentlich da, also ich bin mir auch irgendwie nutzlos vorgekommen, nicht wertgeschätzt. (IV 35)

Wie die Auswertung der Interviews zeigt, wird mangelndes Interesse an der Person der Studierenden im Praktikum als Nicht-Anerkennung und Abwertung erlebt und zieht Belastungsfaktoren und Selbstzweifel nach sich. Die davon betroffenen Studierenden geben als Beispiele für mangelndes Interesse an ihrer Person vor allem Teamsituationen und Mittagspausen an (vgl. IV 2): „Ich hab da das Gefühl gehabt, dass ich eigentlich, wie so ein Geist daneben war und fast ignoriert worden bin" (ebd.). Die Botschaft, nicht dazugehören zu dürfen, wird als schmerzhaft beschrieben (vgl. ebd.).

Weitere belastende Aspekte können verortet werden, wenn Studierende im Praktikumsverhältnis wahrnehmen, nicht ernst genommen oder sich in Anwesenheit von Adressat:innen bloßgestellt und herabgewürdigt zu fühlen. Sie beschreiben Handlungsweisen wie „unpassende Kommentare" oder „so ein bisschen ins Lächerliche" gezogen zu werden (IV 38). Dies kann dazu führen, dass die Betroffenen sich selbst unprofessionell verhalten, indem sie Gespräche verlassen und sich zurückziehen (vgl. IV 32).

Abschließend wird auf die Erfahrung der Nicht-Anerkennung durch Adressat:innen hingewiesen, die in massive Selbstzweifel und Gefühle des Scheiterns münden kann (vgl. IV 40). Damit kann die Erkenntnis einhergehen, „(…) noch nicht sonderlich professionell" agieren zu können und „(…) noch einiges an Arbeit" vor sich zu haben (IV 40). Häufig stehen aber auch Verlassenheitsgefühle gegenüber den Praktikumsanleiter:innen damit in Verbindung:

> Ich hatte auch keinen Rückhalt von den anderen Kolleg:innen. (IV 38)
>
> Ich wurde grundlos von diesem Klienten angegriffen und es ist nichts gemacht worden, auch kein Gespräch im Nachhinein nicht. (IV 55)

Aus anerkennungstheoretischer Sicht handelt es sich bei den beschriebenen Erfahrungen der Studierenden um eine Form der Missachtung, die für sie mit dem Gefühl einhergeht, nicht als gleichwertige Interaktionspartner:innen und Subjekte anerkannt zu werden, wodurch es zu einem Verlust der Selbstachtung kommen kann (vgl. Honneth 2016:216).

Die Lernschlüsse, die Studierende der Sozialen Arbeit aus Negativerfahrungen in Praktikumsverhältnissen ziehen, sind als erlebte Überforderung (vgl. IV 10) und Rückschritte in der eigenen Persönlichkeitsentwicklung zu verorten: „Mein professionelles Selbstverständnis hat eher einen Dämpfer bekommen" (IV 40). Weiters wird darauf hingewiesen, dass keine wesentlichen Lernerfahrungen erfolgen konnten (vgl. IV 35) und nach persönlichen Wegen der Verarbeitung gesucht werden musste: „Ich bin dann auch in Therapie wieder gegangen für die Zeit während des Praktikums, um das alles ein bisschen besser verarbeiten zu können" (IV 40).

5 Reflexion als praxisimmanente Methode

Die Fähigkeit von Sozialarbeiter:innen, ihr Handeln, ihre Emotionen und mögliche Auswirkungen auf Adressat:innen zu reflektieren, wird im Ethikkodex der Sozialen Arbeit (vgl. OBDS 2020) ausgeführt. Eine kritische Reflexion vor allem in Bezug auf bestehende Machtverhältnisse ist von hoher Bedeutung (vgl. White/Fook/Gardner 2006:13) und erfordert das Infragestellen von Vorwegnahmen sowie die Fähigkeit des Zurücktretens und Beobachtens, um schließlich sowohl individuell als auch gesellschaftlich Entwicklung und Veränderung voranzutreiben (vgl. Ferguson 2018).

5.1 Selbstreflexion als wichtiger Teil des Lernprozesses

Nicht alle Studierenden haben die Möglichkeit, über herausfordernde Situationen mit Kolleg:innen an der Praktikumsstelle zu reflektieren (vgl. IV 36, IV 38, IV 42). Dennoch können sie Selbstreflexion als Möglichkeit nutzen, um ihre Erfahrungen kritisch zu prüfen und daraus zu lernen. „Das hat es mir leichter gemacht, das alles zu verstehen, und auch dann zu Hause konnte ich das ein bisschen besser reflektieren und konnte auch gewisse Techniken anwenden" (IV 42). Die Fähigkeit zur Selbstreflexion gibt den Studierenden ein Gefühl der Sicherheit, neue Fähigkeiten zu entwickeln und Selbstvertrauen aufzubauen.

Die Ergebnisse der vorliegenden Studie zeigen, dass Studierende Selbstreflexion als wesentlichen Teil professionellen Handelns identifizieren (vgl. IV 29, IV 40) und die Notwendigkeit besonderer Sorgfalt in der Wahl professioneller Herangehensweisen anerkennen (vgl. IV 28 et al.). Angesichts des in der Eigendiagnose erkannten Bedarfs, die eigene Persönlichkeit zu entwickeln, und des Anspruchs, den Anforderungen gerecht zu werden, wird teilweise private therapeutische Begleitung erstmalig oder erneut in Anspruch genommen (vgl. IV 56 et al.). Gleichzeitig wird die Zuversicht geäußert, im Laufe des Berufslebens als Sozialarbeiter:in „noch einige Strategien (zu) entwickeln" (IV 56).

5.2 Interaktionspartner:innen im Reflexionsprozess

Einen wichtigen Part im Reflexionsprozess und in der Eröffnung neuer Perspektiven nehmen Interaktionspartner:innen ein. Supervision gilt in diesem Kontext als an die Prinzipien der Sozialen Arbeit gebunden und ermöglicht eine verbesserte Professionalität „durch gezielte und methodisch geförderte, systematische (Selbst-)Reflexion beruflichen Handelns" (Bockisch 2014:28). „Es war sehr interessant (…), dass ich bei der Teilnahme an der Supervision Dinge gesagt habe, die ich an der FH theoretisch gelernt habe (…). Ich war mit dem Ergebnis zufrieden" (IV 32). Als weiterer Rahmen für die Verbindung zuvor gelernter, theoretischer Konzepte mit Praxiserfahrungen wird Intervision im Zuge der Praxisanleitung genannt, und es wird darauf verwiesen, dass dadurch ein eigenständiger, in reflektierende Überlegungen eingebetteter Lernprozess stattfinden kann (vgl. IV 30, IV 45, IV 20, IV 53).

Darüber hinaus werden praxisbegleitende Reflexionslehrveranstaltungen als wichtiger Beitrag zu einem reflektierenden Lernprozess angesehen. Sie finden im Kleingruppensetting statt und eröffnen die Möglichkeit, über praxisbezogene Erfahrungen zu sprechen und dabei sowohl von der Kursleitung als auch von Studienkolleg:innen Feedback zu erhalten:

> Und dann natürlich noch mal hier in der FH (…) nachbesprechen. Und dann wieder eine andere Sichtweise. Und dann schläft man wieder zwei Nächte drüber und dann kommt dann wieder so ein Gedanke. Auch so unbewusst lernt man dann auch was dazu. (IV 34)

So können Studierende neue Perspektiven gewinnen, ihr Selbstbewusstsein stärken und nicht ausreichend vorhandene Nachdenk- und Reflexionszeit während der Praktikumszeiten kompensieren. „Es ist eigentlich herausgekommen, dass ich wirklich einige Situationen sehr gut gemeistert habe. Und darauf bin ich auch stolz" (IV 38).

5.3 Mögliche Konsequenzen mangelnder Reflexion

Obwohl viele Studierende der Sozialen Arbeit anerkennen, wie wichtig es ist, ihr Handeln zu hinterfragen, zeigen nicht alle Interviewpassagen ein reflektiertes Nachdenken über Praxiserfahrungen. Dies kann auf emotionale Überforderung und das Gefühl, sich selbst schützen zu müssen (vgl. Ferguson 2018), oder auf Notsituationen, in denen schnell reagiert werden muss (vgl. Fagerberg/McKee/

Paulsen 2020), zurückzuführen sein. Damit in Zusammenhang können Aussagen identifiziert werden, die negative Auswirkungen auf die eigene Haltung oder die Einstellung gegenüber Adressat:innen vermuten lassen. Ein Beispiel dafür ist das folgende Nachdenken über Familiensysteme:

> Ich frage mich, ob es richtig ist, die Kinder so zu unterstützen, weil beziehungsweise, wenn es die eigenen Eltern nicht können. Quasi deren Arbeit zu übernehmen? Sollten wir nicht möglicherweise über einen „Elternführerschein" nachdenken? (IV 12)

Ein Mangel an Reflexion kann sich auch in der Ablehnung theoretischer Wissensinhalte als nicht praxisrelevant bzw. der Bevorzugung einer theoriebefreiten Praxis zeigen und regt zur vertieften Entwicklung von Lehrangeboten an, die der Erfahrbarkeit der komplexen Praxis dienen (vgl. IV 17).

Der Wunsch, neue Fähigkeiten auszuprobieren oder selbstständig zu arbeiten, kann ein wichtiger Teil der Praktikumserfahrung sein, für das Erkennen von Fehlern ist im Allgemeinen jedoch eine Form der Reflexion erforderlich. Unreflektierte Praxis kann sich unter Umständen in der Priorisierung von Selbstständigkeit trotz möglicher Konsequenzen für Adressat:innen zeigen, wie das folgende Beispiel dokumentiert:

> Ich habe einfach gemacht, wie ich geglaubt habe, ehrlich gesagt. Ich habe einfach zu tun probiert. (...) Auch hab ich versucht, zu vermeiden, viel nachzufragen. (IV 39)

Werden klassische Sozialarbeitstätigkeiten bagatellisiert, so stellt dies auch einen Hinweis auf mangelnde Reflexion und Nachdenkprozesse über scheinbar basale unterstützende Tätigkeiten dar:

> Es war einfach nur (...) Grundsachen erklären und Ausfüllen im Endeffekt und Dokumente zusammenstellen. Wow. Wenn jeder so dankbar wäre, obwohl ich nur einen Sozialhilfeantrag für ihn ausfülle. (ebd.)

6 Professionelles Verstehen als wesentlicher Lerneffekt

In diesem Kapitel werden Lerneffekte in Praxisphasen diskutiert, die im Kontext von Verstehensprozessen stehen. Konkret geht es dabei um Selbstwirksamkeitserfahrungen in Teamzusammenarbeit, um professionelles Verstehen, das durch den direkten Kontakt mit Adressat:innen initiiert oder vertieft wird, um die Bedeutung gelingender Beziehungsarbeit und um die Schärfung des Unrechtsbewusstseins im Kontext von Diskriminierung und Rassismus.

6.1 Teamarbeit als Selbstwirksamkeitserfahrung

Das Erleben von Anerkennung und Wertschätzung ist für die Studierenden im Praktikum mit Selbstwirksamkeitserfahrungen und der Wahrnehmung verbunden, einen zuerkannten Part in einem funktionierenden Team zugesprochen zu bekommen und sich „gut involviert und integriert" (IV 61) zu fühlen. Dadurch wird die Bereitschaft erhöht, Lernerfahrungen zuzulassen, aktiv zu steuern und in das eigene Professionsverständnis zu integrieren.

Die Qualität transparenter Kommunikation in ethischer Verantwortung wird von Studierenden als positive Lernerfahrung in dem Sinn identifiziert, dass „jede Meinung wertgeschätzt wurde und wertfrei aufgenommen und aufgefasst wurde" (IV 61). Die Möglichkeit, professionsbezogene Erfahrungen im Team zu reflektieren, lässt in Studierenden ein „sehr positives Gefühl in Form von Teamfähigkeit" (IV 61) entstehen sowie die Sicherheit und Gewissheit, herausfordernde Situationen gut verarbeitet zu haben (vgl. IV 61 et al.).

Positives Feedback von Praktikumsanleiter:innen und anderen Teammitgliedern wird vielfach in Form von Lob (vgl. IV 61) oder als Dank für die Unterstützung (vgl. ebd.) ausgesprochen, wodurch vorhandene Asymmetrien in Beziehungen verstärkt werden. Im Entwicklungsprozess der professionellen Identität, der auch mit Unsicherheiten in der Selbsteinschätzung verbunden sein kann, nehmen positive Rückmeldungen durch Professionist:innen jedoch eine wesentliche Rolle in der subjektiven Wahrnehmung der Studierenden ein (vgl. IV 61, IV 38). Wird die Bestätigung durch die Adressat:innen ausgesprochen, so führt auch dies zum Erleben, etwas richtig oder gut gemacht zu haben (vgl. IV 27, IV 56), und verdeutlicht Studierenden die Bedeutung von Beziehungsarbeit und professioneller Nähe (vgl. IV 38 et al.). Sie beschreiben unter anderem das Gefühl, wertgeschätzt (vgl. IV 46) und als Person akzeptiert zu werden (vgl. IV 3) oder für das Erleben der Adressat:innen etwas Bedeutsames geleistet zu haben (vgl. IV 49).

Selbstwirksamkeitserfahrungen durch eine für sie selbst unerwartete Bewältigung herausfordernder Situationen kann für Studierende in Praxislernphasen zu einer Erfahrung professionellen Auftretens führen, die dazu beiträgt, durchlebte negative Fremd- und Selbstbeschreibungen zu durchbrechen und Selbstzweifel in Praktikumssituationen zu überwinden, wie die folgende Interviewpassage zeigt:

Aber das war dann so eine plötzliche Situation und dort konnte ich das gut meistern und deswegen hat mich das bisschen berührt, ich war stolz auf mich. (IV 43)

6.2 Erweiterung des Horizonts durch Adressat:innenkontakt

Die Ergebnisse in diesem Unterkapitel beziehen sich darauf, wie sich Sichtweisen und Verstehensprozesse verändern können, wenn Studierende im Zuge der Praxislernphasen in Kontakt mit Adressat:innen und deren Anliegen treten. Durch die Berührung mit unterschiedlichen Lebensentwürfen und Herausforderungen wird die Bandbreite adressat:innenbezogener Lebenswelten und -lagen, aber auch der Arbeitsfelder und methodischen Vorgehensweisen in der Sozialen Arbeit bewusst. Es zeigt sich, wie stark das professionelle Selbstverständnis noch im Formungsprozess steht, wenn beispielsweise von der eigenen Aufregung gesprochen wird, die damit einhergehe, „lauter neue Menschen" kennenzulernen (IV 10) oder davon, „im sonstigen Leben (…) mit solchen Menschen" noch wenig Anknüpfungspunkte gehabt zu haben (IV 60).

Im Vordergrund stehen jedoch Erfahrungswerte, die Studierende zum Anlass nehmen, in einen Verstehensprozess einzutreten, den sie auch als prägende Erfahrung identifizieren und der sich darauf bezieht, dass:

> (…) alle Klientinnen und Klienten sehr unterschiedlich sind und es mich auch unterschiedlich emotional berühren wird. Dass es einfach keine Grundregeln gibt (…), dass alles ziemlich individuell gestaltet wird. Und dass man jede Methode und Verfahren (…) stark anpassen muss. (IV 31)

Ein weiterer bedeutender Lerneffekt im Zuge der ersten Feldkontakte liegt im Bewusstwerden eigener Vorurteile gegenüber Menschen verortet, die zu Adressat:innen der Sozialen Arbeit werden. Dies ist mit der Erkenntnis verbunden, dass Handlungsweisen nicht die gesamte Persönlichkeit prägen, sondern mit unterschiedlichen Motiven zusammenhängen, die nicht mit Eigenschaften gleichgesetzt werden können.

> Diese Stigmatisierungen von Leuten, die Mörder sind, (…) und man stellt sich so ein Monster darunter vor. Und da sitzt du da vor jemandem, mit dem du Spaß hast und der total nett ist, und ich hätte nie gedacht, dass dieser Mensch so ein Delikt hat. (IV 4)

An diese für Studierende überraschenden Erfahrungen knüpfen Überlegungen an, die sich auf eigene wertende bzw. abwertende Gedanken und Vorurteile im Vorfeld (vgl. ebd.), auf Zusammenhänge mit „Sozialisation und Schubladendenken" (ebd.) und Gedanken über eigene „blinde Flecken" (ebd.) beziehen. Auf Meso- und Makroebene werden Stigmatisierung und gesellschaftliche Abwertungsprozesse benannt (vgl. ebd.).

6.3 Professionelle Nähe und gelingende Beziehungsarbeit

Das Verständnis für die Gestaltung von professioneller Nähe zu Adressat:innen in den Arbeitsfeldern Sozialer Arbeit ist für Studierende, die ihre ersten Erfahrungen mit Kontakten zu Adressat:innen sammeln, teilweise noch nicht ausgereift. Die Fähigkeit, zwischen einem freundschaftlich-privaten Verhältnis und professioneller Nähe zu unterscheiden, wird zum einen durch eine gereifte professionelle Identität und damit Handlungssicherheit sowie durch berufliche Erfahrung erhöht. Hier können Faktoren wie Alterskonstellationen eine Rolle spielen, wie die folgende Interviewpassage zeigt:

> Dadurch, dass ich selbst noch sehr jung bin und wir viele jugendliche Klient:innen in dem Fall haben, die mich, glaube ich, eher als Freundin oder wie einen Freund betrachtet haben, wenn wir Gespräche geführt haben. (IV 30)

Während teilweise verkürzte Begriffe wie „Abgrenzung" und „Wahrung des Nähe-Distanz-Verhältnisses" (IV 30 et al.) zum Schutz vor emotionaler Beteiligung und Involviertheit herangezogen werden, machen Studierende in Praktikumsverhältnissen doch auch Lernerfahrungen, die dieser abgrenzenden Haltung widersprechen und Momente professioneller Nähe in sich bergen, die jedoch möglicherweise noch nicht als solche gefasst werden können. Sie sind teils schambesetzt, weil Freude und Glücksgefühle über gelungene professionelle Nähe schwer einordenbar oder unerwartet sind und unter Umständen als unprofessionell gewertet werden (vgl. IV 31). Doch es kann auch die Erkenntnis damit verknüpft sein, dass positive und schöne Momente ein Zeichen gelingender Sozialarbeit, von Authentizität und professionellen Nahmomenten darstellen können (vgl. IV 51 et al.). Als Aspekte erfolgreicher Beziehungsarbeit werden Flexibilität, Situationsbezogenheit, Anerkennung und Egalität genannt (vgl. IV 1 et al.).

Einen weiteren wichtigen Faktor im Sinne gelingender Beziehungsarbeit erkennen Studierende in der Bedeutung von Kongruenz und Authentizität in der Arbeit mit Adressat:innen. Dadurch wird für sie deutlich, dass Adressat:innen nicht Objekte Sozialer Arbeit, sondern eigenmächtige und handlungsorientierte Subjekte sind, die ihre Interessen an einer egalitären Gesprächsführung auch aktiv verfolgen und steuernd eingreifen können und dürfen, woraus eine Kommunikation von Subjekt zu Subjekt entsteht (vgl. ebd.). Die Bedeutung, die kompetente Gesprächsführung für das Gelingen von Beziehungsarbeit hat, ist im Bewusstsein von Studierenden der Sozialen Arbeit verankert und für sie im Praktikumsverhältnis konkret erfahrbar. In diesem Zusammenhang wird von den Studierenden vor allem auf Empathie, nicht wertendes Zugehen (vgl. IV 55) und auf eine achtsame, wertschätzende Sprache (vgl. IV 45) als Aspekte erfolgreicher professioneller Kommunikation verwiesen.

6.4 Schärfung des Unrechtsbewusstseins

Im vorliegenden Unterkapitel werden Entwicklungs- und Lernfaktoren herausgearbeitet, die trotz oder auch gerade aufgrund von negativ konnotierten Praktikumserfahrungen angeregt werden. Es handelt sich um Aspekte von Abwertung, Rassismus und Diskriminierung, die von Sozialarbeiter:innen oder generell Mitarbeiter:innen in sozialen Arbeitsfeldern ausgeübt werden und sich gegen Adressat:innen als Individuen oder in der Gruppe richten. Sie können dazu beitragen, dass Studierende sich davon abgrenzen und ihr Unrechtsbewusstsein geschärft wird, woran Reflexionen und ethische Überlegungen anschließen.

Eine Form der Abwertung findet nicht in Gegenwart der Adressat:innen, sondern im Austausch und Sprechen über die betroffenen Personen oder Gruppen innerhalb der Arbeitsteams statt. Abwertende Sprechakte über Adressat:innen oder Gruppen von Adressat:innen können sowohl an die Praktikant:innen gerichtet werden, als auch in ihrer Anwesenheit getätigt werden, ohne sie einzubeziehen, und werden wie in einem Beispiel aus dem Gesundheitsbereich als „(…) sehr abfällig, abwertend und diskriminierend" (IV 60) sowie „im höchsten Grad eigentlich unprofessionell" (ebd.) bezeichnet.

> Es wird wenig wertschätzend gesprochen, es werden oft fremdenfeindliche Kommentare geschoben, es werden überhaupt die Menschen in irgendwelchen Witzchen, Kommentaren eher entmenschlicht. (IV 34)

Bezogen auf Praktikumsverhältnisse im Strafvollzug wird generell ein „sehr rauer Umgangston" beschrieben wie etwa „rassistische Schimpfwörter (…) als Bezeichnungen für die Insassen" (IV 34).

> Die reden in diesem Kollektiv von Mitarbeitern sehr abschätzig über die Insassen, fast schon als ob es Tiere wären. (ebd.)

Dies wird nicht zuletzt damit erklärt, dass in Justizanstalten überwiegend nicht sozialarbeiterische Berufsgruppen tätig sind (vgl. ebd.). Sozialarbeiter:innen würden in diesem Umfeld einen Kontrast darstellen, weil sie versuchen würden, mit den Adressat:innen „ganz normal von Mensch zu Mensch" (ebd.) zu kommunizieren.

Weitere Formen der Abwertung werden in der direkten Kommunikation mit Adressat:innen wie beispielsweise im sozialpädagogischen Kontext beobachtet. Bezogen auf unbegleitete Minderjährige mit Fluchterfahrung wird von Studierenden angemerkt, dass die Adressat:innen „eigentlich als Dinge behandelt" (IV 19) würden. Sozialpädagogisch betreute Kinder und Jugendliche würden aufgrund rassistisch motivierter Aussagen und zugeschriebener Eigenschaften gegeneinander „aufgehetzt" und in emotionale Ausnahmesituationen und zu Stressreaktionen gedrängt (vgl. IV 41). Auch von „Mobbing aufgrund des Körpergewichts" stationär betreuter Kinder im Sinne von „Ja, schau dich mal an, also das schadet dir eh nicht" (IV 41) wird berichtet.

Die Feststellungen und Schlüsse, die Studierende im Praktikum aus den umrissenen Rassismus- und Abwertungserfahrungen ziehen, reichen von: „Ich war irgendwie schockiert" (IV 44) über: „Es war immer eine extrem anstrengende Atmosphäre" (IV 58) bis hin zu: „Es war dem Team, glaube ich, sehr peinlich, dass ich das als Praktikantin mitgehört habe" (IV 19). Als Erklärungsmuster und auf der Suche nach Motiven für das Fehlverhalten von Fachkräften wird die vielfach unhinterfragte Annahme herangezogen, dass eine langjährige Berufstätigkeit in belastenden Arbeitsfeldern zu Resignation und „Abstumpfung" führen könne (IV 19). „Verzweiflung" und „Angefressenheit" im Beruf dienen ebenfalls als Begründungen für abwertendes und rassistisches Verhalten (IV 60).

Werden Studierende in Praktikumsverhältnissen mit Rassismus und Diskriminierung gegenüber Adressat:innen konfrontiert, so treten sie gewissermaßen als Zeug:innen dieser Prozesse auf und fühlen sich aufgrund ihrer sozialen Stellung als Praktikant:innen, aber fallweise auch aufgrund der Selbsteinschätzung, die Sachlage zu wenig zu kennen oder „ein falsches Bild" zu haben (IV 16), nur sehr eingeschränkt dazu in der Lage, darüber mit den Kolleg:innen in einen Diskurs zu treten. Sie identifizieren solche Negativszenarien im Praktikum als

„ganz schwierig für mich, weil ich nicht wusste, wie ich damit umgehen kann oder wie ich damit umgehen darf halt, wem soll ich das sagen, soll ich das wem sagen, habe ich überhaupt das Recht als Praktikant" (IV 16). Abwägungen, eine Mitteilung an übergeordneter Stelle zu deponieren, werden zurückgestellt, da die Sorge besteht, dies könnte als „Petzen oder Bloßstellen" aufgefasst werden (ebd.). In der Reflexion über die miterlebten Situationen ist die eigene Inaktivität Anlass für Schuldgefühle und Selbstvorwürfe darüber, nicht eingegriffen zu haben (vgl. IV 58). Zugleich wird eingeräumt: „Das ist nicht einfach, aber dann auch irgendwie den Mut zu fassen" (IV 19). Im Prozess der Formung der professionellen Identität wird damit einmal mehr die ethische Komponente aller Formen von Reflexion deutlich, die spätestens in den Praxislernphasen Teil des „professionellen Habitus" wird (Großmaß/Perko 2011:53).

7 Fazit

Die Entwicklung der Professionsidentität und die erfolgreiche Zusammenführung von theoretischen Lehrinhalten und Erfahrungen aus Praxislernphasen ist für Studierende des Bachelor-Studiums Soziale Arbeit mit unterschiedlichen Herausforderungen verbunden. Aus 61 episodischen Interviews zwischen Studierenden im dritten Semester konnten Ergebnisse entwickelt werden, die deutlich zeigen, wie sich die Studierenden in der Beobachtungsrolle als Praktikant:innen von abwertendem und unprofessionellem Verhalten gegenüber Adressat:innen betroffen fühlen und wie sie um das Erkennen der eigenen und beruflichen Grenzen ringen. Dies kann zu Enttäuschungen bezüglich der Umsetzung Sozialer Arbeit in der Praxis oder aber auch dazu führen, dass ethisch-theoretische Prinzipien und Kontexte aus der Lehre infrage gestellt werden. Mangelnde Reflexionsmöglichkeiten in Praxislernphasen können die Bildung von Urteilen und Reproduktion von Alltagsmeinungen und -theorien verstärken. Eine der größten Herausforderungen stellen biografisch unverarbeitete Erfahrungen und Belastungen dar, die in der Konfrontation mit den Lebenswelten von Adressat:innen und im Kontext von persönlichen Abwertungserfahrungen durch Praktikumsanleiter:innen oder Arbeitsteams erinnert oder (wieder)erlebt werden.

Die gewonnenen Ergebnisse zeigen aber auch, dass Studierende ihren eigenen professionellen Entwicklungsprozess aktiv gestalten und sowohl theoretische Inhalte in ihr Praxisverständnis integrieren als auch Erfahrungen aus den Praxislernphasen an ihrem Theorieverständnis prüfen. Sie sind in der Lage, sich als handelnde und reflexive Akteur:innen in diesen Prozessen zu erkennen und Möglichkeiten der Einflussnahme zu identifizieren. Auch die Bedeutung von

Kooperation und Reflexion in Arbeitsteams kann in das eigene Professionsverständnis im Sinne von „wirklich zusammenzuhalten und (…) gemeinsam zu reflektieren" (IV 54) integriert werden. Selbstreflexion und Reflexion im Team können als Basis für die Entwicklung professioneller Beziehungskompetenz, professioneller Identität, optimierter Handlungen und damit als Teil der Persönlichkeitsbildung gewertet werden (vgl. Müller et al. 2014:371 zit. in: Kronberger 2019:63). Es entsteht zudem ein Bewusstsein für die Notwendigkeit lebenslangen Lernens und lebenslanger professioneller Weiterentwicklung:

> Ich glaube, dass es auch ganz wichtig ist, egal wie lange man in einem Beruf arbeitet, sich immer wieder neue Theorien und neue Grundlagen anzueignen und auch im Team zu thematisieren und diese dann gemeinsam anzuwenden. (IV 54)

Berufsethische Fragestellungen und Ansprüche stellen einen wesentlichen Schwerpunkt im Erleben und in den Herangehensweisen sowie der Entwicklung einer professionellen Identität als Sozialarbeiter:in dar. Dies bezieht sich unter anderem auf die Achtung der Menschenwürde, die im sozialarbeiterischen Kontext konkret durch Selbstbestimmung, Empowerment und Partizipation gewahrt werden kann (vgl. IV 55). So werden Menschenrechts- und Gerechtigkeitsprinzipien in den Fokus gerückt (vgl. IV 37). Im Kontext berufsethischer Überlegungen beziehen sich die Interviewpartner:innen auf Inhalte aus dem Studium, deren Bedeutsamkeit sie durch praktische Erfahrungen in Sozialarbeitsteams und in der Arbeit mit Adressat:innen erfahren und durchdringen können (vgl. IV 19 et al.). Im Sinne Bourdieus (1995) bedarf es einer systematischen kritischen Prüfung der professionellen Praxis, um Machtverhältnisse in Feldern der Sozialen Arbeit und ihre Auswirkungen auf die Lebensverhältnisse und -bedingungen von Adressat:innen zu erkennen (vgl. Hanses 2007:317–318).

Ein weiterer Lernschritt besteht in der Anerkennung der Individualität, der Motive und Interessen, die Adressat:innen in ihren Handlungsvollzügen zum Ausdruck bringen: „(…) auch wenn es vielleicht pauschale Lösungen von der Organisation gibt" (IV 37). Als Zielperspektive kann in diesem Zusammenhang eine „partizipatorische Parität" (Fraser 2003:44) gefasst werden, die eine selbstbestimmte Definition eines guten Lebens von Subjekten und sozialen Gruppen sowie eine egalitäre gesellschaftliche Teilhabe zum Inhalt hat (vgl. Scherr 2008:98–99). Daran anknüpfend kann eine gelingende Kooperation zwischen Sozialarbeiter:innen und Adressat:innen als „authentische, emotional tragfähige, persönlich geprägte und dennoch reflexiv und fachlich durchdrungene Beziehungsgestaltung" (Gahleitner 2017:286) gefasst werden. Um den oben ausgeführten Ansprüchen gerecht werden zu können, rückt die Notwendigkeit professioneller Vernetzung und Kooperation in den Mittelpunkt des Interesses, die sich im partizipativen Sinn auf Adressat:innen sowie auf andere Institutionen und Organisationen erstreckt (vgl. IV 55, IV 1).

Die Ergebnisse der Forschung zeigen, dass professionsbezogene Lernerfahrungen im Rahmen von Praxislernphasen mit einer positiven Aufnahme, Wertschätzung, Akzeptanz sowie dem Interesse an den Studierenden seitens der Mitarbeiter:innen der Praktikumsstellen in Verbindung stehen. Das Zutreffen dieser Bedingungen wird von Studierenden der Sozialen Arbeit aufgrund von Peer-Berichten und eigenen Vorerfahrungen im Sozialbereich nicht als selbstverständlich vorausgesetzt, wie das folgende Beispiel zeigt: „Ich war dann positiv überrascht, weil von Tag eins an war ich fester Bestandteil vom Team" (IV 61).

Die Schärfung des Unrechtsbewusstseins kann abschließend als wichtiger Lerneffekt, wesentliches Ergebnis und Konsequenz aus im Praktikum miterlebtem Rassismus ausgeführt werden. Hierbei handelt es sich um das Erkennen der Notwendigkeit, für Gerechtigkeit und Menschenrechte als Teil der professionellen Werte der Sozialen Arbeit einzutreten und diese in die eigene Professionsidentität zu integrieren. Hier ziehen Studierende zum einen für sich persönlich Schlüsse, wie sie ihr eigenes sozialarbeiterisches Handeln künftig gestalten wollen (vgl. IV 58). Zum anderen beziehen sie sich auf die Notwendigkeit eines verstehenden Zugangs (vgl. IV 60) und wertschätzender Kommunikation (vgl. IV 16), auf ein professionelles Ethikverständnis (vgl. IV 34) sowie auf die Wahrung von Respekt und Würde (vgl. IV 16) in Zusammenhang mit kritischem Denken und dem Einsatz gegen Ungleichheit (vgl. IV 35 et al.).

In der Zusammenschau der Erkenntnisse und Ergebnisse aus der vorliegenden Forschung kann der Schluss gezogen werden, dass auch in der künftigen (Aus-) Bildungs-Gestaltung im Studium der Sozialen Arbeit der Begleitung der Praxislernphasen erhöhte Aufmerksamkeit gezollt werden sollte. Diesbezüglich ist zu bedenken, dass die verantwortungsvolle Aufgabe der Praxisanleitung in Bezug auf die Profession der Sozialen Arbeit in den meisten sozialen Organisationen mit keinen zusätzlichen zeitlichen und finanziellen Ressourcen ausgestattet ist. Die Weiterentwicklung und Intensivierung einer Aufwertung der Praxisanleitung durch Aus- und Fortbildungsmodule wäre zu begrüßen. Dadurch könnte es auch gelingen, den Stellenwert professionell gestalteter und gelungener Praxisanleitung in sozialen Organisationen und Institutionen zu erhöhen. Durch einen intensivierten Austausch innerhalb der Trias Studierende – Praktikumsstelle – (Fach-)Hochschule kann es gelingen, den genannten Aufwertungsprozess zu unterstützen und die Kontinuität in der Begleitung und Unterstützung der Studierenden zu gewährleisten. Mögliche Negativerfahrungen in Praktikumsverhältnissen sollten mit Blick auf die biografische Gewordenheit der Studierenden verstärkt im

Vorfeld bearbeitet werden, um Lernerfahrungen zu fördern, Sicherheit zu geben, Vorkehrungen gegen emotionale Verletzungen zu treffen und die Entwicklung der professionellen Identität im Sinne der ethischen Prinzipien Sozialer Arbeit angemessen zu stützen. Dazu ist es notwendig, qualitätssichernde Elemente in der Lehre, die sich auf Praxisreflexion und Praxisbegleitung beziehen, kontinuierlich weiterzuentwickeln und sie curricular angemessen einzubetten.

8 Datenverzeichnis

Transkripte: IV 1–61. Interviews durchgeführt von und mit Studierenden der Sozialen Arbeit (BA) im Rahmen der Lehre (WS 2022/2023 und WS 2023/2024). Durchgängig anonymisiert, vollständige Zeilennummerierung, Einverständniserklärung zur Verwendung liegt vor.

Literatur

Anastas, Jeane W. (2010): Teaching in Social Work: An Educators' Guide to Theory and Practice. New York City, Columbia University Press.

Baltruks, Dorothea/Hussein, Sheeran/Montero, Alfonso Lara (2017): Investing in the Social Services Workforce. Brighton, European Social Network.

Becker-Lenz, Roland/Busse, Stefan/Ehlert, Gudrun/Müller-Hermann, Silke (2012): Einleitung: Wissen, Kompetenz, Habitus und Identität als Elemente von Professionalität im Studium Sozialer Arbeit. In: Becker-Lenz, Roland/Busse, Stefan/Ehlert, Gudrun/Müller-Hermann, Silke (Hrsg.): Professionalität Sozialer Arbeit und Hochschule. Wissen, Kompetenz, Habitus und Identität im Studium Sozialer Arbeit, Wiesbaden, VS Verlag für Sozialwissenschaften, 9–31.

Bethards, Melody L. (2014): Applying Social Learning Theory to the Observer Role in Simulation. In: Clinical Simulation in Nursing 10(2), e65–e69.

Bockisch, Sabine (2014): Die Geschichte der Supervision. Eine Skizze. In: Kühne, Hans (Hrsg.): Supervision und Soziale Arbeit. Geschichte – Praxis – Qualität. Berlin, Frank & Timme, 13–30.

Bourdieu, Pierre (1995): Narzisstische Reflexivität und wissenschaftliche Reflexivität. In: Berg, Eberhard / Fuchs, Martin (Hrsg.): Kultur, soziale Praxis, Text. Die Krise der ethnographischen Repräsentation. Frankfurt/Main, Suhrkamp, 365–374.

Charter, Mollie Lazar (2021): Exploring the Importance of Feminist Identity in Social Work Education. In: Journal of Teaching in Social Work 41(2), 117–134. https://doi.org/10.1080/08841233.2021.1895404.

Chassé, Karl August/Zander, Margherita/Rasch, Konstanze (2010): Meine Familie ist arm. Wie Kinder im Grundschulalter Armut erleben und bewältigen. 4. Aufl., Wiesbaden, VS Verlag für Sozialwissenschaften.

Doel, Mark/Shardlow, Steven M. (2005): Modern Social Work Practice. Teaching and Learning in Practice Settings. London, Taylor & Francis Group.

Fagerberg, Johan/McKee, Kevin/Paulsen, Roland (2020): The Unreflective Practitioner. A Pilot Study on Functional Stupidity and Social Work. In: European Journal of Social Work 23(6), 992–1004. https://doi.org/10.1080/13691457.2020.1818058.

Ferguson, Harry (2018): How Social Workers Reflect in Action and When and Why They Don't. The Possibilities and Limits to Reflective Practice in Social Work. In: Social Work Education 37(4), 415–427. https://doi.org/10.1080/02615479.2017.1413083.

Flick, Uwe (2011): Das Episodische Interview. In: Oelerich, Gertrud/Otto, Hans-Uwe (Hrsg.): Empirische Forschung und Soziale Arbeit. Ein Studienbuch. Wiesbaden, VS Verl. für Sozialwissenschaften, 273–280.

Fraser, Nancy (2003): Soziale Gerechtigkeit im Zeitalter der Identitätspolitik. In: Fraser, Nancy/Honneth, Axel: Umverteilung oder Anerkennung? Frankfurt am Main, Suhrkamp, 11–127.

Gahleitner, Silke Birgitta (2017): Soziale Arbeit als Beziehungsprofession. Bindung, Beziehung und Einbettung professionell ermöglichen. Weinheim/Basel, Beltz Juventa.

Großmaß, Ruth/Perko, Gudrun (2011): Ethik für soziale Berufe. Paderborn, Schöningh utb.

Hanses, Andreas (2007): Professionalisierung in der Sozialen Arbeit. Zwischen Positionierung, Macht und Ermöglichung. In: Anhorn, Roland/Bettinger, Frank/Stehr, Johannes (Hrsg.): Foucaults Machtanalytik und Soziale Arbeit. Eine kritische Einführung und Bestandsaufnahme. Wiesbaden, VS Verlag für Sozialwissenschaften, 309–320.

Haug, Frigga (2003): Lernverhältnisse. Selbstbewegungen und Selbstblockierungen. Hamburg, Argument-Verlag.

Haug, Frigga (2020): Die Unruhe des Lernens. Hamburg, Argument-Verlag.

Holzkamp, Klaus (2012): Gesellschaftliche Widersprüche und individuelle Handlungsfähigkeit am Beispiel der Sozialarbeit. In: Eichinger, Ulrike/Weber, Klaus (Hrsg.): Soziale Arbeit. Texte kritische Psychologie Bd. 3, Hamburg, Argument-Verlag, 16–40.

Honneth, Axel (2016): Kampf um Anerkennung. Zur moralischen Grammatik sozialer Konflikte. Frankfurt am Main, Suhrkamp.

International Federation of Social Workers (IFSW) (2018): Global Social Work Statement of Ethical Principles. https://www.ifsw.org/global-social-work-statement-of-ethical-principles/ am 6.8.2024.

Kronberger, Gabriele (2019): Soziale Arbeit als reflexive Praxis. Reflexion, Praxislehre- und Praxislernphase, Persönlichkeits- und Sozialkompetenz. In: Bakic, Josef/Brunner, Alexander/Musil, Verena (Hrsg.): Profession Soziale Arbeit in Österreich. Ein Ordnungsversuch mit historischen Bezügen. Wien, Löcker, 58–75.

Kuckartz, Udo/Dresing, Thorsten/Rädiker, Stefan/Stefer, Claus (2008): Qualitative Evaluation. Der Einstieg in die Praxis. Wiesbaden, VS Verlag für Sozialwissenschaften.

Müller, Elisabeth/Gerber, Andrea/Markwalder, Sonja (2014): Selbstreflexion im Bachelor Studium Soziale Arbeit. Eine qualitative Studie als Grundlage zum Verständnis von Selbstreflexion. In: neue praxis. Zeitschrift für Sozialarbeit, Sozialpädagogik und Sozialpolitik 14(4), 354–377.

Österreichischer Berufsverband der Sozialen Arbeit (2020): Ethische Standards für Praktiker*innen der Sozialen Arbeit in Österreich. https://obds.at/dokumente/ethische-standards-fuer-praktikerinnen-der-sozialen-arbeit-in-oesterreich/ am 8.8.2024.

Riegler, Anna (2016): Anerkennende Beziehung in der Sozialen Arbeit. Ein Beitrag zu sozialer Gerechtigkeit zwischen Anspruch und Wirklichkeit. Wiesbaden, Springer Fachmedien.

Scherr, Albert (2008): Kapitalismus oder funktional differenzierte Gesellschaft? Konsequenzen unterschiedlicher Zugänge zum Exklusionsproblem für Sozialpolitik und Soziale Arbeit. In: Anhorn, Roland/Bettinger, Frank/Stehr, Johannes (Hrsg.): Sozialer Ausschluss und Soziale Arbeit. Positionsbestimmungen einer kritischen Theorie und Praxis Sozialer Arbeit. 2., überarb. und erweiterte Aufl., Wiesbaden, VS Verlag für Sozialwissenschaften, 83–105.

Staub-Bernasconi, Silvia (2007): Vom beruflichen Doppel- zum professionellen Tripelmandat. Wissenschaft und Menschenrechte als Begründungsbasis der Profession Soziale Arbeit. In: SiO – Sozialarbeit in Österreich 7(2), 8–17.

Staub-Bernasconi, Silvia (2017): Soziale Arbeit als Handlungswissenschaft. Systemtheoretische Grundlagen und professionelle Praxis. Ein Lehrbuch. Bern/Stuttgart/Wien, UTB/Haupt.

Strauss, Anselm L./Corbin, Juliet M. (2010): Grounded Theory. Grundlagen qualitativer Sozialforschung. Weinheim, Beltz.

Trowell, Judith/Miles, GIllian (1991): The Contribution of Observation Training to Professional Development in Social Work. In: Journal of Social Work Practice 5(1), 51–60. https://doi.org/10.1080/02650539108413456.

White Sue/Fook Jan/Gardner Fionna (2006): Critical Reflection. A Review of Contemporary Literature and Understandings. In: White, Sue/Fook, Jan/Gardner, Fiona (Ed.): Critical Reflection in Health and Social Care. Berkshire (UK), McGraw-Hill Education, 3–20.

Prof.[in] (FH) Dagmar Fenninger-Bucher, MA, ist Sozialarbeiterin, Hochschulprofessorin, Praxiskoordinatorin und Forscherin im BA-Studiengang Soziale Arbeit an der Hochschule für Angewandte Wissenschaften Burgenland. Sie ist Vorstandsmitglied der Österreichischen Gesellschaft für Soziale Arbeit (ogsa) sowie der Frauenberatungsstelle Verein Wendepunkt. Ihre Schwerpunkte in Forschung und Lehre sind Kinder- und Jugendschutzarbeit, Gender- und Exklusionsbezüge sowie Theorien der Sozialen Arbeit und wissenschaftliches Arbeiten, dagmar.fenninger-bucher@hochschule-burgenland.at.

Regina Scheitel, MSW, MA, ist Sozialarbeiterin, Studiengangsleiterin im BA-Studiengang Soziale Arbeit und Forscherin an der Hochschule für Angewandte Wissenschaften Burgenland. Ihre Schwerpunkte in Forschung und Lehre sind (psychische) Gesundheit, internationale Sozialarbeit und Eco-Social Work, regina.scheitel@hochschule-burgenland.at

Zur Relevanz sozio-digitaler Bildung im Studium Soziale Arbeit

Barbara Stefan und Patricia Renner

Zusammenfassung

Ausgangspunkt des Beitrags ist das Forschungsprojekt *Digital Spaces,* das eine Möglichkeit zeigt, wie digitale Bildung mit Jugendlichen praxisnah gestaltet und kritisch-reflexiv umgesetzt werden kann. Aufbauend auf den Erkenntnissen des Projekts werden weiterführende Fragen zur Bedeutung von Digitalisierung für die Ausbildung Sozialer Arbeit entwickelt. Eine politisch-ökonomische Analyse des digitalen Kapitalismus bildet dabei den konzeptuellen Rahmen, um digitale Transformationsprozesse als Ausdruck tiefgreifender gesellschaftlicher Macht- und Ungleichheitsverhältnisse zu verstehen. Im Fokus stehen dabei die spezifischen Herausforderungen für Jugendliche sowie bestehende Ansätze in der Kinder- und Jugendarbeit, die digitale Risiken und Teilhabebedingungen adressieren. Darauf aufbauend wird analysiert, inwiefern digitale Bildung in der Ausbildung von Sozialarbeiter:innen und Sozialpädagog:innen in Österreich Berücksichtigung findet. Die Ergebnisse zeigen ein fragmentiertes Bild: Während einzelne Studiengänge digitale Kompetenzen systematisch integrieren, geht eine systematische, curriculare Verankerung kritischer Perspektiven vielerorts wenig hervor. Der Beitrag plädiert für eine Ausbildung, die technische, medienpädagogische und gesellschaftskritische Dimensionen digitaler Bildung zusammenführt. Dabei wird die Rolle der

---

B. Stefan (✉) · P. Renner
Ilse Arlt Institut für soziale Inklusionsforschung, Fachhochschule St. Pölten, St. Pölten, Österreich
E-Mail: barbara.stefan@fhstp.ac.at

P. Renner
E-Mail: patricia.renner@fhstp.ac.at

Sozialen Arbeit – zwischen politischer, herrschaftlicher Ausführungsinstanz und menschenrechtsbasierter Profession – als zentrale Herausforderung sichtbar, die auch im Umgang mit Digitalisierung Reflexion und Bearbeitung bedarf.

1 Einleitung

Die Nutzung digitaler und sozialer Medien birgt neben Möglichkeiten auch vielfältige Risiken – und für Jugendliche in besonderem Maße (vgl. Beranek/Hill/Sagebiel 2019). Diese reichen von Datenschutzfragen über digitale Gewalt bis hin zur algorithmischen Verstärkung polarisierender Inhalte, welche etwa Folgen für die psychische Gesundheit oder soziale Teilhabe mit sich bringen, und letztlich auch bestehende soziale Ungleichheiten verschärfen können (s. u.). Hinzu kommen unterschiedliche ökologische Belastungsfaktoren, deren Auswirkungen junge und künftige Generationen besonders betreffen werden (vgl. Taffel 2016; Cubitt 2017; Creutzig et al. 2022)

Diese Schlussfolgerungen basieren auf der kritischen Auseinandersetzung mit der Bedeutung von Digitalisierung und deren Auswirkungen, wie sie im Rahmen des Forschungsprojektes Digital Spaces[1] untersucht wurden. Ziel des Projekts war es, mit Jugendlichen in der dualen Berufsausbildung ein praxisnahes Konzept zur Weiterentwicklung digitaler Kompetenzen zu entwickeln, das eine reflexive und kritische Beschäftigung mit Aspekten von Digitalisierung ermöglicht. Auf der Basis von Recherchen zu digitalem Lernen und sozialen Ungleichheiten wurde vom Forschungsteam ein dreiteiliges Pilot-Workshopkonzept entwickelt, in dem Jugendliche mit digitalen Medien experimentieren konnten, um sowohl technische Kompetenzen als auch einen kritischen, reflexiven Umgang damit zu fördern. Jugendliche, Lehrende und Ausbildungskräfte wurden in die Konzeptentwicklung einbezogen, indem das Pilotkonzept mit drei Gruppen[2] von Jugendlichen getestet und dabei prozesshaft weiterentwickelt wurde. Die Ergebnisse mündeten in ein Konzept, das für die Durchführung einer praktischen Schulung mit Jugendlichen

---

[1] Das Projekt „Digital Spaces" wurde von Mai 2022 bis Oktober 2023 vom Ilse Arlt Institut für Soziale Inklusionsforschung der FH St. Pölten durchgeführt und mit Mitteln des Projektfonds Arbeit 4.0 der Arbeiterkammer Niederösterreich gefördert.

[2] Im Projekt wurde mit Jugendlichen und Fachkräften aus verschiedenen Einrichtungen zusammengearbeitet, darunter das Jugendzentrum Steppenwolf St. Pölten, die Landesfach- und Berufsschule Langenlois, die Lehrlingsstiftung Eggenburg und die Tischlerei Krumböck. Insgesamt waren 62 Jugendliche sowie mehrere Fachkräfte aus den genannten Institutionen beteiligt.

sowohl in der dualen Berufsausbildung als auch in der Jugendarbeit eingesetzt werden kann (vgl. Renner/Stefan 2024:137–141).

Die Begleitforschung zur Konzeptentwicklung zeigte, dass die Förderung digitaler Kompetenzen neben technischen Fähigkeiten auch eine soziale Ebene betrifft. Diese **sozio-digitale** Dimension umfasst für uns eine Verflechtung von digitalen und sozialen Prozessen und deutet darauf hin, dass digitale Technologien und ihre Implikationen nicht isoliert betrachtet werden können, sondern eben in soziale Kontexte (und damit auch in Herrschaftsverhältnisse) eingebettet sind und in engem Zusammenhang mit gesellschaftlichen Entwicklungen stehen. Hier geht es, aus unserer Perspektive, insbesondere um die Ebene der politischen Ökonomie von Digitalisierung und ihrer sozio-politischen Auswirkungen, wie beispielsweise ihrer demokratiepolitischen Implikationen oder auch einer Neu-Organisation von Herrschaftsverhältnissen insgesamt, wie sie sich auch in den Risiken im Umgang mit persönlichen Daten, gesundheitlichen Risiken oder strukturellen sozio-digitalen Ungleichheiten zeigen.

Unsere Untersuchung zeigte, dass Fähigkeiten und Wissen zum Umgang mit digitalen Medien unter den teilnehmenden Jugendlichen ungleich verteilt waren und diese Unterschiede bestehenden sozio-ökonomischen Differenzen unter den Jugendlichen entsprachen. Während einige sich autodidaktisch bereits umfassendes Wissen in der Musikproduktion, im Videoschnitt oder im Umgang mit Online-Streaming und Datenschutz angeeignet hatten und so auch starke digitale Problemlösekompetenzen aufwiesen, wurden bei anderen Wissenslücken sichtbar, etwa bei der grundlegenden Bedienung von Smartphones. Hinzu kam etwa auch unterschiedliches Wissen in Bezug auf Datenschutz: Während vereinzelt Teilnehmer:innen darüber berichteten, auch intime Fotos zu teilen, hatten andere Bedenken, sich im Rahmen der Studie aufnehmen zu lassen. Einige der jugendlichen Teilnehmer:innen berichteten zudem von Erfahrungen mit Online-Mobbing oder Online-Betrug. Darüber hinaus bestanden Unsicherheiten im Umgang mit Fake News und Verschwörungstheorien.

Aus Gesprächen mit Expert:innen der Jugendarbeit im Zuge der Forschung ging hervor, dass die regelmäßige Auseinandersetzung mit Erfahrungen im Netz nicht nur in der Jugendberufshilfe[3] (dem gegenständlichen Forschungsfeld), sondern auch in der Offenen Jugendarbeit einen wichtigen Teil der beruflichen Praxis

---

[3] Unter Jugendberufshilfe verstehen wir ein sozialpädagogisches Handlungsfeld an der Schnittstelle von Arbeitsmarktpolitik, (beruflicher) Bildung und Jugendhilfe im Kontext des sogenannten Übergangssystems (vgl. Verlage/Walther 2021:1088) – d. h. Übergang von der Schule in eine Berufsausbildung, während der Ausbildung und/oder beim Übergang in Erwerbsarbeit. Dazu zählen alle sozialpädagogisch begleiteten Angebote, die junge Menschen – insbesondere solche, die als (potenziell) benachteiligt gelten, unterstützen (vgl. Enggruber/Fehlau 2018:40).

einnehme. Dabei zeigt sich, dass Fragen der Digitalisierung im Hinblick auf die Auswirkungen des digitalen Wandels sowie eine kritische Auseinandersetzung mit der Anwendung digitaler Medien, deren Risiken und Nutzung im Alltag der befragten Expert_innen bereits berücksichtigt werden (vgl. z. T. auch Renner/Stefan 2024:141–143).

Vor diesem Hintergrund stellen wir uns mit dem vorliegenden Beitrag die weiterführende Frage, welche Rolle eine Auseinandersetzung mit Theorie und Praxis im Kontext der Digitalisierung – am Beispiel digitaler Bildungsprozesse in der Jugendarbeit – in der Ausbildung von Sozialarbeiter:innen und Sozialpädagog:innen spielt bzw. spielen könnte – oder sollte. In unserer Arbeit und beim Verfassen des Artikels sind wir immer wieder auf den Widerspruch gestoßen, mit dem sich die Soziale Arbeit als Disziplin und Profession konfrontiert sieht: Auf der einen Seite ist die Soziale Arbeit ein zentraler Bestandteil wohlfahrtsstaatlicher und damit herrschaftsförmig organisierter Politik und damit auch Teil von Regierungshandeln (vgl. Kessl 2006, 2020; Hirschfeld 2011; Seithe 2012), auf der anderen Seite kommt der Sozialen Arbeit als Menschenrechtsprofession (vgl. z. B. Staub-Bernasconi 2018) die Rolle zu, sich für Menschenrechte und soziale Gerechtigkeit einzusetzen und damit auch Kritik an gesellschaftlichen Herrschaftsverhältnissen zu üben.

Der Umgang mit diesem Widerspruch ist auch im Rahmen der Frage nach Digitalisierung und ihrer Rolle für die Soziale Arbeit relevant. So betonen etwa Beranek et al. (2019: 227), dass Soziale Arbeit als Disziplin, die sich der Förderung sozialer Gerechtigkeit und der Verteidigung von Menschenrechten widmet, eine gesellschaftspolitische und aufklärerische Funktion im Umgang mit Digitalisierung übernehmen sollte. Trotz oder vor allem auch durch die Involviertheit in herrschende politische Kräfte kapitalistischer Gesellschaftssysteme können Professionist:innen Sozialer Arbeit, wie auch Seithe (2012:400–401) unterstreicht, nicht neutral bleiben, sondern haben qua ihrer Profession die Aufgabe und die Möglichkeit, soziale Problemlagen, unzureichende Bedingungen etc., aufzuzeigen und hier Veränderung anzutreiben. Demgegenüber kritisieren etwa Kessl (2020, 2006) oder Hirschfeld (2011:100–101) individualisierende oder depolitisierende Tendenzen in der Sozialen Arbeit. Sie ergeben sich daraus, wenn die sozialen Probleme der Einzelnen individuell bearbeitet werden und nicht ihre verursachenden ökonomischen Bedingungen Gegenstand der sozialarbeiterischen Praxis sind. Auch Burzlaff (2022) betont die Aufgabe der Sozialen Arbeit, sich mit dem Widerspruch zwischen ihrem Anspruch als Menschenrechtsprofession und ihrer Funktion als Herrschaftsinstrument innerhalb gesellschaftlicher Strukturen auseinanderzusetzen, und regt wie auch Seithe (2012) an, sich bewusst mit dieser

Herausforderung und möglichen Veränderungen zu beschäftigen (S. 69). Vor diesem Hintergrund erfordert auch der Umgang mit digitalen Medien eine kritische Auseinandersetzung in der Sozialen Arbeit, und die Antwort auf unsere Frage ist angesichts des zentralen Widerspruchs keine einfache, sollte es denn überhaupt *eine* geben.

In diesem Sinne fragt der vorliegende Beitrag, welche Rolle eine kritische Beschäftigung mit Theorie und Praxis der Digitalisierung in der Ausbildung von Sozialarbeiter:innen und Sozialpädagog:innen – mit besonderem Fokus auf die Arbeit mit Jugendlichen – spielen könnte, aber auch, wie dabei die Rolle der Sozialen Arbeit ins Auge gefasst werden könnte.

In weiterer Folge möchten wir, ausgehend von einer knappen Analyse der politischen Ökonomie des digitalen Kapitalismus, zunächst gesellschaftliche Transformationen und Widersprüche im Kontext der Digitalisierung sowie entsprechende Veränderungen in der Sozialen Arbeit in den Blick nehmen. In einem nächsten Schritt setzen wir uns mit der spezifischen Betroffenheit von Jugendlichen in Bezug auf Digitalisierung auseinander und legen dar, welche Antworten hier schon in der Kinder- und Jugendarbeit diskutiert werden. Anschließend betrachten wir die Bedeutung der Digitalisierung für die Ausbildung im Bereich der Sozialen Arbeit und durchleuchten dafür u. a. Curricula in Österreich, um in einem letzten Schritt die aufgeworfene Frage zu diskutieren.

2   Wie ein digitaler Kapitalismus die politische Ökonomie transformiert

Im Rahmen dieses Artikels bezeichnet der Begriff „Digitalisierung" weit mehr als die technische Umwandlung analoger in digitale Prozesse. Digitalisierung ist ein umfassender gesellschaftlicher, kultureller und struktureller Wandel, der zwar durch technologische Prozesse vermittelt wird, aber tiefgreifende Auswirkungen auf Gesellschaft, Kommunikation, Ökonomie, Arbeits-, Macht- und Herrschaftsverhältnisse hat (s. u. 2.1–2.3). Dieser Wandel, der sich innerhalb von zwei bis drei Jahrzehnten sehr rasch vollzogen hat und sich weiterhin in großer Geschwindigkeit fortsetzt (vgl. Dijk 2020), ist nicht isoliert von den spezifischen Bedingungen einer kapitalistischen Produktionsweise zu betrachten. Zur Erläuterung: Digitale Transformationsprozesse sind in eine politische Ökonomie eingebettet, die durch die Notwendigkeit für kapitalistische Unternehmen, Profite zu steigern, und die damit zusammenhängende strukturelle, ökonomische Abhängigkeit von Lohnarbeit geprägt ist. Somit steht die Digitalisierung im Kontext einer gesellschaftlichen Formation, die durch die Akkumulation von Kapital und die strukturelle Abhängigkeit der Arbeit von dieser Ordnung bestimmt ist. Wie auch Dander et al. (2020) betonen, ist eine solche Perspektive zentral, um Digitalisierung nicht als ein zufällig in der Geschichte entstandenes technisches Phänomen zu betrachten, an das sich Institutionen und Individuen anzupassen haben, sondern aus ihrem Kapitalverhältnis heraus, d. h. „Digitalisierung mit Blick auf seine kapitalistische Zweckbestimmung durch die Kapitalakkumulation zu kontextualisieren" (ebd.:24). Eine rein technische Betrachtung, so Dander et al., führe zu einer defizitären Analyse, die die gesellschaftlichen und ökonomischen Implikationen von Digitalisierung ausblendet – ein Ergebnis, das auch im Forschungsprojekt „Digital Spaces" in Auseinandersetzung mit Jugendlichen und Expert:innen beobachtet wurde (vgl. Renner/Stefan 2024).

Dan Schiller (1999) beschreibt mit dem Begriff des „digitalen Kapitalismus" ein System, in dem durch die Liberalisierung und Privatisierung der Telekommunikationsinfrastruktur in den 1990er-Jahren globale Netzwerkstrukturen entstanden, die es transnationalen Unternehmen ermöglichen, ihre Produktion und ihren Handel grenzüberschreitend zu optimieren. Diese Transformation hin zu marktwirtschaftlich dominierten Systemen wurde von Unternehmen des militärisch-industriellen Sektors vorangetrieben. Ziel war es, ein möglichst liberales, wirtschaftsweites Netzwerk für diverse Geschäftsprozesse zu schaffen, während diese Prozesse nicht zum Gegenstand gesellschaftlicher oder politischer Debatten gemacht werden sollten (vgl. ebd.).

Darauf aufbauend analysiert Philipp Staab (2019), dass die Digitalisierung mit einer neuen Konzentration ökonomischer Macht einhergeht und in der Kommerzialisierung des Internets liegt, wo inzwischen eine sehr kleine Zahl sehr großer Unternehmen den Zugang zu Gütern, Dienstleistungen und Infrastruktur kontrolliert. Unternehmen wie Google, Amazon, Facebook und Apple haben mit den von ihnen entwickelten Plattformen Strukturen geschaffen, die den klassischen kapitalistischen Prinzipien von freier Konkurrenz und dezentralen Marktmechanismen widersprechen. Knappheiten spielen für sie kaum eine Rolle, denn ihre digitalen Güter (Daten, Algorithmen etc.) sind schier unendlich zu verschwindend geringen Kosten reproduzierbar, was sie von Unternehmen, die analoge Güter produzieren, unterscheidet. Staab bezeichnet dies als eine „Ökonomie der Unknappheit": „Wie viel produziert wird, hängt nicht in relevantem Ausmaß von der Verfügbarkeit von Ressourcen oder Kapital ab" (ebd.:60). Basierend auf Skalen- und Netzwerkeffekten[4] wird für sie der Wettbewerb praktisch ausgeschaltet – gleichzeitig agieren sie nicht mehr auf Märkten – sie *sind* selbst zu Märkten geworden (S. 23), die

---

[4] Skaleneffekte im digitalen Kapitalismus ermöglichen es Unternehmen, durch geringe Grenzkosten (d. h. Kosten für jede weitere produzierte Einheit) und große Mengenproduktion Kostenvorteile zu erzielen. Netzwerkeffekte führen dazu, dass der Nutzen digitaler Produkte

Informationen, Zugang, Leistungen und Preise (gegenüber Produzent:innen als auch gegenüber Konsument:innen) und damit auch die Verteilung von Profiten kontrollieren.

Digitalisierung, so Sabine Pfeiffer (2021), hat aber nicht nur die Produktion, sondern auch die Verteilung von Ressourcen, Gewinnen und Macht grundlegend verändert. Die Digitalisierung schafft neue Möglichkeiten für Unternehmen, Wertschöpfungsprozesse zu optimieren, Märkte zu kontrollieren und Gewinne zu maximieren, indem sie ihnen erlaubt, die Distribution von Waren, Dienstleistungen und Informationen strategisch zu steuern. Pfeiffer sieht die Digitalisierung als ein Werkzeug, das besonders gut zur Verstärkung bestehender kapitalistischer Dynamiken eingesetzt wird. Vier zentrale sogenannte „Distributivkräfte" sind dafür entscheidend: (1) eine präzisere Steuerung von Produktion, Logistik und Arbeitskräften; (2) die Möglichkeit, Kund:innenpräferenzen oder Markttrends über Algorithmen oder den Einsatz künstlicher Intelligenz besser vorherzusagen; (3) die Analyse von Nutzer:innendaten, die zur Optimierung von Werbung, Marketing und damit zusammenhängenden Ausgaben und Einnahmen führt; (4) digitale Marketingstrategien, die über direkte Kund:innenbeziehungen funktionieren. Diese Entwicklungen haben, so Pfeiffer, weitreichende Konsequenzen, die etwa eine zunehmende soziale Ungleichheit, eine Prekarisierung und Deregulierung von Arbeitsbedingungen oder auch weitreichende ökologische Folgen umfassen. Als Arbeitskräfte und Kund:innen digitaler Unternehmen sind letzten Endes auch Nutzer:innen Sozialer Arbeit diesen Entwicklungen ausgesetzt und von ihnen betroffen.

2.1 Die Kommerzialisierung des Internets und neue Möglichkeiten der Überwachung und Kontrolle

Die zunehmende Kommerzialisierung des Internets hat zur Dominanz des Werbemodells als zentraler Finanzierungsquelle vieler Internetdienste geführt. Diese Entwicklung geht mit einer intensiven Überwachung von Nutzer:innenaktivitäten und der massenhaften Sammlung detaillierter Daten einher, wie Nick Srnicek und

---

und Dienstleistungen mit der Anzahl der Nutzer:innen steigt, was die Marktmacht von bereits existierenden Metaplattformen verstärkt und es neuen Plattformen erschwert, sich durchzusetzen. Beispiel Facebook: Je mehr Nutzer:innen sich auf der Plattform befinden, desto wertvoller wird die Plattform für jede:n Einzelne:n; oder Google Maps: Die Präzision der Verkehrsdaten steigt mit der Anzahl der Nutzer:innen. Dadurch ist es für neue Plattformen schwierig, sich zu etablieren (vgl. Staab 2019).

Ursel Schafer (2018) herausarbeiten. Digitale Plattformen erweitern ihre Datenerfassungsaktivitäten kontinuierlich, um sich Wettbewerbsvorteile zu schaffen. Die Daten dienen etwa dazu, Algorithmen zu trainieren, Arbeitskräfte zu koordinieren, Produktionsprozesse zu optimieren und personalisierte Werbung zu schalten. Srnicek und Schafer vergleichen Daten mit einem Rohstoff wie Erdöl – einer Ressource, die gehandelt wird und als bedeutende Quelle für Wachstum und Profit dient (vgl. ebd.:42).[5] Zusätzlich zur Monetarisierung durch Datenhandel und Schaltung von Werbung ermöglicht es die umfassende Datensammlung Plattformen wie Google und Facebook, ihr Online-Geschäft entlang datenbasierter Algorithmen auszurichten. Das Geschäftsmodell dieser Plattformen basiert auf der langfristigen Bindung der Nutzer:innen sowie auf der Maximierung deren Interaktion mit der Plattform. Dies gelingt besonders mittels emotional aufgeladener Inhalte, u. a. nicht zuletzt in Form von Fake News, Verschwörungstheorien, Hate Speech und anderen polarisierenden Inhalten (vgl. Persily/Tucker 2020)[6].

Shoshana Zuboff (2019) beschreibt mit dem Begriff des „Überwachungskapitalismus", wie Unternehmen systematisch Daten über das Verhalten von Menschen extrahieren, analysieren und monetarisieren, um Vorhersagen über zukünftiges Verhalten zu treffen und dieses durch subtile Mechanismen wie Gamification, die Gestaltung süchtig machender Benutzer:innenoberflächen oder personalisierte Inhalte in eine bestimmte Richtung zu lenken. Diese Form der „instrumentaristischen Macht", wie Zuboff diese Entwicklung nennt, und die Form, wie gesellschaftlich Informationen zur Verfügung gestellt werden, haben letztlich Auswirkungen auf unsere Autonomie, Demokratie und unsere Gesellschaften als

---

[5] Eine mögliche für die Soziale Arbeit direkt relevante Problematik des Datenhandels zeigt etwa der Fall der „Veritas Society" auf: Ab 2019 kauften radikale Abtreibungsgegner:innen Standortdaten von Besucher:innen US-amerikanischer „Planned Parenthood"-Kliniken, die Schwangerschaftsabbrüche vornehmen, von einem indischen Unternehmen. Mit diesen Daten wurden gezielt „Pro Life"-Inhalte über Apps an Betroffene ausgespielt, um ihre Entscheidung über eine Abtreibung zu beeinflussen. Nach öffentlicher Kritik stellte die Datenanalysefirma Near 2022 die Aktivität ein. Zu diesem Zeitpunkt waren jedoch bereits über 14 Mio. personalisierte Anzeigen zugestellt worden waren (vgl. Tau 2023).

[6] Das CCDH (Center for Countering Digital Hate) hat ermittelt, dass YouTube jährlich mindestens 13,4 Mio. US-Dollar an Werbeeinnahmen mit Kanälen generiert, die den Klimawandel leugnen (vgl. CCDH 2024). Gleichzeitig erwirtschafteten die „Toxic Ten" – die zehn zentralen Plattformen der Klimawandelskepsis mit insgesamt 186 Mio. Followern – im Jahr 2020 innerhalb von sechs Monaten 3,6 Mio. US-Dollar durch Google-Werbung (vgl. CCDH 2021). Diese Studien zeigen, dass diese Monetarisierung von Fehlinformationen, verstärkt durch algorithmische Anreize, auch in anderen Bereichen starke gesellschaftliche Auswirkungen hatte: Dazu zählen etwa auch Impfskepsis, Wahlausgänge oder das Anheizen politischer und kriegerischer Konflikte.

Ganzes, denn sie beeinflussen Entwicklungen wie etwa Impfskepsis, Wahlausgänge und heizen Rechtsextremismus sowie politische und kriegerische Konflikte an.

2.2 Neuorganisierung und Prekarisierung von Arbeitsbedingungen

Eine der zentralsten Auswirkungen ist auch die in bestimmten Bereichen bereits stattfindende Neuorganisierung und Prekarisierung von Arbeitsbedingungen und -verhältnissen. Staab (2019) etwa nutzt den Begriff des „algorithmischen Managements". Dieses dringt in immer mehr Arbeitsbereiche vor und führt zu einer Verdichtung und Beschleunigung von Arbeitsprozessen, die intensiver kontrolliert werden, was mit steigendem Druck auf und einem Verlust von Autonomie und Handlungsspielräumen für die Beschäftigten einhergeht (vgl. ebd.:57–61, 63). Zunehmende Prekarisierung der Arbeit und die automatisierte Lohnrepression[7] sind weitere Folgen dieser Entwicklung. Staab warnt davor, dass die Leitunternehmen des digitalen Kapitalismus durch ihre Kontrollmechanismen die Arbeitsbedingungen für viele Menschen verschlechtern und die soziale Ungleichheit verschärfen. Dies gilt auch mit Blick auf den globalen Maßstab, wenn man etwa die „moderne Sklaverei", die Verhältnisse der Ausbeutung von Arbeitskräften in der globalen Elektronikproduktion, z. B. im Kongo beim Abbau von Mineralien wie Kobalt, Coltan, Gold etc. oder auch bei Unternehmen wie Foxconn, die elektronische Geräte für westliche Konzerne herstellen, betrachtet (Fuchs 2018:690–691).

Die Auswirkungen von Dienstleistungs-Plattformen der Gig-Economy[8] sind auch für Österreich bereits gut erforscht. So arbeiten etwa Griesser et al. (2023) aus Interviews mit Beschäftigten von sechs verschiedenen Plattformen drei Belastungsfaktoren heraus: (1) mangelnde soziale Absicherung durch fehlendes Anstellungsverhältnis, d. h. auch kein Anspruch auf Urlaubs- oder Weihnachtsgeld, keine Arbeitslosen- oder Pensionsversicherung; (2) Stress und Kontrolle, die über

---

[7] Automatisierte Lohnrepression bezeichnet nach Philipp Staab den Einsatz algorithmischer Bewertungs- und Kontrollsysteme am Arbeitsplatz, um das Lohnniveau zu senken, indem etwa die Gehaltshöhe und Verdienstmöglichkeiten von Rankings abhängig sind. Beispielsweise gibt es Gehaltserhöhungen nur für sogenannte „Top Performer:innen".

[8] Die Gig-Economy bezeichnet eine Arbeitsmarktform, in der kurzfristige, projektbasierte oder befristete Aufträge („Gigs") über digitale Plattformen oder direkte Vermittlung vergeben werden. Anstelle fester Arbeitsverhältnisse arbeiten Personen flexibel, oft geringfügig oder in Teilzeit, selbstständig und z. T. für unterschiedliche Auftraggeber:innen.

die Plattformen in Form von Überwachungssystemen, Bewertungssystemen und Sanktionsmechanismen ausgeübt wird; (3) Gefahren und Unfälle, etwa bei Radfahrer:innen im Straßenverkehr, aber auch Übergriffe durch Kund:innen, wovon Frauen und People of Color häufiger berichten als weiße, männlich gelesene Personen (vgl. ebd.:21). Hinzu kommen bei einer Plattform unverständliche Vertragsbedingungen, aber auch die mangelnde Kontrolle von Arbeitszeiten, die etwa durch die Wartezeiten zwischen Aufträgen und durch die unbezahlten notwendigen administrativen Tätigkeiten entstehen. Des Weiteren die Schwierigkeit, sich aufgrund der starken personellen Fluktuation und der räumlichen Verteilung der Angestellten gewerkschaftlich zu organisieren, um bessere Arbeitsbedingungen durchzusetzen (vgl. ebd.).

2.3 Implikationen der Digitalisierung für die Soziale Arbeit

Laut Kutscher (2019), Emanuel und Weinhardt (2019), aber auch Beranek et al. (2019) ist die Soziale Arbeit von Digitalisierung und den Folgen des digitalen Kapitalismus auf mehreren Ebenen betroffen: (1) durch die beschriebenen gesellschaftlichen Auswirkungen digitaler Transformationsprozesse, die Einschnitte in der Arbeitswelt, aber auch Veränderungen in den Lebenswelten sowie der sozialen Teilhabe von Menschen nach sich ziehen. Diese Entwicklungen werfen Fragen zur Entstehung neuer Formen sozialer Ungleichheit auf, die durch einen digitalen Zugang oder Ausschluss verstärkt werden können. (2) Zweitens verändern sich durch die Digitalisierung nicht nur Betroffenheiten und Bedürfnislagen der Nutzer:innen, sondern damit auch die Unterstützungsbedarfe und die Soziale Arbeit selbst. Beispielsweise bringt Digitalisierung auch neue Problemfelder hervor (z. B. Cybermobbing, Cybergrooming etc.), die ebenfalls Anlass von Beratungsgesprächen sind/sein können. (3) Drittens werden digitale Medien in der Sozialen Arbeit sowohl zur Zusammenarbeit mit Nutzer:innen (z. B. bei Online-Beratungsgesprächen) als auch zur Dokumentation verwendet. Dies wirft neben der Möglichkeit asynchroner oder digitaler Erreichbarkeit auch (neue) Fragen für die kontinuierliche fachlich-kritische Reflexion auf, z. B. welche Auswirkungen Programme zur Falldokumentation auf die „Konstruktion eines Falles" haben, aber auch welche datenschutzrechtlichen Auswirkungen mit der digitalen Datenerhebung und -dokumentation einhergehen. Emanuel und Weinhardt (2019:207) sprechen von einer „kulturellen Transformation" der Sozialen Arbeit durch die Digitalisierung, die u. a. auch die Zusammenarbeit zwischen Fachkräften der Sozialen Arbeit und Nutzer:innen betrifft.

In diesem Sinne untersuchen etwa Beranek et al. (2019), wie die Digitalisierung normative Handlungstheorien und Bewältigungsstrategien in der Sozialen Arbeit verändert. Sie zeigen, dass digitale Technologien neue soziale Strukturen mit eigenen Regeln, Werten und Machtverhältnissen schaffen, und identifizieren vier zentrale Problemfelder: (1) Ausstattungsprobleme durch ungleiche digitale Ressourcen; (2) Austauschprobleme aufgrund asymmetrischer Machtverhältnisse zwischen Anbieter:innen und Nutzer:innen; (3) Machtprobleme durch die Kontrolle über Wissen und soziale Anerkennung durch digitale Plattformen sowie (4) Werteprobleme, da die digitale Wirtschaft kapitalgetrieben ethische Prinzipien vernachlässigt. Um diesen Herausforderungen zu begegnen, schlagen sie vier Handlungsebenen für die Soziale Arbeit vor: (1) Nutzer:innen sollen die Möglichkeit haben, digital bedingte Belastungen wie bspw. Online-Mobbing auszudrücken und (2) Erfahrungen digitaler Exklusion bestimmter Gruppen durch die soziale Teilhabe fördernde digital-inklusive Medienprojekte anzuerkennen und sichtbar zu machen. Zudem geht es darum, (3) über eine kritische Auseinandersetzung mit neuen digitalen Machtstrukturen Abhängigkeiten nachvollziehbar zu machen sowie (4) durch Medienbildung und die Förderung alternativer Technologien die Stärkung von Handlungsfähigkeit zu unterstützen. Diese Ansätze sollen dazu beitragen, soziale Ungleichheiten im digitalen Raum zu reduzieren und eine gerechtere Teilhabe zu ermöglichen, so Beranek et al. Diese Ansätze werden in weiterer Folge im Rahmen des vierten Abschnitts dieses Artikels noch einmal aufgegriffen.

Digitalisierung umfasst also nicht nur ein technisches Phänomen, sondern geht mit weitreichenden ökonomischen und damit sozio-politischen Implikationen einher, die Herrschaftsverhältnisse, Arbeitsbedingungen, soziale Interaktion sowie Kommunikation und weitaus mehr verändern und damit Auswirkungen auf die Soziale Arbeit auf unterschiedlichen Ebenen mit sich bringen. Dies betrifft insbesondere die Arbeit mit Jugendlichen, die aufgrund ihrer intensiven Nutzung digitaler Medien als besonders vulnerable Gruppe gelten (vgl. Beranek/Hill/Sagebiel 2019).

3 Mediennutzung von Jugendlichen und digitale Bildung in der Jugendarbeit

Digitale Medien durchdringen und prägen die Lebenswelten von Jugendlichen in einem Maße, wie es bei kaum einer anderen Zielgruppe der Sozialen Arbeit der Fall ist. Die heutige Generation von Jugendlichen wächst mit digitalen Medien auf, die integrale Bestandteile ihres Lebens sind. Digitale Kommunikation und

Interaktion nehmen dabei einen zentralen Stellenwert im Alltag der Jugendlichen ein, wie die jährlichen JIM-Jugendstudien zeigen (vgl. Feierabend et al. 2023 2022 2021). In ihren Lebenswelten sind die „Grenzen zwischen on- und offline" längst verschwommen und beide Bereiche eng miteinander verwoben (vgl. bOJA – bundesweites Netzwerk Offene Jugendarbeit 2021:21–22).

Die mobilen Möglichkeiten der Internetnutzung haben zudem zu einer massiven Zunahme der täglichen Online-Zeit geführt (vgl. Feierabend et al. 2023, 2022, 2021). Gemäß den JIM-Jugendstudien war Fernsehen 1998 das meistgenutzte Medium unter den befragten Jugendlichen zwischen 12 und 19 Jahren, während das Internet nur von 18 % selten und von 9 % einmal wöchentlich genutzt wurde. Die technologische Entwicklung der 2000er-Jahre führte zu einer besseren Ausstattung mit PCs und Mobiltelefonen, was die Internetnutzung unter Jugendlichen stark ansteigen ließ. 2006 lag die tägliche Online-Zeit bei 99 min und 2009 bei 134 min. Mit der Veränderung in der Geräteausstattung durch den Einzug von Smartphones, den Ausbau der Mobilfunknetze und günstige Tarife gewann die mobile Internetnutzung zunehmend an Bedeutung. Social-Media-Plattformen förderten das Teilen selbst erstellter Inhalte wie Fotos und Videos, wodurch die tägliche Online-Zeit 2015 auf 208 min anstieg, 2020 während der Covid-Pandemie mit 258 min ihren Höchststand erreichte und 2023 bei 224 min lag (vgl. Feierabend et al. 2023). Mit nahezu vier Stunden täglicher Online-Präsenz spielt die Internetnutzung eine maßgebliche Rolle im Leben von Jugendlichen.

3.1 Digitale Medien – Herausforderungen, Auswirkungen und Bildungsbedarfe für Jugendliche

Die intensive Nutzung digitaler Medien geht mit Risiken einher, die bei Jugendlichen wiederum in Zusammenhang mit spezifischen Prozessen der (psychologischen) Entwicklung (vgl. z. B. Crone/Konijn 2018) und Besonderheiten des Alters stehen. Dazu zählt etwa die starke Orientierung an Peers, die Phase der Konstruktion einer eigenen Identität, erste sexuelle Erfahrungen oder die Reorganisation sozialer Beziehungen. Diese Prozesse führen zu einer speziellen Verwendung und Betroffenheit in der Nutzung digitaler Medien (vgl. Ingram 2023). Andererseits hängt es aber auch mit der besonderen Konfiguration digitaler Medien zusammen, die etwa eine besonders intensive Nutzung fördert und Jugendliche aufgrund ihres Entwicklungsstands noch stärker gefährdet (vgl. ebd.).

Die intensive Mediennutzung wird mit Risiken für die psychische als auch physische Gesundheit (vgl. z. B. Crone/Konijn 2018) in Verbindung gebracht, darunter eine höhere Inzidenz von Symptomatiken in Zusammenhang mit ADHS (vgl. Ra et al. 2018), Übergewicht (vgl. Reid et al. 2016), Auswirkungen auf Schlaf (vgl. Le Bourgeois et al. 2017) und höhere Inzidenzen von Depression und psychischen Erkrankungen im Allgemeinen (vgl. Reid Chassiakos et al. 2016). Hinzu kommen auch Suchterkrankungen, wie etwa die Spielsucht (vgl. Nesi/Telzer/Prinstein 2022).

Darüber hinaus sind negative Erfahrungen von Jugendlichen im Netz häufiger geworden: Während 2013 11 % angeben, bereits negative Erfahrungen im Netz gemacht zu haben, liegt die Zahl im Jahr 2023 bereits bei 33 %, wobei sich diese zuletzt genannten Erfahrungen auf soziale Medien beziehen (vgl. Education Group 2013:42, 56; Education Group 2023:52).

Im Internet entstehen zudem neue Gewaltmuster bzw. übertragen sich bestehende aus dem analogen Leben auf den digitalen Bereich. Dazu zählen etwa Cybermobbing, Cybergrooming, das Online-Stellen von Fotos ohne Einwilligung der abgebildeten Person, das Teilen und Sehen von Gewaltdarstellungen oder Hass im Netz – alles Punkte, von denen Mädchen und Frauen weitaus stärker betroffen sind. Aber auch künstliche Schönheitsideale, die durch Filter und Influencer:innen verstärkt werden, stellen eine ernst zu nehmende Belastung dar. Hinzu kommen Online-Betrug oder Anreizsysteme für In-App-Käufe bei Online-Spielen, die Jugendlichen und ihren Eltern zum Teil sehr hohe Kosten verursachen (vgl. Dühr/Broens 2023).

Obwohl Jugendliche mit dem von Marc Prensky (2001) etablierten Begriff häufig als „Digital Natives" bezeichnet werden, zeigt etwa Schulmeister (2009), dass es hochgradige Unterschiede in Bezug auf Nutzungsfrequenz, Nutzungsmotive und Kompetenzen gibt. Dieses Phänomen der Ungleichverteilung wird auch mit dem Begriff des „Digital Divide" erfasst, der bezüglich digitaler Medien Unterschiede im Zugang, in den Fähigkeiten im Umgang und im Nutzungsverhalten beschreibt, die sich entlang bereits bestehender sozio-ökonomischer Ungleichheiten ausdrücken (vgl. Dijk 2020). Jugendliche besitzen demnach unterschiedliche körperliche, ökonomische und soziale Ressourcen, um mit diesen ausgesprochen vielfältigen Risiken umzugehen, die gesundheitliche, rechtliche, soziale, politische und ökonomische Dimensionen betreffen (vgl. ebd.).

Die Mehrdimensionalität und Diversität an Risiken zeigt, dass das Erlernen eines sicheren und angemessenen Umgangs mit digitalen Medien eine komplexe Angelegenheit darstellt, die von Nutzer:innen umfassendes Wissen verlangt und zusätzlich zu einer technischen Ebene zu beachten und zu erlernen ist, wie dies auch Spanhel auf den Punkt bringt:

> Dazu ist ein Wissen über die Funktionsweise digitaler Medien, die Bedeutung von Algorithmen und Big Data sowie die Geschäftsmodelle der großen Medienkonzerne

und ihre Macht, aber auch prozedurales Wissen zur Steuerung der eigenen Lernprozesse und die Fähigkeit zum Umgang mit der Unsicherheit und Veränderbarkeit des Wissens erforderlich. (Spanhel 2020:109)

Das bOJA[9] (2021) betont in diesem Zusammenhang, dass viele Jugendliche nicht nur Risiken im digitalen Raum nicht erkennen können, sondern ihnen auch die Entfaltung der Potenziale und Chancen des digitalen Wandels verwehrt bleibt. Das Netzwerk sieht hierin einen Auftrag für die Offene Jugendarbeit. Angesichts der Dimension des Phänomens wäre es auch die Aufgabe des Bildungssystems, auf diese umfassenden Entwicklungen zu reagieren.

In Österreich wurde dazu mit der „Digitalisierungsoffensive" (vgl. BMDW 2021) ein Versuch gestartet, Digitalisierung im regulären Bildungssystem zu verankern, indem digitale Fähigkeiten neben Lesen, Schreiben und Rechnen zur vierten Grundkompetenz erklärt wurden, wodurch sie auch fixer Bestandteil von Lehrplänen der Primar- und Sekundarstufe werden sollten. Hinzu kam der Ausbau der digitalen Infrastruktur. Jedoch kritisierte ein Rechnungshofbericht,[10] dass die hohen Kosten nicht durch Standards begleitet wurden, wie diese Infrastruktur im Unterricht eingesetzt werden soll. Auch die diesbezügliche Weiterbildung für Lehrkräfte ist freiwillig. Erst ab 2022/23 startete an den Pädagogischen Hochschulen ein entsprechender Hochschullehrgang, ein Lehramtsstudium ist erst in Planung (vgl. BMBWF o. J.). Im Lehrplan für Mittel- und allgemein bildende höhere Schulen wurde digitale Grundbildung bereits verankert (BGBLA 2022), jedoch ist unklar, wie diese Maßnahmen zu einer Verbesserung der digitalen Grundkompetenzen beitragen (können).

---

[9] bOJA = bundesweites Netzwerk Offene Jugendarbeit in Österreich.

[10] Der Rechnungshof kritisiert in seinem Prüfbericht scharf das Online-Portal „Digitale Schule", das der Kommunikation zwischen Lehrkräften, Schüler:innen und Erziehungsberechtigten dienen sollte. Es wurde von einem privaten Beratungsunternehmen programmiert, aufgrund der geringen Nutzung bereits 2023 wieder offline genommen und durch ein neues Portal ersetzt. Des Weiteren kritisierte er, dass für hohe Summen zwar digitale Endgeräte angekauft und verteilt wurden, das Bildungsministerium jedoch keinerlei Standards festlegte, wie die Geräte pädagogisch eingesetzt werden sollten. Diesbezüglich entstanden große Unterschiede in der Nutzung an Schulen. Auch pädagogisches Personal wurde mit Endgeräten ausgestattet – eine Prüfung für Kärnten ergab aber, dass 15 % der Lehrkräfte ihre Geräte nachweislich nicht aktiviert hatten. In Niederösterreich war eine entsprechende Auswertung aus administrativen Gründen erst gar nicht möglich. Ob die Lehrkräfte digitale Kompetenzen besitzen, um diese auch zu unterrichten, wurde vom Bildungsministerium nicht erhoben (Rechnungshof Österreich 2024).

Es gibt für Lehrende ein Angebot in Form eines MOOC („Massive Open Online Course"), um ihre digitalen Kompetenzen zu testen und sich online weiterzubilden, jedoch ist die Teilnahme freiwillig.

Medienpädagog:innen sind sich einig, so fassen Engartner/Schröder (2020) kritisch zusammen, „dass digitale Bildungsformate nur dann erfolgreich sein können, wenn die technische Aufrüstung der Schulen von pädagogischen Konzepten für digitalisierte Lehr- und Lerninhalte begleitet wird. Bleiben Fort- und Weiterbildungen aus, drohen Lehrkräfte und Schüler:innen von der Digitalisierung überrannt zu werden" (S. 47). Gleichzeitig, so Engartner in seiner letzten Streitschrift, könne die bloße Digitalisierung der Schulen deren chronische Unterfinanzierung oder die Notwendigkeit neuer, fortschrittlicher Lehr- und Lernkonzepte nicht wettmachen (vgl. Engartner 2024).

Ohne kritisch-reflexive Bildung im Bereich der Digitalisierung, wie sie auch von Spanhel (2020) benannt wird, sind Jugendliche den gesellschaftlich veränderten Bedingungen und damit einhergehenden Risiken, die sich von prekären Arbeitsbedingungen über demokratiepolitische Teilhabefragen bis hin zu Gewalt im Netz (im breitesten Sinne) erstrecken, praktisch unvorbereitet ausgesetzt, was einen Umgang damit nicht nur erschwert, sondern zum Teil auch gefährlich macht. Die beschriebenen Bedarfe digitaler (Weiter-)Bildung von Jugendlichen, die sich aus den aktuellen Gegebenheiten ergeben, werden häufig in verschiedenen Feldern der Jugendarbeit sichtbar. Welche Initiativen und Überlegungen im Umgang mit genannten Risiken bereits diskutiert werden und wie diese in der Sozialen Arbeit mit Jugendlichen aufgegriffen werden, wird in den folgenden beiden Abschnitten entlang von Beispielen dargestellt.

3.2 Digitale Bildung – Beispiele aus der Kinder- und Jugendarbeit

In der Kinder- und Jugendarbeit bestehen Ansätze, welche die Selbstverantwortung junger Menschen durch Möglichkeiten von Medienbildung und der Weiterentwicklung von Medienkompetenz adressieren (vgl. z. B. Röll 2020). Kutscher (2021) gibt jedoch zu bedenken, dass sich soziale Ungleichheiten wie Bildungsungleichheiten oder auch Beteiligungsungleichheiten im digitalen Raum reproduzieren und „das Potenzial einer zunehmenden Spaltung im virtuellen Raum" beinhalten können (S. 1438).

Die Digitalisierung stellt bspw. die Jugendberufshilfe vor spezifische Herausforderungen, insbesondere im Spannungsfeld zwischen digitaler Teilhabe, struktureller Selektion und der Wahrung der Datensouveränität junger Menschen. Fachkräfte stehen vor der Aufgabe, sowohl ihre eigenen digitalen und medienpädagogischen Kompetenzen zu reflektieren als auch Jugendliche bei der

Nutzung digitaler Tools für Berufsorientierung, Bewerbungsverfahren und Ausbildungszugänge zu begleiten (vgl. Fehlau/Enggruber 2021:607). Problematisch erscheint hierbei beispielsweise, dass digitale Auswahl- und Testverfahren für Ausbildungsplätze von gleichen Nutzungskompetenzen aller Bewerber:innen ausgehen, während insbesondere Jugendliche in der Jugendberufshilfe häufig bereits Exklusionserfahrungen gemacht haben und nicht über die erforderlichen digitalen Ressourcen oder Kenntnisse verfügen können (vgl. ebd.:601–603). Darüber hinaus sind Fachkräfte gefordert, junge Menschen für den Umgang mit ihren personenbezogenen Daten in Bewerbungsprozessen zu sensibilisieren, da digitale Bewerbungsverfahren oft mit einer langfristigen Speicherung sensibler Informationen auf unternehmenseigenen Servern verbunden sind (vgl. ebd.:603). Dies wirft ethische Fragen hinsichtlich der Kontrolle persönlicher Daten und der Transparenz algorithmischer Auswahlprozesse auf.

Ein weiteres zentrales Spannungsfeld liegt in der zunehmenden Nutzung fachspezifischer Software für „Förderplanung, Falldokumentation und Kommunikation" mit Kostenträger:innen, die das professionelle Handeln der Fachkräfte beeinflusst (vgl. ebd.:606). Hier besteht das Risiko, dass institutionelle Vorgaben der Fördergebenden stärker die Praxis bestimmen als die subjektiven Bedürfnisse und Wünsche der Jugendlichen. Dies erfordert, wie auch weiter oben angesprochen, eine systematische Auseinandersetzung mit den Auswirkungen solcher Dokumentations- und Steuerungssysteme auf die sozialpädagogische Arbeit sowie die Entwicklung von Strategien, um eine verständigungsorientierte, partizipative Begleitung junger Menschen sicherzustellen. In der Offenen Jugendarbeit ist digitale Jugendarbeit laut bOJA (2021) und Kutscher (2021:1439) bereits integraler Bestandteil und „[…] zeigt sich gegenwärtig in zahlreichen Medienprojekten, Medienblogs, Fachtagungen, Fortbildungs- und Weiterbildungsmöglichkeiten rund um die digitale Jugendarbeit" (bOJA – bundesweites Netzwerk Offene Jugendarbeit 2021:22). Helbig (2017) ergänzt, dass die „Förderung von Medienkompetenz und Medienbildungsprozessen vermehrt in das Angebotsspektrum der Kinder- und Jugendarbeit aufgenommen" (S. 174) worden sind.

Es bleibt jedoch unklar, wie dadurch die weiter oben angesprochene Komplexität des Phänomens adressiert und Wissen für den Umgang damit weitergegeben wird, insbesondere wenn es auch darum gehen soll über eine individuelle Bearbeitung sozio-digitaler Problemlagen hinauszugehen und stärker auch Herrschaftsverhältnisse in den Blick und in die Veränderung zu bekommen. Einen Ansatzpunkt dafür könnten die Qualitätsstandards für die stationäre Kinder- und Jugendhilfe (vgl. FICE Austria 2019) darstellen. Sie unterstreichen die Notwendigkeit umfassender medienpädagogischer Grundkenntnisse von Fachkräften und ausreichend Raum für Reflexion und Fortbildung. Empfohlen wird, eine entwicklungs- und bedarfsgerechte Begleitung zur sicheren Mediennutzung. Diese soll sowohl die Aneignung notwendiger Kompetenzen zur Nutzung digitaler Medien für bildungsrelevante und persönliche Ziele, als auch die Aufarbeitung negativer Erfahrungen in und mit digitalen Medien unterstützen. Die Qualitätsstandards setzen dabei vor allem auf Bildung sowie auf die Begleitung bereits gemachter Erfahrungen im digitalen Raum und bieten eine Grundlage zum Weiterdenken.

4 Digitalisierung in der Ausbildung zu Sozialer Arbeit

Die besondere Betroffenheit von Jugendlichen im Kontext der Digitalisierung sowie die angesprochenen Ansätze im Umgang damit stellen wichtige Ausgangspunkte dar, um Fragen an die Ausbildung der Sozialen Arbeit zu richten.

Vor diesem Hintergrund stellt sich die Frage, welches Wissen und Können, welche Haltung und Reflexionsfähigkeiten Fachkräfte im Umgang mit den Ambivalenzen zwischen digitalen Möglichkeiten und Risiken benötigen. Im Folgenden stellen wir einige Überlegungen diesbezüglich an.

4.1 Ansätze zur Berücksichtigung der Digitalisierung in der Ausbildung zu Sozialer Arbeit

Emanuel und Weinhardt (2019) betonen die Bedeutung des Erwerbs eines fachlich adäquaten Umgangs mit digitalen Medien für Fachkräfte Sozialer Arbeit sowie der Entwicklung von Reflexionskompetenz und einer klaren Haltung im Umgang mit diesen. Aufbauend auf dem Kompetenzmodell von Maja Heiner (2010) schlagen sie vor, digitale Kompetenzen auf den Ebenen der Selbstkompetenz, Fallkompetenz und Systemkompetenz zu fördern. Dabei erläutern sie, dass „ein wachsender Korpus guter Lehrbücher und empirischer Befunde" (Emanuel/ Weinhardt 2019:212) vor allem die Ebene der Fallkompetenz – welche die unmittelbare Zusammenarbeit mit Nutzer:innen betrifft, adressiert, während Selbst- und Systemkompetenzen[11] weniger in den Fokus gerückt werden. Die digitale Selbstkompetenz – also die Fähigkeit, die eigene Mediennutzung kritisch zu

---

[11] Unter „Systemkompetenz" verstehen Emanuel und Weinhardt (2019) in diesem Zusammenhang die Fähigkeit von Fachkräften, „ihre Dienste und Organisationen aktiv auf die Digitalisierung einzustellen" (S. 212).

hinterfragen und das Verständnis für systemische Zusammenhänge in digitalen Kontexten – sollte jedoch verstärkt in den Fokus der Ausbildung rücken (vgl. ebd.).

In der Literatur zu Digitalisierung in der Sozialen Arbeit und den daraus resultierenden Anforderungen an die Ausbildung fällt auf, dass neben Potenzialen wie bspw. der Nutzung von Digitalisierung als technologischem Hilfsmittel bei administrativ-bürokratischen Aufgaben, den Möglichkeiten von Online-Beratung oder der Verwendung von Social Media in sozialen Einrichtungen (vgl. Bertsche/Como-Zipfel 2017) u. v. m. zahlreiche Publikationen insbesondere die damit verbundenen Herausforderungen thematisieren (vgl. Bertsche/Como-Zipfel 2017; Beranek/Hill/Sagebiel 2019; Emanuel/Weinhardt 2019; Kutscher 2019; Helbig/Roeske 2020; Mittmann et al. 2023). Emanuel und Weinhardt (2019:205–208) benennen diesbezüglich drei zentrale Herausforderungen für Ausbildungsangebote: (1) Die Halbwertszeit von reinem Faktenwissen über Digitalisierung ist sehr kurz, da sie einem stetigen Wandel unterliegt. (2) Die komplexen Sachverhalte Sozialer Arbeit mit ihren fachlichen Logiken sind mit den hochkomplexen Themen der Digitalisierung zu verknüpfen. (3) Es besteht eine Parallelität „unterschiedlich digitalisierungsaffiner Fachkräftegenerationen" (ebd.:207).

Eine Frage ist aber, wie die heterogenen digitalen Kompetenzlücken gefüllt werden können. „Weil vieles im Alltag vorhanden ist und genutzt wird" (Emanuel/Weinhardt 2019:213), bleibe häufig der Erwerb eines fachlich adäquaten Umgangs und die Reflexion der Verwendung digitaler Medien aus (ebd.). Indes konstatieren Helbig und Roeske (2020:334), dass „ein umfassendes Qualifikationsprofil zum fachlichen Handeln mit digitalen Medien und Technologien in der Sozialen Arbeit" bislang fehle. Sie plädieren dafür, medienpädagogische Inhalte systematisch in die Aus- und Weiterbildung zu integrieren (S. 335–336). Auch Bertsche und Como-Zipfel (2017) betonen, insbesondere im Hinblick auf die Praxis der Kinder- und Jugendarbeit, den Bedarf an medienpädagogischen Grundlagen in der Ausbildung Sozialer Arbeit. Diese sollte ein Bewusstsein für Möglichkeiten und Risiken digitaler Technik sowie einen „selbstbestimmten, verantwortlichen und kritischen Umgang mit Medien und den durch sie bedingten Phänomenen" (S. 251–252) vermitteln. Mittmann et al. (2023) kommen für Deutschland zu dem Schluss, dass bezüglich der Verankerung von Digitalisierung in Studiengängen der Sozialen Arbeit weiterhin Nachholbedarf bestehe. Emanuel und Weinhardt sprechen sich für eine „Beschäftigung mit Digitalisierung" als „selbstverständiger Bestandteil" von Studiengängen aus, welche die rasante technische Entwicklung und die rasche Wandlung von Inhalten besonders berücksichtigt (2019:214).

Zusammenfassend zeigt sich, dass dem Erwerb umfangreicher digitaler Kompetenzen in der Ausbildung von Fachkräften der Sozialen Arbeit ein hoher Stellenwert zukommen sollte. Besonders die Fähigkeit, die eigene Mediennutzung kritisch zu hinterfragen, und das Verständnis für systematische Zusammenhänge in digitalen und gesellschaftlichen Kontexten sollten verstärkt in der Ausbildung adressiert werden. Um Fachkräfte auf die Herausforderungen im Zusammenhang mit Digitalisierung vorzubereiten, bedarf es darüber hinaus einer curricularen Verankerung medienpädagogischer Inhalte sowie einer reflexiven Auseinandersetzung mit den dynamischen Veränderungen digitaler Technologien.

Vor diesem Hintergrund stellt sich die Frage: Wie ist Digitalisierung derzeit in den Curricula der Ausbildung Sozialer Arbeit abgebildet? Die Situation in Österreich zeigt ein heterogenes Bild: Eine Sichtung von Curricula berufsqualifizierender Studiengänge der Sozialen Arbeit und Sozialpädagogik entlang von verfügbaren Informationen auf Webseiten zeigt, dass das Thema Digitalisierung in unterschiedlicher Form in den Curricula vorhanden ist.[12] Während es in einigen Curricula keine explizite Erwähnung findet, ist es in anderen umfassend abgebildet, etwa durch Wahlfächer, thematische Lehrveranstaltungen oder als Querschnittsmaterie in verschiedenen Modulen.[13] Ein Beispiel für eine umfassende Verankerung digitaler Themen bietet der Bachelor-Studiengang Soziale Arbeit an der FH Oberösterreich Campus Linz (o. J.), der mit 7,5 ECTS in diesem Bereich den höchsten Umfang aufweist. Hier umfasst das Modul „Berufliche Handlungskompetenz" Themen wie den Einsatz von Algorithmen, künstlicher Intelligenz und Fachsoftware, Datenschutz, Online-Beratung sowie die Reflexion von Exklusions- und Inklusionsprozessen durch Digitalisierung. Ziel ist es, dass die Studierenden Methodenwissen für die Begegnung mit Klient:innen in digitalen Lebenswelten entwickeln und Angebote für den digitalen Raum erarbeiten.

---

[12] Recherchiert wurden neun österreichische Bachelor-Studiengänge für Soziale Arbeit: FHV Vorarlberg (o. J.), MCI Innsbruck (o. J.), FH Salzburg (o. J.), FH Oberösterreich Campus Linz (o. J.), FH Campus Wien (o. J.), Hochschule Burgenland (o. J.), FH Joanneum Graz (o. J.), FH Kärnten (o. J.), FH St. Pölten (o. J.), zwei Bachelor-Studiengänge für Sozialpädagogik: KPH Edith Stein, Innsbruck (o. J.), FH St. Pölten (o. J.), sowie zwei Master-Studiengänge für Sozialpädagogik MA Studiengang Sozialpädagogik und soziale Inklusion, Universität Klagenfurt (o. J.), MA-Studiengang Sozialpädagogik, Universität Graz (o. J.).

[13] Wenngleich sich aus der Durchleuchtung der Curricula die konkreten Lehrinhalte nicht vollständig entnehmen lassen und von einer Behandlung des Themas als Querschnittsmaterie in verschiedenen Modulen ausgegangen werden kann, liegt der Schluss nahe, dass an den einzelnen Ausbildungsstandorten eine unterschiedliche Tiefe und/oder Schwerpunktsetzung in der Auseinandersetzung mit dieser Materie besteht.

Andere Standorte, wie der Bachelor-Studiengang Sozialpädagogik an der Fachhochschule St. Pölten (o. J.), widmen sich in Lehrveranstaltungen wie „Medienpädagogik und Digitalisierung" Themen wie den rechtlichen Rahmenbedingungen von Cybermobbing, der Analyse digitaler Kommunikationsformen oder der Entwicklung medienpädagogischer Konzepte. Wahlfächer wie „Digitalisierung und Alltagskultur" an der Universität Klagenfurt bspw. haben zum Ziel, die Perspektiven auf digitale Transformationsprozesse zu erweitern. Umfangreiche Forschungsaktivitäten[14] an den unterschiedlichen Hochschulen in Österreich zeigen, dass eine kritische Auseinandersetzung und ein reflexiver Diskurs zur Thematik von Digitalisierung in der Sozialen Arbeit verfolgt wird. Auf Basis dieser Befunde lässt sich der Schluss formulieren, dass Digitalisierung in den einzelnen Studiengängen zwar Berücksichtigung findet, diese jedoch eher fragmentiert und weniger systematisch implementiert zu sein scheint. Wie und in welcher Form Digitalisierung als Schwerpunkt an den einzelnen Ausbildungsstandorten adressiert wird, lässt sich an dieser Stelle nicht abschließend beantworten und bleibt eine offene Forschungsfrage.

Um in der Lehre mit den regelmäßigen Innovationen digitaler Medien halbwegs mitzuhalten, den stetig wachsenden Forschungsstand im Bereich der Digitalisierung und ihrer Auswirkungen berücksichtigen sowie die Möglichkeiten und Herausforderungen im Zusammenhang mit digitaler Technologie aufgreifen zu können (vgl. Bertsche/Como-Zipfel 2017), wären dynamische, weiterentwickelbare Curricula notwendig.

4.2 Zentrale Ebenen der Auseinandersetzung mit Digitalisierung in der Ausbildung

Entlang der bereits diskutierten Ansätze aus der Sozialen Arbeit sowie der Kinder- und Jugendhilfe und Bezug nehmend auf die eingangs gestellte Frage, welche Rolle Digitalisierung in der Ausbildung von Sozialpädagog:innen und Sozialarbeiter:innen spielen kann, während sie auch ihre widersprüchliche Rolle im Blick behält, wird deutlich, dass sich eine Reihe von Fragen ergeben, die eine kritische Auseinandersetzung mit technologischen, gesellschaftlichen und ethischen Dimensionen der Digitalisierung erfordern (vgl. auch Beranek et al. wie unter 2.3 andiskutiert). Dabei wird ersichtlich, dass die Auseinandersetzung mit Digitalisierung in der Ausbildung mehrere Ebenen umfasst, auf denen sich unterschiedliche, aber miteinander verknüpfte Fragen stellen. Diese betreffen sowohl

---

[14] Exemplarische Beispiele: FH Oberösterreich, Universität Graz, FH. St. Pölten etc.

die Analyse veränderter gesellschaftlicher Herrschaftsverhältnisse, medienpädagogische Konzepte und digitale Teilhabe als auch die Reflexion individueller Erfahrungen im Netz und die methodischen sowie ethischen Herausforderungen der Online-Arbeit.

Basierend auf der Diskussion unter Abschn. 2 scheint eine zentrale Herausforderung in den **veränderten Herrschaftsverhältnissen** zu liegen, die sich durch digitale Technologien manifestieren und sich insbesondere im Kontext einer politisch-ökonomischen Analyse besser erfassen lassen. Folgende Fragen wären dann zu stellen: Inwiefern verstärkt die Digitalisierung bestehende soziale Ungleichheiten? Welche neuen Herrschaftsverhältnisse und Machtkonstellationen entstehen durch die Privatisierung digitaler Infrastrukturen, durch digitale Plattformökonomien, die Kommerzialisierung des Internets, algorithmisches Management und Entscheidungsprozesse oder neue Kontrollmöglichkeiten? Wie sind Nutzer:innen der Sozialen Arbeit, Sozialpädagog:innen/Sozialarbeiter:innen und die Soziale Arbeit als Disziplin und Profession davon betroffen? Damit verbunden ist die Überlegung, inwiefern ein „politisches Mandat" der Sozialen Arbeit sich in der Auseinandersetzung mit Digitalisierung verändert und welche Handlungsspielräume entstehen oder eingeschränkt werden. Welche Widersprüche entstehen, wenn digitale Technologien sowohl Teil sozialer Problemlagen als auch Werkzeuge sozialer Interventionen sind? Die Bearbeitung dieser Fragen könnte ein grundlegendes und tiefer gehendes Verständnis veränderter politischer Ökonomien und Herrschaftsverhältnisse bieten und eine Grundlage darstellen, Betroffenheiten, sozio-politische Verflechtungen (inkl. jener der Sozialen Arbeit) sowie die eigene Praxis gezielt einzuschätzen, um so Veränderungspfade aus ihrer (Nicht-)Herrschaftsförmigkeit heraus denken zu können.

Neben der Analyse struktureller Bedingungen und Veränderungen bedarf es auch einer **Auseinandersetzung mit medienpädagogischen Inhalten und Medienbildung** in der Ausbildung. Es stellt sich die Frage, wie Fachkräfte digitale Risiken, wie algorithmische Steuerung, Datenschutzproblematiken, Gefährdungen oder digitale Überwachung erkennen und in ihrer Arbeit adressieren können? Darüber hinaus wird die Frage virulent, in welchem Verhältnis digitale Exklusionsmechanismen zu bestehenden sozialen Ungleichheiten stehen und wie medienpädagogische Konzepte darauf reagieren können. Dabei gilt es zu diskutieren, welche Methoden sich eignen, um Nutzer:innen in der Entwicklung eines kritischen und selbstbestimmten Umgangs mit digitalen Medien zu unterstützen.

Ergänzend sehen wir die **Reflexion eigener und fremder Erfahrungen im Netz** als einen wesentlichen Gesichtspunkt in der Ausbildung zur Sozialen Arbeit. Digitale Räume sind nicht nur Orte der Information und Kommunikation, sondern auch der sozialen Identitätsbildung, der Teilhabe und der Exklusion, wodurch, Jugendliche besonders betroffen sind – wie es sich in unserem eingangs erwähnten Forschungsprojekt „Digital Spaces" gezeigt hat. Wie lassen sich Mechanismen sozialer Abwertung, Hate Speech oder Cybermobbing aus sozialarbeiterischer Perspektive analysieren und adressieren? Welche Rolle spielen digitale Plattformen für soziale Gruppenbildungsprozesse und neue Formen sozialer Anerkennung oder Marginalisierung? Und wie können Sozialpädagog:innen und Sozialarbeiter:innen diese Phänomene in ihrer eigenen digitalen Praxis reflektieren? Die Auseinandersetzung mit diesen und weiterführenden Fragen erachten wir als wesentlich, um digitale Lebenswelten von Nutzer:innen zu verstehen und angemessene sozialarbeiterische und sozialpädagogische Strategien zu entwickeln.

Schließlich stellt sich die Frage, welche **Implikationen die Digitalisierung für die direkte Arbeit mit Nutzer:innen** mit sich bringt. Online-Beratung, digitale Dokumentationssysteme und algorithmisch gesteuerte Fallmanagement-Software verändern die Interaktion zwischen Fachkräften und Nutzer:innen ebenso wie die institutionellen Rahmenbedingungen Sozialer Arbeit. Inwiefern digitale Kommunikation die Qualität sozialpädagogischer und sozialarbeiterischer Beziehungsarbeit beeinflusst, welche Herausforderungen durch Datenschutz und ethische Fragen entstehen und wie sich digitale Angebote auf den Zugang zu professioneller Unterstützung auswirken, sind zentrale Diskussionspunkte. Die Frage, wie digitale Beratung technisch, methodisch und ethisch reflektiert durchgeführt werden kann, bietet ebenfalls Diskussionsaspekte für die Lehre. Die zunehmende Digitalisierung sozialer Dienstleistungen wirft zudem die Frage auf, ob und wie sich Sozialarbeitende kritisch mit der Standardisierung, Automatisierung und möglichen Steuerung ihrer Arbeit durch digitale Systeme auseinandersetzen können.

Angesichts der schnellen technologischen Entwicklungen bleibt schließlich offen, wie die Ausbildung mit steten, digitalen Veränderungen Schritt halten kann. Es ist zu diskutieren, welche interdisziplinären Perspektiven eingenommen werden sollen, um Digitalisierung nicht nur als technisches, sondern als gesellschaftspolitisches Phänomen zu verstehen. Denn es ist davon auszugehen, dass die sozio-digitale Dimension, wie sie eingangs bezeichnet wurde, auch Auswirkungen auf die Soziale Arbeit und ihre Nutzer:innen hat. Zudem stellt sich die Frage, inwiefern Studierende, Lehrende und Praxisakteur:innen aktiv in die Weiterentwicklung digitaler Lehrinhalte eingebunden werden können, um eine praxisnahe und anpassungsfähige Ausbildung zu gewährleisten.

Diese unterschiedlichen Ebenen verdeutlichen, dass die Auseinandersetzung mit Digitalisierung in der Sozialen Arbeit nicht nur technologische und methodische Fragen aufwirft, sondern eine grundlegende Reflexion über gesellschaftliche

Strukturen, medienpädagogische Ansätze, digitale Lebenswelten und die Veränderung professioneller Praxis erfordert. Die Ausbildung sollte daher zusätzlich zur Vermittlung digitaler Kompetenzen (auch wenn diese breit gedacht werden) Raum für eine kritische Analyse der gesellschaftlichen Dynamiken schaffen, die mit Digitalisierung zusammenhängen.

5 Schlussfolgerungen

Die Digitalisierung hat tiefgreifende Veränderungen in gesellschaftlichen Strukturen, Arbeitswelten und Lebensrealitäten hervorgebracht und wird sie weiter bewirken. Ihre Dynamik ist eng mit den Logiken des digitalen Kapitalismus verknüpft, der durch die Konzentration ökonomischer Macht bei großen (Plattform-)Unternehmen und die Kommodifizierung von Daten, aber auch die Deregulierung von Arbeitsbedingungen gekennzeichnet ist. Diese Entwicklungen führen zu neuen Formen von sozialer Ungleichheit, Kontrolle und Überwachung, die auch die Arbeit und Aufgaben der Sozialen Arbeit beeinflussen.

Jugendliche, die in hohem Maße digitale Medien nutzen und die auch zu deren Benutzung angehalten werden, sind in einer spezifischen Form von diesen Transformationen betroffen. Ihre Lebenswelten sind zunehmend von digitalen Technologien durchdrungen, was mit Risiken verbunden ist. Zu diesen Risiken zählen Phänomene wie Cybermobbing, Datenschutzverletzungen und die Verbreitung von Fake News, aber auch psychische Belastungen und die Vertiefung bestehender Ungleichheiten. Nicht nur der Digital Divide (vgl. Dijk 2020) zeigt, dass der Zugang zu und die Kompetenzen im Umgang mit digitalen Technologien ungleich verteilt sind. Es wird deutlich, dass soziale Ungleichheiten im digitalen Raum reproduziert und neue Formen sozialer Ungleichheit hervorgebracht werden. Zudem sind die Betroffenheiten durch Risiken ebenso ungleich verteilt. Die Soziale Arbeit ist vor diesem Hintergrund gefordert, nicht nur die Vermittlung technischer Fähigkeiten zu unterstützen, sondern auch die sozialen und strukturellen Dimensionen der Digitalisierung zu adressieren. In der formalisierten Ausbildung zu Sozialer Arbeit zeigt sich in den Curricula jedoch ein heterogenes Bild. Während einige Curricula von Studiengängen der Sozialen Arbeit Digitalisierung explizit adressieren, geht vielerorts eine systematische Verankerung dieses Themas aus den Curricula nicht hervor. Um die thematische Einbindung von Digitalisierung in der Ausbildung genauer zu untersuchen und Bedarfe sowie Best-Practice-Beispiele zugänglich zu machen, besteht Forschungsbedarf.

In diesem Zusammenhang stellt sich die Frage, wie der eingangs diskutierte Widerspruch in der Sozialen Arbeit – ihre Funktion als Herrschaftsinstrument einerseits und ihr Anspruch als Menschenrechtsprofession andererseits – in der Ausbildung sichtbar gemacht und reflektiert werden kann. Dabei bleibt offen, inwieweit Curricula Raum für eine kritische Auseinandersetzung mit der eigenen Involviertheit in gesellschaftliche Steuerungsmechanismen bieten. Aber auch ob sie Studierende ausreichend darauf vorbereiten, digitale Transformationsprozesse nicht nur als Herausforderung für die Praxis, sondern auch als mögliches Risiko und Ausdruck einer politischen Ökonomie und soziopolitischer Herrschaftsverhältnisse zu analysieren.

Das Projekt „Digital Spaces" hat exemplarisch gezeigt, wie digitale Bildung praktisch gestaltet werden kann, indem es technische Fertigkeiten mit kritischer Reflexion verknüpft. Die Ergebnisse verdeutlichen, dass digitale Kompetenzen mehrdimensional gedacht werden müssen und insbesondere sozio-digitale Fähigkeiten stärker in den Blick zu nehmen sind. Gleichzeitig bestätigt das Projekt die Notwendigkeit, Fachkräfte der Sozialen Arbeit gezielt für die Herausforderungen und Möglichkeiten der Digitalisierung auszubilden.

Resümierend zeigt sich, die Vermittlung digitaler Kompetenzen ist ein komplexes Unterfangen, das über technische Fertigkeiten hinausgeht. Es erfordert ein kritisches Verständnis der sozialen, ökonomischen und politischen Dimensionen digitaler Technologien. Jugendliche benötigen nicht nur Wissen über Funktionsweisen digitaler Medien, Algorithmen und Geschäftsmodelle großer Plattformen, sondern auch die Fähigkeit, sich sicher, aktiv und reflektiert in ihren digitalen Lebenswelten zu bewegen. Die Kinder- und Jugendarbeit hat in der Förderung digitaler Kompetenzen und der Begleitung Jugendlicher in digitalen Lebenswelten bereits vielversprechende Ansätze entwickelt. Projekte, Medienblogs, Fachtagungen und Fortbildungen sind Ausdruck eines praxisnahen und integrativen Ansatzes, der die sozialen Ungleichheiten im digitalen Raum adressiert. Hervorzuheben sind medienpädagogische Konzepte, die Fachkräften Orientierung bieten, um Jugendliche bei der sicheren und selbstbestimmten Nutzung digitaler Technologien zu unterstützen. Im Gegensatz zur Kinder- und Jugendarbeit bleiben im Regelschulsystem zentrale Aspekte einer umfassenden digitalen Bildung weitgehend unberücksichtigt. Die staatlichen Bemühungen, etwa im Rahmen der österreichischen Digitalisierungsoffensive, legen den Schwerpunkt auf technische Infrastruktur und die Ausstattung mit Endgeräten. Während dies notwendige Grundlagen schafft, fehlen oft pädagogische Konzepte, wie digitale Technologien effektiv in den Unterricht integriert werden können. Kritische Reflexion und die Vermittlung von Kompetenzen, die über technische Fähigkeiten hinausgehen, werden bislang nur marginal berücksichtigt, wodurch das Bildungssystem Gefahr läuft, den komplexen Anforderungen der digitalen Lebenswelten Jugendlicher nicht gerecht zu werden.

Insgesamt ergibt sich ein erweiterter Bildungsauftrag für die Soziale Arbeit. Dieser umfasst nicht nur die technische Vermittlung digitaler Fähigkeiten, sondern auch die Förderung einer kritisch-reflexiven Auseinandersetzung mit den Auswirkungen der Digitalisierung auf die Gesellschaft. Die Verknüpfung von praktischen Ansätzen mit theoretischer Reflexion stellt eine zentrale Aufgabe dar, um die Profession sowie die Disziplin der Sozialen Arbeit für die Veränderungen einer digitalisierten Gesellschaft zu sensibilisieren.

Literatur

Beranek, Angelika/Hill, Burkhard/Sagebiel, Juliane Beate (2019): Digitalisierung und Soziale Arbeit. Ein Diskursüberblick. In: Soziale Passagen 11(2), 225–242.

Bertsche, Oliver/Como-Zipfel, Frank (2017): Sozialpädagogische Perspektiven auf die Digitalisierung. In: Soziale Passagen 8(2), 235–254.

BGBLA (2022) II: 267. Verordnung des Bundesministers für Bildung, Wissenschaft und Forschung, mit der die Verordnung über die Lehrpläne der Mittelschulen sowie die Verordnung über die Lehrpläne der allgemeinbildenden höheren Schulen geändert werden. https://www.ris.bka.gv.at/Dokumente/BgblAuth/BGBLA_2022_II_267/BGBLA_2022_II_267.html am 1.12.2024.

BMBWF, Bundesministerium für Bildung, Wissenschaft und Forschung (o. J.): Digitale Grundbildung. https://www.bmbwf.gv.at/Themen/schule/zrp/dibi/dgb.html am 27.3.2024.

BMDW, Bundesministerium für Digitalisierung und Wirtschaftsstandort (2021): Digitales Kompetenzmodell für Österreich DigComp 2.2 AT. Wien.

bOJA, bundesweites Netzwerk Offene Jugendarbeit (Hrsg.) (2021): Offene Jugendarbeit in Österreich. Ein Handbuch. Wien, Mandelbaum.

Burzlaff, Miriam (2022): Policy Practice. Gerechtigkeitsorientierte Intervention Sozialer Arbeit und Perspektive der Gegenmacht. In: Österreichisches Jahrbuch für Soziale Arbeit (1), 64–83.

Creutzig, Felix/Acemoglu, Daron/Bai, Xuemei/Edwards, Paul N./Hintz, Marie Josefine/Kaack, Lynn H./Kilkis, Siir/Kunkel, Stefanie/Luers, Amy/Milojevic-Dupont, Nikola/Rejeski, Dave/Renn, Jürgen/Rolnick, David/Rosol, Christoph/Russ, Daniela/Turnbull, Thomas/Verdolini, Elena/Wagner, Felix/Wilson, Charlie/Zekar, Aicha/Zumwald, Marius (2022): Digitalization and the Anthropocene. In: Annual Review of Environment and Resources 47(1), 479–509.

Crone, Eveline A./Konijn, Elly A. (2018): Media Use and Brain Development During Adolescence. In: Nature Communications 9(1), Article number: 588.

Cubitt, Sean (2017): Finite Media. Environmental Implications of Digital Technologies. Durham, Duke University Press.

Dander, Valentin/Bettinger, Patrick/Ferraro, Estella/Leineweber, Christian/Rummler, Klaus (Hrsg.) (2020): Digitalisierung – Subjekt – Bildung. Kritische Betrachtungen der digitalen Transformation. Opladen, Barbara Budrich.

Dijk, Jan van (2020): The Digital Divide. Cambridge, UK/Medford, MA, Polity.

Dühr, Felix/Broens, Michael (2023): Erlösmodelle in der Games-Branche: Status Quo der Marktführer in den wichtigsten Genres. Wiesbaden [Heidelberg]: Springer Gabler.

Education Group (2013): Medienverhalten der Jugendlichen im Internet. Linz, Education Group GmbH. https://www.edugroup.at/fileadmin/DAM/Innovation/Forschung/Dateien/07_internet_2013.pdf am 10.10.2024.

Education Group (2023): Medienverhalten der Jugendlichen im Internet. Linz, Education Group GmbH. https://www.edugroup.at/fileadmin/DAM/Innovation/Forschung/Dateien/8._Jugend-Medien-Studie_2023_01.pdf am 10.10.2024.

Emanuel, Markus/Weinhardt, Marc (2019): Professionalisierung von Fachkräften im Kontext von Digitalisierung. In: Rietmann, Stephan/Sawatzki, Maik/Berg, Mathias (Hrsg.): Beratung und Digitalisierung. Wiesbaden, Springer Fachmedien Wiesbaden, 205–216.

Engartner, Tim (2024): Raus aus der Bildungsfalle. Warum wir die Zukunft unserer Kinder gefährden. Frankfurt am Main, Westend.

Engartner, Tim/Schröder, Lisa-Marie (2020): Apple, Google & Co. Kommerz im Klassenzimmer. In: Blätter für deutsche und internationale Politik 65(7), 45–50.

Enggruber, Ruth/Fehlau, Michael (Hrsg.) (2018): Jugendberufshilfe. Eine Einführung. Stuttgart, Kohlhammer.

FH Campus Wien (o. J.): Bachelorstudium Soziale Arbeit Vollzeit, Downloads Themenfolder Soziales. https://www.fh-campuswien.ac.at/studium-weiterbildung/studien-und-lehrgangsangebot/soziale-arbeit-bachelor-vz.html am 11.10.2024.

FH Joanneum – University of Applied Sciences (o. J.): Informationsbroschüre. https://www.fh-joanneum.at/soziale-arbeit/bachelor/im-studium/das-studium/ am 11.10.2024.

FH Kärnten – University of Applied Sciences (o. J.): Curriculum Soziale Arbeit – Bachelorstudium. https://www.fh-kaernten.at/studium/gesundheit-soziales/bachelor/soziale-arbeit am 11.10.2024.

FH Oberösterreich Campus Linz – University of Applied Sciences Upper Austria (o. J.): Soziale Arbeit – Bachelor, Studienplan Vollzeit. https://fh-ooe.at/studienangebot/soziale-arbeit-bachelor/studienplan#scroll-to am 11.10.2024.

FH Salzburg (o. J.): Soziale Arbeit – Bachelor. Download Broschüre. https://www.fh-salzburg.ac.at/studium/as/soziale-arbeit-bachelor am 11.10.2024.

FH St. Pölten – University of Applied Sciences (o. J.): Soziale Arbeit – Bachelor Studiengang. Download Folder, https://www.fhstp.ac.at/de/studium/soziales/soziale-arbeit-bachelor am 11.10.2024.

FH St. Pölten – University of Applied Sciences (o. J.): Sozialpädagogik – Bachelor Studiengang. Download Folder. https://www.fhstp.ac.at/de/studium/soziales/sozialpaedagogik am 11.10.2024.

FHV Vorarlberg – University of Applied Sciences (o. J.): Bachelor Soziale Arbeit Vollzeit, Downloads Flyer Bachelor Soziale Arbeit VZ. https://www.fhv.at/studium/soziales/soziale-arbeit-vollzeit-ba am 11.10.2024.

Fehlau, Michael/Enggruber, Ruth (2021): Digitalisierung im Handlungsfeld der Jugendberufshilfe. In: Kutscher, Nadia/Ley, Thomas/Seelmeyer, Udo/Siller, Friederike/Tillmann, Angela/Zorn, Isabel (Hrsg.): Handbuch Soziale Arbeit und Digitalisierung. Weinheim/Basel, Beltz Juventa, 598–609.

Feierabend, Sabine/Rathgeb, Thomas/Kheredmand, Hediye/Glöckler, Stephan (2021): JIM 2021. Jugend, Information, Medien. Basisuntersuchung zum Medienumgang 12- bis 19-Jähriger in Deutschland. Stuttgart, Medienpädagogischer Forschungsverbund Südwest (mpfs).

Feierabend, Sabine/Rathgeb, Thomas/Kheredmand, Hediye/Glöckler, Stephan (2022): JIM 2022. Jugend, Information, Medien. Basisuntersuchung zum Medienumgang 12- bis 19-Jähriger in Deutschland. Stuttgart, Medienpädagogischer Forschungsverbund Südwest (mpfs).

Feierabend, Sabine/Rathgeb, Thomas/Kheredmand, Hediye/Glöckler, Stephan (2023): JIM 2023. Jugend, Information, Medien. Basisuntersuchung zum Medienumgang 12- bis 19-Jähriger in Deutschland. Stuttgart, Medienpädagogischer Forschungsverbund Südwest (mpfs).

FICE Austria (Hrsg.) (2019): Qualitätsstandards für die stationäre Kinder- und Jugendhilfe. Freistadt, Plöchl.

Fuchs, Christian (2018): Capitalism, Patriarchy, Slavery, and Racism in the Age of Digital Capitalism and Digital Labour. In: Critical Sociology 44(4–5), 677–702.

Griesser, Markus/Gruber-Risak, Martin/Herr, Benjamin/Plank, Leonhard/Vogel, Laura (2023): Faire Arbeit in der österreichischen Plattformökonomie? Studie zu den Arbeitsbedingungen im Bereich ortsgebundener Plattformarbeit. Wien, Kammer für Arbeiter und Angestellte für Wien.

Heiner, Maja (2010): Kompetent handeln in der Sozialen Arbeit. München, Reinhardt.

Helbig, Christian (2017): Mediatisierung und Soziale Arbeit. Notwendigkeit einer medienbezogenen Professionalisierung. In: Blätter der Wohlfahrtspflege 164(5), 173–176.

Helbig, Christian/Roeske, Adrian (2020): Digitalisierung in Studium und Weiterbildung der Sozialen Arbeit. In: Kutscher, Nadia/Ley, Thomas/Seelmeyer, Udo/Siller, Friederike/Tillmann, Angela/Zorn, Isabel (Hrsg.): Handbuch Soziale Arbeit und Digitalisierung. Weinheim/Basel, Beltz Juventa, 333–346.

Hirschfeld, Uwe (2011): Mit Gramsci die Politik Sozialer Arbeit verstehen. In: Merkens, Andreas/Rego Diaz, Victor (Hrsg.): Mit Gramsci arbeiten. Texte zur politisch-praktischen Aneignung Antonio Gramscis. 3. Aufl., Hamburg, Argument-Verlag, 98–109.

Hochschule Burgenland – University of Applied Sciences (o. J.): Infofolder. https://hochschule-burgenland.at/bachelor-soziale-arbeit/ am 11.10.2024.

Ingram, Gordon P. D. (2023): Adolescent Use of New Media and Internet Technologies. Debating Risks and Opportunities in the Digital Age. New York, Routledge.

Kessl, Fabian (2006): Soziale Arbeit als Regierung. Eine machtanalytische Perspektive. In: Weber, Susanne/Maurer, Susanne (Hrsg.): Gouvernementalität und Erziehungswissenschaft. Wiesbaden, VS Verlag für Sozialwissenschaften, 63–75.

Kessl, Fabian (2020): Der Gebrauch der eigenen Kräfte. Eine Gouvernementalität Sozialer Arbeit. 2., aktualisierte Aufl., Weinheim, Beltz.

KPH Edith Stein Innsbruck – Kirchlich pädagogische Hochschule (o. J): Bachelorstudium Sozialpädagogik, Inhalte und Aufbau. https://www.kph-es.at/ausbildung/bachelor-sozialpaedagogik#c3004 am 11.10.2024.

Kutscher, Nadia (2019): Digitalisierung der Sozialen Arbeit. In: Rietmann, Stephan/Sawatzki, Maik/Berg, Mathias (Hrsg.): Beratung und Digitalisierung. Zwischen Euphorie und Skepsis. Wiesbaden, Springer Fachmedien, 41–56.

Kutscher, Nadia (2021): Digitale Medien in der Offenen Kinder- und Jugendarbeit. In: Deinet, Ulrich/Sturzenhecker, Benedikt/von Schwanenflügel, Larissa/Schwerthelm, Moritz (Hrsg.): Handbuch Offene Kinder- und Jugendarbeit. Wiesbaden, Springer Fachmedien, 1437–1441.

Le Bourgeois, Monique K./Hale, Lauren/Chang, Anne-Marie/Akacem, Lameese D./Montgomery-Downs, Hawley E./Buxton, Orfeu M. (2017): Digital Media and Sleep in Childhood and Adolescence. In: Pediatrics 140, H. Supplement_2, S. 92–96.

MCI Innsbruck (o. J.): Soziale Arbeit, Bachelor, Downloads Broschüre. https://www.mci.edu/de/studium/bachelor/soziale-arbeit#vor_studium am 11.10.2024.

Mittmann, Michelle/Roeske, Adrian/Weber, Joshua/Remke, Sara/Schiffhauer, Birte (2023): Studium Soziale Arbeit und Digitalisierung. Erkenntnisse zur curricularen Verankerung der digitalen Transformation. In: Köttig, Michaela/Kubisch, Sonja/Spatscheck, Christian/Smykalla, Sandra/Cajete, Gregory/Ditlhake, Kefilwe Johanna/Kiewitt, Karsten/Lutz, Ronald/Schirilla, Nausikaa/Svensson, Kerstin (Hrsg.): Geteiltes Wissen. Wissensentwicklung in Disziplin und Profession Sozialer Arbeit. Leverkusen, Barbara Budrich, 237–249.

Nesi, Jacqueline/Telzer, Eva H./Prinstein, Mitchell J. (Hrsg.) (2022): Handbook of Adolescent Digital Media Use and Mental Health. Cambridge, Cambridge University Press.

Persily, Nathaniel/Tucker, Joshua A. (Hrsg.) (2020): Social Media and Democracy. The State of the Field, Prospects for Reform. Cambridge, Cambridge University Press.

Pfeiffer, Sabine (2021): Digitalisierung als Distributivkraft. Über das Neue am digitalen Kapitalismus. Bielefeld, transcript.

Prensky, Marc (2001): Digital Natives, Digital Immigrants, Part 1. In: On the Horizon 9(5), 1–6.

Ra, Chaelin K./Cho, Junhan/Stone, Matthew D./De La Cerda, Julianne/Goldenson, Nicholas I./Moroney, Elizabeth/Tung, Irene/Lee, Steve S./Leventhal, Adam M. (2018): Association of Digital Media Use With Subsequent Symptoms of Attention-Deficit/Hyperactivity Disorder Among Adolescents. In: JAMA 320(3), 255–263.

Rechnungshof Österreich (2024): 8-Punkte-Plan für eine digitale Schule. Bericht des Rechnungshofes. Wien. https://www.rechnungshof.gv.at/rh/home/home/2024_29_8_Punkte_Plan_digitale_Schule.pdf am 10.12.2024.

Reid Chassiakos, Yolanda (Linda)/Radesky, Jenny/Christakis, Dimitri/Moreno, Megan A./Cross, Corinn/Hill, David/Ameenuddin, Nusheen/Hutchinson, Jeffrey/Levine, Alanna/Boyd, Rhea/Mendelson, Robert/Swanson, Wendy Sue (2016): Children and Adolescents and Digital Media. In: Pediatrics 138(5), 1–18.

Renner, Patricia/Stefan, Barbara (2024): Die (Weiter-)Entwicklung sozio-digitaler Kompetenzen in der dualen Berufsausbildung. Das Projekt „Digital Spaces". In: soziales kapital 28(1), 127–146.

Röll, Franz Josef (2020): (Digitale) Medien in der Kinder- und Jugendarbeit. In: Kutscher, Nadia/Ley, Thomas/Seelmeyer, Udo/Siller, Friederike/Tillmann, Angela/Zorn, Isabel (Hrsg.): Handbuch Soziale Arbeit und Digitalisierung. Weinheim/Basel, Beltz Juventa, 457–467.

Schiller, Dan (1999): Digital Capitalism. Networking the Global Market System. Cambridge, MIT Press.

Schulmeister, Rolf (2009): Gibt es eine „Net Generation"? Erweiterte Version 3.0. Hamburg, Universität Hamburg, Zentrum für Hochschul- und Weiterbildung.

Seithe, Mechthild (2012): Schwarzbuch Soziale Arbeit. 2. Aufl., Wiesbaden, VS Verlag für Sozialwissenschaften.

Spanhel, Dieter (2020): Kinder, Jugendliche und junge Erwachsene in digitalisierten Lebenswelten. In: Kutscher, Nadia/Ley, Thomas/Seelmeyer, Udo/Siller, Friederike/Tillmann, Angela/Zorn, Isabel (Hrsg.): Handbuch Soziale Arbeit und Digitalisierung. Weinheim/Basel, Beltz Juventa, 101–114.

Srnicek, Nick/Schafer, Ursel (2018): Plattform-Kapitalismus. Hamburg, Hamburger Edition.

Staab, Philip (2019): Digitaler Kapitalismus. Frankfurt am Main, Suhrkamp.

Staub-Bernasconi, Silvia (2018): Soziale Arbeit als Handlungswissenschaft: Soziale Arbeit auf dem Weg zu kritischer Professionalität. 2. Aufl., Stuttgart, utb.

Taffel, Sy (2016): Invisible Bodies and Forgotten Spaces. Materiality, Toxicity, and Labour in Digital Ecologies. In: Randell-Moon, Holly/Tippet, Ryan (Ed.): Security, Race, Biopower. London, Palgrave Macmillan, 121–141.

Tau, Byron (2023): Antiabortion Group Used Cellphone Data to Target Ads to Planned Parenthood Visitors. In: The Wall Street Journal. https://www.wsj.com/articles/antiabortion-group-used-cellphone-data-to-target-ads-to-planned-parenthood-visitors-446c1212 am 11.10.2024.

Universität Graz (o. J.): Sozialpädagogik Masterstudium. Über das Studium, Curriculum. https://mitteilungsblatt.uni-graz.at/de/2022-23/28.f/pdf/ am 11.10.2024.

Universität Klagenfurt (o. J.): Master Sozialpädagogik und soziale Inklusion, zum Curriculum. https://www.aau.at/studien/master-sozialpaedagogik/#ziele am 11.10.2024.

Verlage, Thomas/Walther, Andreas (2021): Ausschluss durch Einschluss im Übergang in Arbeit. Widersprüche sozialpädagogischen Handelns in der Jugendberufshilfe. In: Anhorn, Roland/Stehr, Johannes (Hrsg.): Handbuch Soziale Ausschließung und Soziale Arbeit. Wiesbaden, Springer Fachmedien Wiesbaden, 1087–1103.

Zuboff, Shoshana (2019): The Age of Surveillance Capitalism. The Fight for a Human Future at the New Frontier of Power. New York, NY, PublicAffairs.

MMag.ª Barbara Stefan ist Junior Researcher am Ilse Arlt Institut für Soziale Inklusionsforschung. Sie ist Politikwissenschaftlerin sowie Kultur- und Sozialanthropologin und forscht zum Alleinerziehen aus sozialstaatlicher Perspektive. Außerdem interessiert sie sich für feministische, politische Ökonomie und Anti-Kapitalismus, barbara.stefan@fhstp.ac.at.

Patricia Renner, BA, MA ist Sozialpädagogin und Sozialarbeiterin und Junior Researcher am Ilse Arlt Institut für Soziale Inklusionsforschung sowie stellvertretende Studiengangsleiterin im Bachelor Studiengang Sozialpädagogik der Fachhochschule St. Pölten. Ihre Lehr- und Forschungsschwerpunkte umfassen u. a. praxisorientierte Ausbildung, Praktika, berufliche Inklusion von Jugendlichen und Jugendarbeit. In ihrer Dissertation beschäftigt sie sich mit der Perspektive von Jugendlichen in Einrichtungen von AusbildungsFit und Qualifizierungsprojekten in Niederösterreich, patricia.renner@fhstp.ac.at.

Promotionsrecht an Fachhochschulen: Folgerungen aus aktueller Forschung zum strukturierten Doktorat in Österreich

Barbara Hönig, Corinna Geppert und Attila Pausits

Zusammenfassung

Seit vielen Jahren wird die Frage der Doktoratsausbildung an Fachhochschulen in Österreich diskutiert, als eine Möglichkeit, neben dem Bachelor- und Masterstudium diese dritte Stufe der tertiären Hochschulbildung zur Verfügung zu stellen. Die jüngste Reform des Hochschulrechts hat erneut Bewegung in die Debatte gebracht. Zusätzlich werden seit geraumer Zeit inter-institutionelle Kooperationsprogramme der Doktoratsausbildung zwischen Universitäten und Fachhochschulen gefördert. Auf der Grundlage einer kürzlich umgesetzten Untersuchung des strukturierten Doktorats an allen öffentlichen Universitäten Österreichs analysiert dieser Beitrag Potenziale und Herausforderungen eines Promotionsrechts an Fachhochschulen Österreichs. Die empirische Untersuchung umfasst neben Ergebnissen aus einem Mixed Methods-Ansatz qualitativer und quantitativer Datenauswertungen einen internationalen Vergleich ausgewählter Länderbeispiele. Der Beitrag reflektiert

---

B. Hönig (✉)
Institut für Soziale Arbeit, Fachhochschule JOANNEUM, Graz, Österreich
E-Mail: barbara.hoenig@fh-joanneum.at

C. Geppert · A. Pausits
Department für Hochschulforschung, Universität für Weiterbildung Krems, Krems an der Donau, Österreich
E-Mail: corinna.geppert@donau-uni.ac.at

A. Pausits
E-Mail: attila.pausits@donau-uni.ac.at

unter anderem die hochschulpolitische Debatte in Österreich im europäischen Kontext. Aufgrund ihres Anwendungsbezugs und der Nähe zu Unternehmen der (Sozial-)Wirtschaft bieten Fachhochschulen eine Ausbildung, die praxisbezogene Kompetenzen vermittelt, die ihrerseits am Arbeitsmarkt stark nachgefragt werden. Umgekehrt haben sich auch die Universitäten in den vergangenen Jahrzehnten in Richtung einer verstärkten „employability" entwickelt. Nach drei Jahrzehnten verfügt der Fachhochschulsektor jedenfalls über Ressourcen wie qualifiziertes Personal, fundierte Forschungskompetenz und institutionelle Erfahrungen. Solch eine Diskussion kann auch dazu beitragen, die Doktoratsausbildung in Österreich zu stärken und der Abwanderung von Nachwuchswissenschaftler:innen entgegen zu wirken.

1 Einleitung: Ambivalenzen des Bildungsauftrags von Fachhochschulen

Seit vielen Jahren wird die Möglichkeit diskutiert, die Doktoratsausbildung an Fachhochschulen (FH) in Österreich im Rahmen des europäischen Bologna-Reformprozesses neben dem Bachelor- und Masterstudium als dritte Stufe der tertiären Hochschulbildung zur Verfügung zu stellen (vgl. BMBWK/EUA 2005; BMBWK/ÖRK 2005; HSK 2015; ÖWR 2008, 2014; UNIKO 2015; Universitätsgesetz 2021). Die jüngste Reform im Rahmen des Hochschulrechtspakets 2024, die u. a. die Anerkennung von Fachhochschulen als „Hochschulen für Angewandte Wissenschaften" (HAWs, § 8, Abs. 7, FHG) reflektiert und damit der Entwicklung in Deutschland und der Schweiz folgt, hat erneut Bewegung in die Debatte gebracht. Einerseits ist damit die Aufwertung von FHs als institutionellen Orten der Wissenschaftsvermittlung, die sich einer starren Trennung von Grundlagen- und angewandter Forschung sowie von Bildung und Ausbildung widersetzen, verknüpft. Andererseits schreiben sie damit selbst diese herkömmliche Trennung fort.

Der Bildungsauftrag der FHs ist im Fachhochschulgesetz (FHG) geregelt, wo festgeschrieben ist, dass diese eine „praxisorientierte Ausbildung auf Hochschulniveau" gewährleisten sollen (§ 3 FHStG), die einen dem universitären Niveau vergleichbaren Standard hat (vgl. dazu und im Folgenden auch Hauser 2018:332–333). Die FHs haben eine „wissenschaftlich fundierte Berufsausbildung" anzubieten, der ein „eigenständiger" und „ergänzender" Charakter in Bezug auf die von Universitäten angebotenen Studiengänge zukommt. „eigenständig" bedeutet hier, dass sich das institutionelle Profil der FHs/HAWs von jenem der Universitäten unterscheidet; „ergänzend" bezieht sich darauf, dass nicht für alle Berufsbereiche universitäre Angebote bestehen. In Österreich werden etwa Studiengänge zu Sozialer Arbeit ausschließlich an FHs/HAWs und nicht an Universitäten angeboten. Allerdings gibt es an einigen Universitäten Österreichs Studienangebote im – diesem Bereich traditionell nahestehenden – Fach der Sozialpädagogik. Die „praxisorientierte Ausbildung" in einem bestimmten Berufsfeld kann dahingehend interpretiert werden, dass die FHs/HAWs gegenüber Studierenden eine „höhere Verantwortung bezüglich der Verwertbarkeit der vermittelten Qualifikationen am Arbeitsmarkt" (ErläutRV 949 BlgNR 18.GP:11; vgl. Hauser 2018:334) wahrzunehmen haben.

Vom Standpunkt eines breiteren wissenschaftlichen Verständnisses aus kann der Bildungsauftrag von FHs/HAWs auch allgemeiner interpretiert werden. Etwa mit Bezug auf ein Verständnis der Sozialen Arbeit als „Menschenrechtsprofession" (vgl. Staub-Bernasconi 1995) und als Wissenschaftsdisziplin (vgl. z. B. Riegler et al. 2009; Spitzer et al. 2011), die sich nicht zuletzt auch aus dem Verhältnis zu Bezugsdisziplinen wie den Bildungswissenschaften und den Sozialwissenschaften speist. Bezogen auf die im Call zu diesem Sammelband angesprochene kritisch-reflexive Dimension von Bildungsprozessen tritt dies etwa in Traditionen kritischer Sozialarbeit (vgl. Kessl/Maurer 2012; Schimpf/Stehr 2012; Webb 2019, 2023; Wendt 2022) oder auch den kritischen Wissensansprüchen dezidiert reflexiver Sozialwissenschaft zutage (vgl. z. B. Bourdieu 1992; Burawoy 2004/2015; Gouldner 1970; Smith 1987; Steinert 1973). Die kritischreflexive Dimension ist zudem wesentlicher Bestandteil globaler Standards für Soziale Arbeit wie etwa das Einhalten einer Professionsethik und das Einbeziehen von Gerechtigkeitsnormen in Theorie und Praxis Sozialer Arbeit (vgl. IASSW/IFS 2020). Im deutschen Sprachraum finden gegenwärtig auch in Sozialer Arbeit Diskurse zu Kerncurricula und Nationalem Qualifikationsrahmen statt, die ausdrücklich das Vermitteln bzw. Aneignen von Forschungskompetenzen als Bestandteil der (Aus-)Bildung auf Bachelor- und Master-Niveau definieren (vgl. OGSA 2024; DGSA 2016; Schäfer/Bartosch 2016; Bartosch 2009). Dies kann als Ausdruck einer Professionalisierung der Sozialen Arbeit gedeutet werden, die Forschung und Forschungskompetenzen als wichtigen Baustein professioneller Identität anerkennt.

Im Folgenden wird ein solcher umfassender Bildungsbegriff vertreten, der sich dezidiert gegen die Trennung von Grundlagen- und angewandter Forschung wendet (vgl. EC 2005; Hoenig 2017, 2018) und der neben der anwendungsbezogenen, praxisorientierten Wissens- und Kompetenzvermittlung auch die Fähigkeit zu kritisch-reflexiven Distanzierungsleistungen beinhaltet. Letztgenannte sind insbesondere für Forschungsaktivitäten eine wichtige Voraussetzung, die im Mittelpunkt des vorliegenden Beitrags zur Doktoratsausbildung stehen, die

Promovierende zu eigenständigen Forschungsleistungen befähigen soll. Das Promotionsrecht an FHs/HAWs zu thematisieren, erfordert jedenfalls eine vertiefte Diskussion von Konzepten von Bildung und Ausbildung, Grundlagen- und angewandter Forschung, was wir in diesem Beitrag jedoch nicht umfänglich leisten können. Stattdessen diskutieren wir Bildung und Forschung bezogen auf den Fall der Doktoratsausbildung im Rahmen von Möglichkeiten, Herausforderungen und Visionen eines Promotionsrechts an FHs mit einem Schwerpunkt auf der Sozialen Arbeit.

2 Fragestellung: Rahmenbedingungen des Promovierens an FHs/HAWs

Seit der Umsetzung der um die Jahrtausendwende beschlossenen Bolognareform an Österreichs Hochschulen und Universitäten hat sich eine (rechtliche) Gleichstellung der Institutionen durchgesetzt, die nunmehr Bachelor- und Master-Curricula in verschiedenen Disziplinen anbieten können (vgl. BMBWK/EUA 2005; BMBWK/ÖRK 2005). Darüber hinaus hat die Implementierung des Europäischen Forschungsraums im Jahr 2000 einen Wissensbegriff dominant werden lassen, der für sämtliche Institutionen der Bildung, Wissenschaft und Forschung nunmehr die „employability" bzw. Arbeitsmarktrelevanz des vermittelten Wissens in Form von Kompetenzen und Fertigkeiten betont und damit die traditionelle Unterscheidung von Bildung und Ausbildung unterläuft (vgl. EC 2000; Berlin-Kommuniqué 2003). Dieser tendenziellen Nivellierung oder Angleichung differenziell institutionalisierter Ausbildung und Wissensvermittlung steht entgegen, dass in vielen Ländern – unter anderem Österreich – das Promotionsrecht als dritte Stufe des tertiären Bolognazyklus weiterhin nur Universitäten zukommt und (noch) nicht den FHs. Obwohl die allgemeinen Rahmenbedingungen von Promotionen an FHs in Österreich schon seit Jahren diskutiert werden (vgl. z. B. Schwar 2007), ist der Forschungsstand zur strukturierten Promotion in Sozialer Arbeit in Österreich noch sehr überschaubar (vgl. z. B. Hefel/Kohlfürst 2023; Luimpöck/Brandstetter 2017). Hier orten wir eine Forschungslücke, der der vorliegende Beitrag zumindest teilweise entgegenzuwirken beabsichtigt.

Dieser Artikel befasst sich insbesondere mit folgenden Fragestellungen:

1 Internationale Beispiele des Promotionsrechts an FHs: Welche Beispiele guter Praxis gibt es in anderen europäischen Ländern für das Einführen des Promotionsrechts an FHs, insbesondere in der Sozialen Arbeit? Welche Vielfalt von kooperativen Programmen von HAWs und Universitäten, Promotionszentren

mehrerer HAWs oder auch dem eigenständigen Promotionsrecht an individuellen HAWs, etwa in Form eines „professional doctorate" in Sozialer Arbeit, existiert bereits in verschiedenen Ländern?

2 Rahmenbedingungen strukturierten Promovierens in Bezugsdisziplinen Sozialer Arbeit in Österreich: Welche Möglichkeiten haben Nachwuchswissenschaftler:innen der Sozialen Arbeit mit FH-Abschluss, im Rahmen von etablierten Doktoratsprogrammen ihrer Bezugsdisziplinen zu promovieren? Wie und in welchem Ausmaß wurde die strukturierte Doktoratsausbildung von den Bildungswissenschaften und den Sozialwissenschaften – als zwei Fächergruppen relevanter Bezugsdisziplinen Sozialer Arbeit – übernommen?

Zunächst wird ein Überblick über internationale Beispiele des Promotionsrechts an FHs und HAWs geliefert. Danach wird die aktuelle Situation der strukturierten Doktoratsausbildung in Österreich vorgestellt, das Forschungsdesign der vorliegenden Untersuchung erläutert, und danach werden die Ergebnisse bezüglich der strukturierten Doktoratsprogramme in den Bildungswissenschaften und den Sozialwissenschaften präsentiert und analysiert. Ein Schlusskapitel fasst die Erkenntnisse zusammen und liefert Empfehlungen zum Ausbau des strukturierten Doktorats in Österreich, unter besonderer Berücksichtigung der Situation an FHs und in der Sozialen Arbeit.

3 Forschungsstand zum Promotionsrecht an FHs/HAWs: internationaler Vergleich

Seitdem der Bologna-Reformprozess im Jahr 2000 angestoßen wurde, gelten im gesamten Europäischen Hochschulraum ähnliche hochschulpolitische Rahmenbedingungen für Doktoratsprogramme, die die dritte Stufe der Ausbildung nach dem Bachelor und Master darstellen. Trotz der Ähnlichkeiten der im Folgenden vorgestellten länderspezifischen Wissenschaftssysteme im gemeinsamen europäischen Rahmen existieren auch historisch gewachsene Differenzen in diesen nationalstaatlichen Hochschulsystemen (vgl. Ehrenberg et al. 2010; Kreckel/Zimmermann 2014; Pausits et al. 2022; Pechar/Andres 2015; Teichler 2014; Yudkevic et al. 2020).

Wie Kreckel/Zimmermann (2014) erläutern, unterscheiden sich die hier untersuchten Länder in ihrer strukturellen Differenzierung des Hochschulsektors teils deutlich voneinander. Zwar sind die Hochschulsysteme von Österreich, der Schweiz, Deutschland und den Niederlanden binär strukturiert, insofern Studien auf Bachelor- und Master-Ebene sowohl an Universitäten als auch an FHs implementiert sind. Der Anteil von Studierenden aller Studienlevels an Universitäten ist im deutschsprachigen Raum höher als jener an FHs (aktuell 58 % der deutschen und der Schweizer und 71 % der österreichischen Studierenden sind an Universitäten eingeschrieben). In den Niederlanden, die bereits in den 1950er- und 1960er-Jahren die FHs (Hoger Beroepsonderwijs, HBOs) einführten, ist nur ein Drittel aller Studierenden an Universitäten und die Mehrheit an FHs eingeschrieben (vgl. Bundesamt für Statistik 2021; Destatis 2021, 2023; Statistik Austria 2023; Vereniging Hogescholen 2018).

Bezogen auf die hier gewählten Länderbeispiele kommt das Promotionsrecht in Österreich und der Schweiz ausschließlich Universitäten zu. In den Niederlanden startet aktuell das „Professional Doctorate" an den FHs. Im föderal differenzierten Wissenschaftssystem Deutschlands haben Hochschulen für angewandte Wissenschaften (HAWs) in der Hälfte aller Bundesländer (Baden-Württemberg, Bayern, Berlin, Bremen, Hessen, Nordrhein-Westfalen, Sachsen-Anhalt, Schleswig–Holstein) das Promotionsrecht (vgl. Müller/Roessler 2023).

3.1 Deutschland: kooperative Promotionsprogramme

Laut OECD (2021) haben in Deutschland 2,1 % aller Absolvent:innen von Bachelor-Bildungsgängen unter 30 Jahren ein Doktorat oder eine gleichwertige Ausbildung absolviert. Diese Anzahl von Doktoratsabschlüssen reflektiert auch die Aufnahmefähigkeit des außeruniversitären deutschen Arbeitsmarkts für Promovierte. Gemäß einer bundesweiten Untersuchung zum wissenschaftlichen Nachwuchs aus dem Jahr 2017 waren 73 % aller Promovierten in der Privatwirtschaft, 12 % im öffentlichen Sektor und 15 % an Hochschulinstitutionen beschäftigt (vgl. BuWiN 2017:186; König et al. 2019).

Bausteine strukturierter Promotionsstudien, die im föderalistischen Hochschulsystem Deutschlands wirksam sind, wurden in den Empfehlungen gesamtbundesdeutscher hochschulpolitischer Gremien, wie des Wissenschaftsrats und der Nationalen Akademie der Wissenschaften Leopoldina, formuliert, die so zur Qualitätssicherung der Doktoratsausbildung beitrugen und beitragen (vgl. WR 2002, 2011, 2023; Leopoldina et al. 2017). Jüngst hat der deutsche Wissenschaftsrat ein Positionspapier zur Doktoratsausbildung in Deutschland formuliert und hielt darin Herausforderungen strukturierter Doktoratsausbildungen fest (vgl. WR 2023):

Erstens bestehe eine Herausforderung in der Diversifikation der Doktoratsausbildung nicht nur durch fachkulturelle Besonderheiten der Wissenschaftsdisziplinen, sondern auch durch institutionelle Unterschiede zwischen den die Promotion anbietenden Einrichtungen: öffentlichen und privaten Universitäten, FHs/HAWs; dazu kommen bundesländerspezifische Unterschiede im föderalen Hochschulsystem Deutschlands. Diese Diversifikation unterbindet der Wissenschaftsrat nicht, zumal es beim Doktorat um eine fachkulturell-disziplinspezifische Vertiefung gehe. Doch hält er fest, dass diese Heterogenität das Umsetzen einheitlicher Standards strukturierter Doktoratsausbildung erschwere.

Zweitens bestehe eine Herausforderung für den deutschen Wissenschaftsrat im Schaffen curricularer Angebote, die einerseits verbindliche Qualitätsstandards der Promotion auch unter diversifizierten Bedingungen (von Fachkulturen und institutionellen Umwelten) unterstützen und die andererseits für ein hohes Ausmaß inhaltlicher Autonomie von Forschung Platz lassen, wie es dieser Qualifizierungsphase entspräche.

Drittens formuliert der deutsche Wissenschaftsrat einige konkrete Empfehlungen zur Verbesserung der Rahmenbedingungen des Betreuungsverhältnisses, die teilweise den Merkmalen strukturierter Doktoratsausbildung in Österreich ähneln.

Seit Ende der 1960er-Jahre bestehen in Deutschland FHs und HAWs; seit 2022 studiert rund die Hälfte aller Studierenden im deutschen Hochschulsystem an diesen (vgl. Müller/Roessler 2023:3). Das *Promotionsrecht* für die HAWs wird in Deutschland seit 2015 in zunehmend mehr Bundesländern eingeführt, u. a. in Bayern, Hessen, Nordrhein-Westfalen, Baden-Württemberg, Bremen, Sachsen, Sachsen-Anhalt, Thüringen etc. (vgl. Hendricks 2018; Müller/Roessler 2023). An HAWs wird durchgehend auf strukturierte Doktoratsprogramme gesetzt, im Unterschied zu ausschließlich individuellen Betreuungsverhältnissen. Auch wenn die Anzahl von Doktorand:innen in kooperativen Programmen von Universitäten und HAWs oder auch ausschließlich an HAWs 2021 durchschnittlich nur rund 1 % aller Doktorand:innen betrug, nimmt deren strategische Bedeutung zu.

Dies illustrieren zahlreiche in Diskussion stehende unterschiedliche Promotionsmodelle:

1. Die flächendeckend eingeführte Möglichkeit der Promotion für HAW-Absolvent:innen an Universitäten, die seit dem Start des Bolognaprozesses den Doktorand:innen an Universitäten gleichgestellt sind
2. Die kooperative Promotion regionaler Verbünde von Universitäten und HAWs, wobei das Promotionsrecht ausschließlich bei Universitäten verbleibt (z. B. Bayerisches Wissenschaftsforum)
3. Das Promotionsrecht für ein landesweites Promotionskolleg eines hochschulübergreifenden Verbunds von Hochschulen mit hohen Mindestanforderungen für beteiligte Professor:innen, wie das Einwerben von 100.000 € an

Drittmitteln pro Jahr, was in etwa einer Doktoratsstelle entspricht (Baden-Württemberg, Nordrhein-Westfalen, Schleswig–Holstein)
4. Das eigenständige selektive Promotionsrecht für forschungsstarke Subeinheiten einzelner HAWs, die als „Promotionszentren" etabliert werden (Hessen und Sachsen-Anhalt)

Die Autor:innen der Untersuchung zum Promotionsrecht an HAWs in Deutschland betonen: „Die Entwicklung ist sehr dynamisch, nahezu jede größere Novelle eines Hochschulgesetzes berücksichtigt das Promotionsrecht für HAW." (Müller/Roessler 2023:21). Diese Entwicklung trägt transnational dazu bei, dass Doktorand:innen, die an österreichischen FHs arbeiten, aktuell zunehmend zu HAWs in Deutschland abwandern, um dort ihre Promotion zu realisieren. Empfohlen wird von den Autor:innen der hier referierten Untersuchung, dass „promotionsbezogene Evaluationskriterien künftig mehr HAW-Spezifika aufgreifen und fachspezifisch gestalten" (Müller/Roessler 2023:40).

Erfahrungsberichte sowohl von Lehrenden als auch Promovierenden seitens der FHs/HAWs machen jedoch deutlich, dass die Promotion für FH-Absolvent:innen in kooperativen Programmen von Universitäten und FHs/HAWs „unter ungleichen Voraussetzungen" (Alisch/May 2020) stattfindet (vgl. auch Ehlert et al. 2017; Kessl 2013; Wegner 2022). Lehrende in kooperativen Programmen berichten von verpflichtenden Evaluierungen ihrer Forschungstätigkeit (z. B. bezügl. Einwerben von Drittmitteln im Ausmaß einer Doktorand:innenstelle pro Jahr; bestimmte Anzahl von peer-reviewten Publikationen), die für Universitätslehrende nicht gelten. Promovierende erzählen von den Schwierigkeiten, intellektuell in Nachbardisziplinen mit bestimmten Wissensbeständen und Qualitätsstandards zu „migrieren", die sich von jenen der Sozialen Arbeit häufig unterscheiden. Im Rahmen kooperativer Programme fühlen sich Angehörige von FHs/HAWs somit selten als gleichberechtigte Partner:innen der Universitäten wahrgenommen und empfinden die universitäre Logik des Promovierens eher als aufgezwungen und den professionellen Realitäten Sozialer Arbeit unangemessen, da diese nicht entlang der Kriterien und Anforderungen wissenschaftlichen Arbeitens verlaufen.

3.2 Schweiz: hochschultypenübergreifende kooperative Doktoratsausbildungen

2,8 % aller Absolvent:innen von Bachelor-Bildungsgängen unter 30 Jahren absolvierten in der Schweiz im Jahr 2019 ein Doktorat oder eine gleichwertige

Ausbildung; die Schweiz nahm damit den ersten Rang aller 29 erfassten Länder ein (vgl. OECD 2021). Konkret studierten im Jahr 2019 rund 26.000 Doktorand:innen an Schweizer Universitäten, entweder an einer der zehn kantonalen Universitäten oder auch an einer bundesweiten Universität wie der Eidgenössischen Technischen Hochschule (ETH) Zürich und der École Polytechnique Fédérale de Lausanne (EPFL). Strukturierte Doktoratsausbildungen existieren in der Schweiz primär in Form kooperativer Programme mehrerer Universitäten. In den vergangenen Jahren haben hochschultypenübergreifende Kooperationen von Universitäten und FHs, die auch von der Schweizerischen Universitätskonferenz (SUK) gefördert werden, an Bedeutung gewonnen; trotzdem kommt den Universitäten nach wie vor das alleinige Promotionsrecht zu.

2019 studierten rund 400 Doktorand:innen in Kooperation mit einer FH und rund 200 Doktorand:innen in Kooperation mit einer Pädagogischen Hochschule. Rund 300 Personen promovierten an einer FH in Kooperation mit einer ausländischen Institution mit Promotionsrecht; auf 100 Personen an Pädagogischen Hochschulen trifft dies ebenfalls zu (vgl. Swissuniversities, 2021:2). Auch wenn die quantitative Bedeutsamkeit einer hochschultypenübergreifenden kooperativen Doktoratsausbildung demnach noch überschaubar ist, ist deren systemisch-strategischer Stellenwert bedeutsam: Die kooperativen Doktoratsprogramme bieten einen pragmatischen Weg für die Qualifikation von Personal vor allem in nicht universitären Gesundheitsberufen, in der Sozialen Arbeit, in der fachspezifischen Didaktik und in verschiedenen Fächern der künstlerischen Ausbildung, die in der Schweiz ausschließlich an FHs verankert sind (vgl. Baschung 2016; Leder 2022; Swissuniversities 2021).

3.3 Niederlande: das „Professional Doctorate" und Graduiertenprogramme

Die im OECD-Vergleich überdurchschnittliche Hochschulabschlussquote der Doktorand:innen für das Jahr 2018 betrug in den Niederlanden 1,8 % (vgl. OECD 2021); im Jahr 2016 studierten rund 9000 Doktorand:innen in den Niederlanden; nahezu die Hälfte davon waren internationale Doktorand:innen (Statista 2023). Niederländische Universitäten gelten vor allem unter Doktorand:innen aus Deutschland als eine attraktive Option, das Doktoratsstudium zu absolvieren, weswegen diese von Deutschland abwandern, um an niederländischen Universitäten zu promovieren (vgl. dazu z. B. Schäfer/El Dali 2021).

In den Niederlanden werden Doktoratsstudien seit dem Jahr 1986 in einer formalisierten, strukturierten Form angeboten, insbesondere um die häufig als zu lange empfundene Dauer des Doktoratsstudiums zu straffen und effizienter zu gestalten (vgl. De Weert 2004). Diese Änderung des Doktoratsstudiums war damals Teil einer weitreichenden Reform, mit dem Ziel der Qualitätssicherung und Differenzierung der Hochschulausbildung auf Basis des sogenannten „HOAK White Papers" (vgl. Maassen et al. 2011). Seitdem existieren zumindest drei Formen der Doktoratsausbildung nebeneinander, die unterschiedliche Vorstellungen vom Status der Doktorand:innen – primär als Doktorand:innen oder primär als angestellte Forschende – reflektieren (vgl. De Weert 2004). Der Niederländische Forschungsrat (Nederlandse Organisatie voor Wetenschappelijk Onderzoek, NWO) hat, ähnlich wie der FWF oder die DFG, für lange Zeit eine Strategie der Förderung von Graduiertenschulen umgesetzt. Das dabei angewandte Modell der Finanzierung entsprach dem Inklusivmodell der Finanzierung, in dem die NWO für sämtliche Ausbildungskosten, Lohnkosten und Kosten für Forschungsinfrastruktur aufkommt (vgl. Kottmann/Ecker 2015). Die Akkreditierung der Graduiertenschulen oblag der Königlichen Akademie der Wissenschaften (Koninklijke Nederlandse Akademie Van Wetenschappen, KNAW), die ebenso Mindeststandards der Doktoratsausbildung formulierte. Zu diesen Standards zählte zum Beispiel die Bereitstellung einer wissenschaftlich anregenden Forschungsumgebung und begleitender Lehrveranstaltungen sowie eine regelmäßige Betreuung.

Von besonderer Bedeutung für die FHs/HAWs ist das „Professional Doctorate", das nach anglofonem Vorbild 2019 seitens der Vereinigung der FHs/HAWs in den Niederlanden eingeführt wurde (vgl. Netherlands Association of Universities of Applied Sciences 2023; Roessler 2018; Vereniging Hogescholen 2021). In Großbritannien bestehen bereits seit mehr als 25 Jahren Erfahrungen mit dem Professional Doctorate als einer wissenschaftlich fundierten, praxisbezogenen Doktoratsausbildung, die sich vorwiegend an bereits Berufstätige wendet (vgl. Roessler 2018). In den Niederlanden wurde seitens der Vereinigung niederländischer FHs/HAWs ein Pilotprojekt von acht FHs/HAWs in sieben wissenschaftlichen Fächerdomänen, u. a. in den Bildungswissenschaften und den Gesundheitswissenschaften, formuliert. Das Doktoratsprogramm startet 2023 als drei- bis vierjähriges Studium und wird in Form eines Graduiertennetzwerks durch einen Cluster von Institutionen angeboten, wobei auch Kooperationen mit Universitäten und Praxiseinrichtungen existieren. Insgesamt werden in dem Pilotprogramm 125 Promovierende in vier Kohorten mit der Doktoratsausbildung beginnen, wobei die Finanzierung ihrer Stellen von den FHs/HAWs übernommen wird (vgl. Vereniging Hogescholen 2021:5–6) Die Umsetzung des Pilotprogramms wird von einer umfangreichen Qualitätssicherung begleitet, die sowohl eine interne als auch eine externe Qualitätskontrolle umfasst (vgl. Netherlands Association of Universities of Applied Sciences 2023).

4 Aktuelle Situation strukturierter Promotion in Österreich

Das österreichische Ministerium für Bildung, Wissenschaft und Forschung beschreibt auf der Website das Doktoratsstudium folgendermaßen:

> Wer eine wissenschaftliche Karriere anstrebt, kann nach dem Master- bzw. Magisterabschluss auch noch ein Doktoratsstudium anhängen, das mit der Verleihung des Doktors bzw. des PhDs abschließt. Dieser kann nur an einer Universität (einer öffentlichen Universität oder einer Privatuniversität) erlangt werden (BMBWF 2024)

In diesem Zitat ist der explizite Verweis auf eine wissenschaftliche Karriere vorhanden, ebenso der Hinweis, dass in Österreich nur Universitäten berechtigt sind, ein Doktoratsprogramm anzubieten. Eine Möglichkeit, wie FHs/HAWs und Pädagogische Hochschulen an diesem Studienlevel partizipieren können, bieten kooperative Doktoratsprogramme. Kooperative Doktoratsprogramme von FHs/HAWs und Universitäten werden seitens des FWF durch die Programmschiene „docfunds.connect" gefördert; allerdings wurde bislang noch keines dieser Programme im disziplinären Feld der Sozialen Arbeit genehmigt.

Für die strukturierten Doktoratsprogramme sollen generell sechs Kriterien oder Merkmale umgesetzt werden, die im Gesamtuniversitären Entwicklungsplan (GUEP) 2025–2030 bzw. im Arbeitsbehelf zur Wissensbilanzverordnung verankert sind (vgl. BMBWF 2022a, 2022b):

1. Einreichen eines Exposés innerhalb des ersten Jahres nach Zulassung zum Studium
2. Öffentliche Präsentation des Dissertationsvorhabens
3. Abschluss einer Dissertationsvereinbarung inkl. Zeit- und Arbeitsplan
4. Beratung und Begleitung durch ein Team
5. Personelle Trennung von Betreuung bzw. Begleitung der Dissertation und deren Beurteilung
6. Exposé und öffentliche Präsentation des Dissertationsvorhabens sind die Voraussetzung für das Abschließen einer Dissertationsvereinbarung

5 Forschungsdesign

Die vorliegende Untersuchung ist eingebettet in eine größere Studie, gefördert vom österreichischen Bundesministerium für Bildung, Wissenschaft und Forschung, die sich 2023 mit der österreichweiten Analyse des Stands der Implementierung der strukturierten Doktoratsprogramme auseinandersetzte (vgl. Geppert et al. 2024). Im Rahmen dieser Studie wurden u. a. Befragungen der Universitätsrektorate, Analysen von Kennzahlen der Wissensbilanzen (uni:data) sowie eine registergestützte Analyse von Karrierewegen (ATRACK) durchgeführt. Teil der Erhebung waren zudem 41 qualitative, leitfadengestützte Interviews mit Studienprogrammleiter:innen, Lehrenden, Studierenden und Alumni in fünf ausgewählten disziplinspezifischen Doktoratsprogrammen (Bildungswissenschaften, Sozialwissenschaften, Sozialökologie, Informatik, Künstlerische Forschung).

Im Rahmen dieses Beitrags fokussieren wir auf 16 qualitative Interviews in zwei strukturierten Doktoratsprogrammen der Universität Wien, die die größte inhaltliche Nähe zur Sozialen Arbeit haben: Bildungswissenschaften und interdisziplinäre Sozialwissenschaften. Entsprechend der unterschiedlichen Doktoratskulturen[1] der beiden ausgewählten Disziplinen wurden verschiedene Typen strukturierter Doktoratsprogramme und deren differente institutionelle Rahmenbedingungen in die Untersuchung einbezogen.

Semistrukturierte Interviewleitfäden basierten auf Instrumenten der Absolvent:innenbefragung der Universität Wien und der bundesweiten Längsschnittbefragung von Doktorand:innen in Deutschland (NACAPS) (vgl. Briedis et al. 2020) und betrafen inhaltlich die Beschreibung der Entwicklung der Doktoratsprogramme, deren Qualitätssicherung sowie die Umsetzung der Merkmale strukturierter Doktorate. Die Interviews wurden aufgezeichnet, automationsunterstützt transkribiert sowie mittels qualitativer Inhaltsanalyse nach Mayring (2022) ausgewertet.

---

[1] Der hier verwendete Begriff der Doktoratskulturen (vgl. Pechar et al. 2008) umschreibt disziplinspezifische Qualitätsstandards wie auch soziale Praktiken der Doktoratsausbildung als Vertiefungsphase der wissenschaftlichen Qualifikation, die insbesondere der eigenständigen Forschung gewidmet ist. Zentrale Unterschiede sind hierbei zwischen den Doktoratskulturen der Geistes-, Sozial- und künstlerischen Wissenschaften einerseits und der technischen und Naturwissenschaften zu beobachten (vgl. Knorr 2002; Ploder et al. 2023; Whitley 2000).

6   Das strukturierte Doktorat in Österreich: Ergebnisse

Das Doktoratsprogramm Bildungswissenschaften ist aufgrund der großen inhaltlichen Nähe der Sozialen Arbeit zur Sozialpädagogik für FH-Absolvent:innen von besonderem Interesse. Speziell an der Universität Wien existieren zudem schon lange Kooperationen mit Pädagogischen Hochschulen, womit ein Beispiel vorliegt, wie man institutionenübergreifend kooperative Ausbildungen auf der Ebene des Masterstudiums und des Doktorats anbieten kann.

Neben den Bildungswissenschaften sind auch die Sozialwissenschaften (wie Soziologie, Politikwissenschaft und Kommunikationswissenschaft) als Bezugsdisziplinen der Sozialen Arbeit anerkannt und spielen eine wichtige Rolle in der Ausbildung der Studierenden auf Bachelor- und Master-Niveau. Absolvent:innen von FHs mit einem Master-Abschluss in Sozialer Arbeit haben zudem die Möglichkeit, ein Doktoratsprogramm in interdisziplinären Sozialwissenschaften zu absolvieren, weshalb dieses im Anschluss näher betrachtet wird.

6.1   Doktoratsprogramm Bildungswissenschaften

In der Bildungswissenschaft existiert an der Universität Wien ein strukturiertes Doktoratsprogramm seit 2020, das an der Fakultät für Philosophie und Bildungswissenschaft verankert ist und gemeinsam mit dem Zentrum für Lehrer*innenbildung (ZLB) der Universität Wien umgesetzt wird. Die Mindeststudiendauer beträgt drei Jahre. Im Unterschied zu anderen strukturierten Doktoratsprogrammen ist dieses weniger interdisziplinär auf Fakultätsebene, sondern einerseits thematisch auf die Bildungswissenschaft fokussiert und andererseits interinstitutionell ausgerichtet. Diese Struktur ermöglicht eine sowohl akademisch-theoretische als auch praktisch-berufsbezogene Ausrichtung in der Bildungswissenschaft. Die Einführung einer Doctoral School der Bildungswissenschaft, also eines anderen Programmtypus, stand zum Zeitpunkt der Erhebung im Frühjahr 2023 unmittelbar bevor und wurde im Herbst 2023 umgesetzt. Die folgenden Aussagen gehen auf den Stand noch vor Einführung der Doctoral School ein.

Die Besonderheit des Doktoratsprogramms liegt aus Sicht der Befragten in der interinstitutionellen Kooperation einer Universität mit dem Zentrum für Lehrer*innenbildung, die eine Trennung von akademischer Forschung und berufspraktischer Orientierung überwindet. Dass die Nähe zum Bildungssystem für die Arbeitsmarktchancen der Absolvent:innen grundsätzlich günstig ist, zeigt sich darin, dass nur wenige Doktorand:innen das Doktoratsprogramm in Vollzeit absolvieren. Viele arbeiten berufsbegleitend als Lehrkräfte an Schulen, was dazu führt, dass die durchschnittliche Studiendauer deutlich über den geplanten drei Jahren liegt und etwa doppelt so hoch veranschlagt wird.

Die Merkmale einer strukturierten Doktoratsausbildung werden sowohl curricular als auch praktisch weitgehend umgesetzt. Für die Erstellung des Exposés gibt es auf Institutsebene vorformulierte Empfehlungen, die von einigen befragten Lehrenden als zu stark strukturierend empfunden werden. Die fakultätsöffentliche Präsentation (FÖP) wird grundsätzlich als konstruktiv beschrieben. Die Dissertationsvereinbarungen (DV) sind aussagekräftig und werden von allen Beteiligten ernst genommen. Teambetreuung findet aber kaum oder nur in sehr rudimentärer Form statt. Lehrende betreuen vergleichsweise viele Dissertationen gleichzeitig (in einem Fall bis zu acht). Sie weisen darauf hin, dass die Standards der Teambetreuung in vergleichbaren Studienrichtungen im nicht deutschsprachigen Ausland deutlich höher sind. Die Beurteilung von Promotionen erfolgt durch eine Kommission und externe Gutachten. Die Trennung von Betreuung und Beurteilung wird seit Langem umgesetzt und von allen Befragten begrüßt. Allerdings müssen die Promovierenden selbst geeignete Gutachtende suchen. Dies unterscheidet sich etwa vom Doktoratsprogramm der Sozialwissenschaften, wo die Suche von der Studienprogrammleitung initiiert und umgesetzt wird. Dennoch wird von der Programmleitung bzw. dem Studienpräses im Doktoratsprogramm Bildungswissenschaften über Gutachtende entschieden, was dazu führt, dass Promovierende riskieren, mehrmals erfolglos Gutachtende vorzuschlagen.

Die Hauptherausforderungen liegen in der Bewältigung der langen durchschnittlichen Studiendauer der meist berufsbegleitend in Teilzeit Promovierenden und der hohen Drop-out-Rate. Auffällig ist, dass einige befragte Lehrende die Drop-out-Rate im Doktoratsstudium auf 80 % schätzen; „Drop-out" bedeutet hier eine Studiendauer von mehr als sechs Jahren. Es ist für Lehrende oft schwer nachzuvollziehen, ob Promovierende mit sehr langer Studiendauer noch an ihrer Dissertation arbeiten, weshalb die tatsächlichen Abbruchquoten schwer einzuschätzen sind.

Alle befragten Doktorand:innen und Absolvent:innen waren zum Zeitpunkt der Befragung berufstätig, entweder in Prädoc-Stellen oder als Lehrkräfte an Schulen, und promovierten berufsbegleitend. Diese Besonderheit der Disziplin führt dazu, dass Promovierende der Bildungswissenschaften im Vergleich zu anderen Studienrichtungen mehr Lehrerfahrung sammeln.

6.2 Doktoratsschule für interdisziplinäre Sozialwissenschaften

Die Vienna Doctoral School of Social Sciences (ViDSS) wurde 2022 als Doktoratsschule für interdisziplinäre Sozialwissenschaften gegründet und umfasst neun Institute bzw. Disziplinen. Das Ziel des Doktoratsprogramms besteht darin, den akademischen Nachwuchs vor allem für den universitären Arbeitsmarkt zu fördern. Die Organisationsstruktur der ViDSS besteht aus einer Kombination von Programmleitungen, Steering Board, Scientific Advisory Board, Studierendenvertretungen und ggf. weiteren Gremien. Sowohl das Scientific Advisory Board als auch die starke Einbindung der Studierendenvertretung werden von Lehrenden und Promovierenden als positiv bewertet. Allerdings leisten die Vertreter:innen beider Gruppen ihre Beiträge in dieser Organisationsstruktur ausschließlich ehrenamtlich, was bedeutet, dass ihr Engagement weder in Evaluierungen berücksichtigt noch durch Entlastung von anderen Aufgaben in Forschung, Lehre und Verwaltung kompensiert wird.

Die Merkmale einer strukturierten Doktoratsausbildung werden sowohl curricular als auch praktisch weitgehend umgesetzt. Das dreijährige Doktoratsprogramm in englischer Sprache integriert alle Merkmale in die Studiencurricula. Es gibt spezielle Kurse zur Vorbereitung auf das Verfassen eines Exposés und die fakultätsöffentliche Präsentation (FÖP). Zudem herrscht ein starker interner Wettbewerb um Studien-Stipendien. Einige Betreuer:innen führen erfolglose Stipendienbewerbungen auf inhaltliche oder strategische Kontroversen unter den Lehrenden zurück.

In der Praxis berichten Lehrende, Dissertant:innen und Absolvent:innen häufig von Diskussionen zur FÖP, deren Status als Instrument der Qualitätssicherung ambivalent bewertet wird: Einerseits wird sie als Peer-Review auf Augenhöhe gesehen, andererseits als Auswahlinstrument. Der Fokus der Rückmeldungen liegt auf der „Realisierbarkeit" des Projekts und seiner methodischen Umsetzung. Obwohl Teambetreuung curricular verankert ist, wird sie offenbar selten umgesetzt: Dissertant:innen und Absolvent:innen berichten überwiegend, dass sie in der Forschung hauptsächlich von einer Betreuungsperson angeleitet werden. Die Beurteilung erfolgt durch externe Gutachter:innen, deren Auswahl und Anfrage von der Studienprogrammleitung bzw. dem Steering Committee verantwortet wird.

Zu den Herausforderungen zählen eine verstärkte soziale Ungleichheit unter den Promovierenden bzw. im Zugang zum Doktoratsstudium, die begrenzte Anzahl an Stipendien und die hohe Betreuungslast der Lehrenden aufgrund der vielen Doktorand:innen. Kritisiert wird, dass die ViDSS hauptsächlich

"Mainstream"-Themen fördert, da das Kollegium sowohl dem Exposé als auch der stipendienbasierten Finanzierung des Studiums zustimmen muss und daher nur „Mainstream"-Themen als förderwürdig betrachtet werden. Dies könnte wissenschaftliche Innovation und die Behandlung gesellschaftlich relevanter Forschungsthemen behindern.

Die Rahmenbedingungen des Studiums sind durch eine hohe Anzahl an Doktorierenden, wenig Personal und im Vergleich zu technischen Studien schlechtere Aussichten auf dem akademischen Arbeitsmarkt gekennzeichnet. Befragte Lehrende sehen dies als Argument dafür, die Ausrichtung der Doktoratsausbildung auf außeruniversitäre Arbeitsmärkte beizubehalten und zu fördern.

Alle befragten Dissertant:innen und Absolvent:innen absolvierten ihr Doktoratsstudium mit befristeten Anstellungen auf Prädoc-Stellen an der Universität, Stipendien seitens der Österreichischen Akademie der Wissenschaften oder einer Kombination beider. Stipendien sind im Verhältnis zur Gesamtzahl der Promovierenden selten. Viele Doktorand:innen müssen neben dem Studium arbeiten, um es privat zu finanzieren, was oft zu einer Verlängerung der Studiendauer auf durchschnittlich fünf Jahre und höheren Drop-out-Raten führt.

7 Schlussfolgerungen und Empfehlungen

Welche Konsequenzen ergeben sich aus den erläuterten Entwicklungen für aktuelle Rahmenbedingungen von Bildungsprozessen der Sozialen Arbeit auf der Stufe des Doktorats, im Sinne eines Ist-Stands und gegenwärtiger Möglichkeiten, Herausforderungen und Visionen des Promovierens im Bereich Sozialer Arbeit? Wie im vorliegenden Beitrag erörtert, haben FH-Absolvent:innen mit Master-Abschluss in Sozialer Arbeit in Österreich gegenwärtig zwei Möglichkeiten: Sie können einerseits die Entscheidung treffen, im Ausland zu promovieren und etwa ein kooperatives Promotionszentrum für Soziale Arbeit z. B. in Deutschland oder der Schweiz besuchen bzw. ein „Professional Doctorate" in den Niederlanden belegen oder aber im anglofonen Raum Soziale Arbeit direkt an Universitäten studieren. Andererseits können sie innerhalb Österreichs ein Doktoratsprogramm in einer der Bezugsdisziplinen Sozialer Arbeit inskribieren, beispielsweise in den Bildungswissenschaften oder den interdisziplinären Sozialwissenschaften, deren strukturierte Doktoratsprogramme an der Universität Wien in diesem Beitrag im Detail erläutert wurden.

Österreichs FHs/HAWs stehen im Wettbewerb mit europäischen Hochschulsystemen. Daher empfehlen wir, vergleichende Perspektiven und Erkenntnisse aus länderspezifischen Fallstudien systematisch zu integrieren, um die internationale Wettbewerbsfähigkeit der (Aus-)Bildung an FHs/HAWs zu stärken. Um die Attraktivität der Doktoratsausbildung in Österreich für Studierende zu steigern, könnten beispielsweise Good-Practice-Beispiele wie kooperative Doktoratsprogramme von FHs/HAWs und Universitäten wie in der Schweiz und Deutschland adaptiert werden. Das Modell, ähnlich den FWF-Doktoratskollegs in Österreich, den DFG-Graduiertenschulen in Deutschland oder der Promotionsförderung eines „Professional Doctorate" in den Niederlanden, ist empfehlenswert, um die Wettbewerbsfähigkeit der österreichischen Promotion im europäischen Kontext zu erhöhen und Abwanderung heimischer Doktorand:innen entgegenzuwirken. Die Vielfalt an Doktoratstypen und -programmen sollte zudem erhalten bleiben, um fachkulturelle Besonderheiten zu wahren, sektorale Durchlässigkeit zu unterstützen, soziale Ungleichheit zu verringern und die Akademiker:innenquote in Österreich zu erhöhen. Österreich könnte von den Niederlanden lernen, die spezielle Unterstützungsmaßnahmen anbieten, um die Studiendauer zu verkürzen und die Abschlussquoten zu erhöhen. Die Ergebnisse und Empfehlungen aus diesen international vergleichenden Analysen bieten Einblicke für die Weiterentwicklung der Doktoratsausbildung in Österreich.

Die Einführung strukturierter Doktoratsprogramme in Österreich hat im Vergleich zu Einzelbetreuungen zu signifikanten qualitativen Veränderungen in der akademischen Landschaft geführt. Schlüsselaspekt ist die systematische Einbeziehung der Perspektiven aller am strukturierten Doktoratsprogramm Beteiligten. Die Forschungsergebnisse legen nahe, dass die Gestaltung dieser Programme am besten gelingt, wenn Erwartungen, Wünsche und Ideen dieser Personen berücksichtigt werden. Ihre Expertise und Erfahrung sind bedeutsam für die Akzeptanz und den Erfolg dieser Programme. Ein weiteres wichtiges Ergebnis betrifft die Notwendigkeit, die strukturierte Doktoratsausbildung an die fachkulturellen Besonderheiten anzupassen. Verschiedene Disziplinen haben unterschiedliche Vorstellungen von Qualitätsstandards in der Promotion. Die Case Studies verdeutlichen, dass der Umsetzungsgrad der strukturierten Doktoratsausbildung je nach Programmtyp und institutioneller Erfahrung variiert. Dies unterstreicht die Bedeutung eines maßgeschneiderten Ansatzes für jedes Programm.

Eine der größten Herausforderungen besteht in der Balance zwischen Standardisierung und Diversifikation der Doktoratsausbildung. In einem internationalen Kontext ist die Vereinheitlichung der Promotion wichtig, um die Qualität der Qualifikation zu sichern und die Abwanderung von Nachwuchswissenschaftler:innen zu verhindern. Gleichzeitig muss jedoch Raum für inhaltliche Autonomie gewährt werden, was eine delikate Balance darstellt. Die Standardisierung der Finanzierung, die Erhöhung der Wochenstunden für Doktoratsstellen, die Schaffung zusätzlicher wissenschaftlicher Stellen für Betreuende und die Berücksichtigung fachkultureller Besonderheiten sind Schlüsselfaktoren, um die Güte der Doktoratsausbildung weiter entlang von internationalen Standards anzuheben. Dies ist umso bedeutsamer, um auch fachkulturellen Besonderheiten der Sozialen Arbeit im Rahmen der Doktoratsausbildung entsprechen zu können und durch das Generieren von Promotionen und weiterer Forschung in der Sozialarbeitswissenschaft zum Stärken der Sozialen Arbeit als Profession und Disziplin beitragen zu können.

Acknowledgements Die im Rahmen dieses Artikels vorgestellte Doktoratsstudie „Das strukturierte Doktorat" (Geppert et al. 2024) wurde im Auftrag des österreichischen Bundesministeriums für Bildung, Wissenschaft und Forschung vom Department für Hochschulforschung der Universität für Weiterbildung Krems von Dezember 2022 bis Oktober 2023 umgesetzt.

Literatur

Alisch, Monika/May, Michael (2020): Unter ungleichen Voraussetzungen. Möglichkeiten und Perspektiven der Promotion in der Sozialen Arbeit. In: Sozial Extra 44(5), 270–274.

Bartosch, Ulrich (2009): Promovieren, aber wie? Eine Perspektive aus den Fachhochschulen. In: Erziehungswissenschaft 20(39), 91–103.

Baschung, Lukas (2016): Identifying, Characterizing and Assessing New Practices in Doctoral Education. In: European Journal of Education 51(4), 522–534.

Berlin-Kommuniqué (2003): Den Europäischen Hochschulraum verwirklichen. Kommuniqué der Konferenz der europäischen Hochschulministerinnen und -minister am 19. September 2003 in Berlin. Berlin.

BMBWF, Bundesministerium für Bildung, Wissenschaft und Forschung (2022a): Der Gesamtösterreichische Universitätsentwicklungsplan (GUEP) 2025–2030. Wien, BMBWF.

BMBWF, Bundesministerium für Bildung, Wissenschaft und Forschung (2022b): WBF-Arbeitsbehelf. Erläuterungen zur Erstellung der Wissensbilanz gemäß der Verordnung über die Wissensbilanz BGBl. II Nr. 356/2022. Version 16.0, Dezember 2022. Wien, BMBWF.

BMBWF, Bundesministerium für Bildung, Wissenschaft und Forschung (2024): Studieren in Österreich. https://www.bmbwf.gv.at/Themen/HS-Uni/Studium.html am 9.8.2024.

BMBWK, Bundesministerium für Bildung, Wissenschaft und Kunst/European University Association (EUA). (2005): Bologna Seminar: Doctoral Programmes for the European Knowledge Society (Salzburg, 3–5 February 2005). General Rapporteur's Report.

BMBWK, Bundesministerium für Bildung, Wissenschaft und Kunst/Österreichische Rektorenkonferenz (2005): Das Doktoratsstudium in Österreich. Wien, BMBWK.

Briedis, Kolja/Lietz, Almut/Ruß, Uwe/Schwabe, Ulrike/Weber, Anne/Birkelbach, Robert/ Hoffstätter, Ute (2020): Nacaps 2018. Daten- und Methodenbericht zur National Academic Panel Study 2018 (1. Befragungswelle – Promovierende). Hannover, Deutsches Zentrum für Hochschul- und Wissenschaftsforschung (DZHW).

Bourdieu, Pierre (1992): Die Praxis der reflexiven Anthropologie. In: Bourdieu, Pierre/ Wacquant, Loic J.: Reflexive Anthropologie. Frankfurt am Main, Suhrkamp, 251–294.

Bundesamt für Statistik Schweiz (2021): Hochschulstatistik 2019. Neuchatel, Bundesamt für Statistik.

Burawoy, Michael (2004/2015): Für eine öffentliche Soziologie. In: Aulenbacher, Brigitte/Dörre, Klaus/Urban, Hans-Jürgen (Hrsg.): Public Sociology. Öffentliche Soziologie gegen Marktfundamentalismus und globale Ungleichheit. Weinheim, Beltz Juventa, 50–92.

BuWiN (2017): Bundesbericht Wissenschaftlicher Nachwuchs. Statistische Daten und Forschungsbefunde zu Promovierenden und Promovierten in Deutschland. Bielefeld, Bertelsmann.

DGSA Deutsche Gesellschaft für Soziale Arbeit (2016): Kerncurriculum Soziale Arbeit. Eine Positionierung der Deutschen Gesellschaft für Soziale Arbeit. https://www.hrk-nexus.de/fileadmin/redaktion/hrk-nexus/07-Downloads/DGSA_Kerncurriculum_final.pdf am 9.8.2024.

Destatis. Statistisches Bundesamt (2021): Bildung und Kultur. Statistik der Promovierenden. Wiesbaden, Statistisches Bundesamt.

Destatis. Statistisches Bundesamt (2023): Statistischer Bericht. Statistik der Studierenden. Wintersemester 2022/2023. https://www.destatis.de/DE/Themen/Gesellschaft-Umwelt/ Bildung-Forschung-Kultur/Hochschulen/Publikationen/Downloads-Hochschulen/statis tischer-bericht-studierende-hochschulen-endg-2110410237005.xlsx?__blob=publicati onFile am 9.8.2024.

De Weert, Egbert (2004): The Netherlands. In: Sadlak, Jan (Ed.): Doctoral Studies and Qualifications in Europe and the United States. Status and Prospects. Bucharest, UNESCO–CEPES, 77–98.

Ehlert, Gudrun/Gahleitner, Silke Birgitta/Köttig, Michaela/Sauer, Stefanie/Riemann, Gerhard/Schmitt, Rudolf/Völter, Bettina (Hrsg.) (2017): Forschen und Promovieren in der Sozialen Arbeit. Opladen, Barbara Budrich.

Ehrenberg, Ronald G./Zuckerman, Harriet/Groen, Jeffrey A./Bruckner, Sharon M. (2010): Educating Scholars. Doctoral Education in the Humanities. Princeton, Princeton University Press.

European Commission (EC) (2000): Towards a European Research Area. Brussels, 18.1.2000, COM(2000), 6 final.

European Commission (EC) (2005): Frontier Research. The European Challenge. High-Level Expert Group. European Commission Directorate-General for Research, EUR21619. Luxembourg, Office for Official Publications of the European Commission.

Geppert, Corinna/Hönig, Barbara/Reisky, Florian/Pausits, Attila (2024): Das strukturierte Doktorat. Erhebung und Analyse der Auswirkungen der gesetzten Maßnahmen zur Weiterentwicklung sowie Empfehlungen zum qualitativen Ausbau der Doktoratsausbildung an öffentlichen Universitäten. Studie im Auftrag des BMBWF. Krems, Universität für Weiterbildung Krems.

Gouldner, Alvin (1970): The Coming Crisis of Western Sociology. New York, Free Press.

Hauser, Werner (2018): Fachhochschul-Studiengänge und Fachhochschulen. In: Grimberger, Markus/Hauser, Werner/Novak, Manfred/Gualtieri, Manfred/Hauser, Wilma/Huber, Stefan/Juranek, Markus/Winkler, Markus/Funk, Bernd-Christian/Schwar, Beatrix: Handbuch des österreichischen Hochschulrechts. 3., überarb. Aufl., Wien und Graz, Neuer Wissenschaftlicher Verlag, 321–382.

Hefel, Johanna M./Kohlfürst, Iris (2023): Die Rolle der OGSA im österreichischen Akademisierungsprozess der Sozialen Arbeit. In: Soziales Kapital 27, 26–43.

Hendricks, Sven (2018): Kooperative Promotionsverfahren. Ein Ländervergleich. In: Forschung & Lehre 11, 968–969.

Hochschulkonferenz HSK (2015): Empfehlung der Hochschulkonferenz zur qualitativen Weiterentwicklung der Doktoratsausbildung in Österreich. Wien, HSK.

Hoenig, Barbara (2017): Europe's New Scientific Elite. Social Mechanisms of Science in the European Research Area. London, Routledge.

Hönig, Barbara (2018): Europäischer Forschungsraum. In: Bach, Maurizio/Hönig, Barbara (Hrsg.): Europasoziologie. Handbuch für Wissenschaft und Studium. Baden-Baden, Nomos, 141–150.

IASSW International Association of Schools for Social Work/IFSW International Federation of Social Work (2020): Global Standards for Social Work Education and Training. https://www.iassw-aiets.org/wp-content/uploads/2020/11/IASSW-Global_Standards_Final.pdf am 9.8.2024.

Kessl, Fabian (2013): Kooperatives Promovieren in der Sozialen Arbeit. Dominante und wenig beleuchtete Entwicklungs- und Diskussionslinien. In: Soziale Passagen 5, 123–128.

Kessl, Fabian/Maurer, Susanne (2012): Radikale Reflexivität als zentrale Dimension eines kritischen Wissenschaftsverständnisses Sozialer Arbeit. In: Schimpf, Elke/Stehr, Johannes (Hrsg.): Kritisches Forschen in der Sozialen Arbeit, Wiesbaden, VS Springer, 43–56.

König, Johannes/Otto, Anne/Bünstorf, Guido/Briedis, Kolja/Cordula, Fine/Schirmer, Hendrik (2019): Karriereentscheidungen und Karriereverläufe Promovierter. Zur Multifunktionalität der Promotion. Kassel, INCHER-Kassel und DZHW.

Knorr Cetina, Karin (2002): Wissenskulturen. Ein Vergleich naturwissenschaftlicher Wissensformen. Frankfurt am Main, Suhrkamp.

Kottmann, Andrea/Ecker, Brigitte (2015): Die Zukunft der Finanzierung der Doktorandenausbildung. In: Journal Hochschuldidaktik 26(1/2), 17–20.

Kreckel, Reinhard/Zimmermann, Karin (2014): Hasard oder Laufbahn. Akademische Karrierestrukturen im internationalen Vergleich. Leipzig, Akademische Verlagsanstalt.

Leder, Christian (2022): Zur Situation in der Schweiz: Kooperative Doktorate als pragmatischer Kompromiss in einem spannungsreichen Kontext. In: QiW 16(3/4), 91–95.

Leopoldina et al. = Nationale Akademie der Wissenschaften Leopoldina/acatech – Deutsche Akademie der Technikwissenschaften/Union der deutschen Akademien der Wissenschaften (2017): Promotion im Umbruch. Stellungnahme. Halle.

Luimpöck, Sabrina/Brandstetter, Manuela (2017): Promotion und rekonstruktive Forschung. Der österreichische Weg. In: Ehlert, Gudrun/Gahleitner, Silke Birgitta/Köttig, Michaela/Sauer, Stefanie/Riemann, Gerhard/Schmitt, Rudolf/Völter, Bettina (Hrsg.): Forschen und Promovieren in der Sozialen Arbeit. Berlin, Barbara Budrich, 187–194.

Maassen, Peter/Moen, Eli/Strensaker, Björn (2011): Reforming Higher Education in the Netherlands and Norway. The Role of the State and National Modes of Governance. In: Policy Studies 32(5), 479–495.

Mayring, Philipp (2022): Qualitative Inhaltsanalyse. Grundlagen und Techniken. 13. Aufl., Weinheim, Beltz.

Müller, Ulrich/Roessler, Isabel (2023): Promotionsrecht für Fachhochschulen und HAW in Deutschland. Eine Übersicht. Stand Mai 2023. Gütersloh, CHE gemeinnütziges Centrum für Hochschulforschung.

Netherlands Association of Universities of Applied Sciences (2023): PD Quality Assurance Framework. Quality Assurance Framework for the Professional Doctorate. Pilot within Dutch Universities of Applied Sciences. The Hague, Vereniging Hogescholen.

NWO (2024): Graduate Programme. https://www.nwo.nl/en/researchprogrammes/graduate-programme am 9.8.2024.

OECD (2021): Education at a Glance. Paris, OECD Publishing.

OGSA Österreichische Gesellschaft für Soziale Arbeit (2024): Entwurf des Kerncurriculums Soziale Arbeit für das BA-Studium. Stand März 2024.

Österreichische Universitätenkonferenz UNIKO (2015): Positionspapier der Österreichischen Universitätenkonferenz zum Doktorat. Wien, UNIKO.

Österreichischer Wissenschaftsrat ÖWR (2008): Empfehlung zur Einführung von Zulassungsregelungen in den Master- und Doktoratsstudien. Wien, ÖWR.

Österreichischer Wissenschaftsrat ÖWR (2014): Empfehlung zum Promotionsrecht in einem differenzierten Hochschulsystem. Wien, ÖWR.

Pausits, Attila/Geppert, Corinna/Lessky, Franziska/Campbell, David F. J. (2022): Internationale Beispiele innovativer Hochschulkonzepte. Studie im Auftrag des BMBWF. Krems, Universität für Weiterbildung Krems.

Pechar, Hans/Andres, Lesley (2015): Academic Careers in Comparative Perspective. In: Wright, James D. (Ed.): International Encyclopedia of Social & Behavioral Sciences, Vol. 1, 2nd edition, Oxford, Elsevier, 26–30.

Pechar, Hans/Campbell, David F.J./Brechelmacher, Angelika (2008): Vom Dr. zum PhD. Rollenmodelle des Doktoratsstudiums. Österreich im internationalen Vergleich. Wien, IFF/WIHO.

Ploder, Michael/Walker, David/Schiffbänker, Helene/Streicher, Jürgen/Müller, Ruth/Sultan, Aysel/Bluemel, Clemens/Knöchelmann, Marcel/Simon, Dagmar (2023): Wissenschaftskulturen in Deutschland. Hannover, Volkswagenstiftung.

Riegler, Anna/Hojnik, Sylvia/Posch, Klaus (Hrsg.) (2009): Soziale Arbeit zwischen Profession und Wissenschaft. Vermittlungsmöglichkeiten in der Fachhochschulausbildung. Wiesbaden, VS.

Roessler, Isabel (2018): Professional Doctorate: Ein Versuch, der Vielfalt gerecht zu werden. In: Duz Praxis spotlight international 1, 56–65.

Schäfer, Peter/Bartosch, Ulrich (2016): Qualifikationsrahmen Soziale Arbeit. Version 6.0. Fachbereichstag Soziale Arbeit. Würzburg, 8. Juni 2016.

Schäfer, Gregor,/El Dali, Yasmin (2021): Trajectories into Foreign Higher Education Systems for Doctoral Candidates from Germany. A Comparative Study of France and the Netherlands. In: Compare: A Journal of Comparative and International Education 51(2), 298–314.

Schimpf, Elke/Stehr, Johannes (Hrsg.) (2012): Kritisches Forschen in der Sozialen Arbeit. Wiesbaden, VS Springer.

Schwar, Beatrix (2007): Überlegungen zu einem Promotionsrecht für Fachhochschulen. In: Zeitschrift für Hochschulrecht 6, 74–82.

Smith, Dorothy E. (1987): The Everyday World as Problematic. A Feminist Sociology. Boston, Northwestern University Press.

Spitzer, Helmut/Höllmüller, Hubert/Hönig, Barbara (Hrsg.) (2011): Soziallandschaften. Soziale Arbeit zwischen Profession und Disziplin. Wiesbaden, VS.

Statista. Education in the Netherlands (2023): Number of PhD students in the Netherlands. https://www.statista.com/topics/9401/education-in-the-netherlands/.

Statista (2024): Number of PhD Students in the Netherlands. https://www.statista.com/statistics/806549/number-of-phd-students-in-the-netherlands/ am 9.8.2024.

Statistik Austria (2023): Studierende, belegte Studien. https://www.statistik.at/statistiken/bevoelkerung-und-soziales/bildung/studierende-belegte-studien am 9.8.2024.

Statistik Austria (2022): Bildung in Zahlen. Tabellenband 2020/21. Wien, Statistik Austria.

Staub-Bernasconi, Silvia (1995): Das fachliche Selbstverständnis Sozialer Arbeit. Wege aus der Bescheidenheit. Soziale Arbeit als Menschenrechtsprofession. In: Wendt, Wolf Rainer (Hrsg.): Soziale Arbeit im Wandel ihres Selbstverständnisses. Beruf und Identität. Schriftenreihe der Deutschen Gesellschaft für Sozialarbeit, Bd. 2, Freiburg i. Br., Lambertus, 57–104.

Steinert, Heinz (Hrsg.) (1973): Symbolische Interaktion. Arbeiten zu einer reflexiven Soziologie. Stuttgart, Klett-Cotta.

Swissuniversities (2021): Position von Swissuniversities zum Doktorat. Bern.

Teichler, Ulrich (2014): Doctoral Education and Training. A View Across Countries and Disciplines. In: Ibarrola, Mariade/Anderson, Lorin W. (Ed.): The Nurturing of New Educational Researchers. Rotterdam, Sense Publishers, 1–25.

Universitätsgesetz 2002, UG-Novelle 2021 (2021): 177. Bundesgesetz: Änderung des Universitätsgesetzes 2002, des Fachhochschulgesetzes, des Privathochschulgesetzes, des Hochschul-Qualitätssicherungsgesetzes, des Hochschulgesetzes 2005, des Bundesgesetzes über die „Diplomatische Akademie Wien" und des COVID-19-Hochschulgesetzes (NR: GP XXVII RV 945 AB 990 S. 117. BR: AB 10721 S. 928.). Wien.

Vereniging Hogescholen (2018): The Dutch Universities of Applied Sciences. In a nutshell. HBO Factsheet. https://www.vereniginghogescholen.nl/system/knowledge_base/attachments/files/000/001/076/original/085_029_HBO_FACTS_ENG_P4__07_.pdf?1572519952 am 9.8.2024.

Vereniging Hogescholen (2021): Universities of Applied Sciences Professional Doctorate. A Professional Degree Programme Focusing on Practice-based Research. The Hague, Vereniging Hogescholen.

Webb, Stephen A. (Ed.) (2019): The Routledge Handbook of Critical Social Work. London, Routledge.

Webb, Stephen A. (Ed.) (2023): The Routledge Handbook of International Critical Social Work. London, Routledge.

Wegner, Antje (2022): Promotionsbedingungen im HAW-Kontext. In: Beiträge zur Hochschulforschung 1, 10–28.

Wendt, Peter Ulrich (Hrsg.) (2022): Kritische Soziale Arbeit. Weinheim/Basel, Beltz Juventa 2022.

Whitley, Richard (2000): The Intellectual and Social Organization of the Sciences. 2nd edition, Oxford, Oxford University Press.
Wissenschaftsrat (WR) (2002): Empfehlungen zur Doktorandenausbildung. Saarbrücken, Wissenschaftsrat.
Wissenschaftsrat (WR) (2011): Anforderungen an die Qualitätssicherung der Promotion. Positionspapier. Halle, Wissenschaftsrat.
Wissenschaftsrat (WR) (2023): Ausgestaltung der Promotion im deutschen Wissenschaftssystem. Positionspapier. Köln, Wissenschaftsrat.
Yudkevic, Maria/Altbach, Philip/de Wit, Hans (Ed.) (2020): Trends and Issues in Doctoral Education. A Global Perspective. London, Sage.

Priv.-Doz.[in] Mag.[a] Dr.[in] Barbara Hönig ist habilitierte Soziologin und Senior Lecturer am Institut für Soziale Arbeit der FH JOANNEUM University of Applied Sciences. Ihre Arbeitsschwerpunkte in Forschung und Lehre sind: Sozialarbeitsforschung und Wissenschaftsforschung; Diversität, Inklusion und soziale Ungleichheit; Sozialstruktur, Organisation und Sozialmanagement, barbara.hoenig@fh-joanneum.at.

MMag.[a] Dr.[in] Corinna Geppert ist promovierte Bildungswissenschaftlerin, Senior Scientist und stellvertretende Departmentleiterin am Department für Hochschulforschung der Universität für Weiterbildung Krems. Ihre Forschungsschwerpunkte liegen in der Professionsforschung, in (akademischen) Bildungskarrieren sowie in der Ungleichheitsforschung, corinna.geppert@donau-uni.ac.at.

Univ.-Prof. Dkfm. Dr. habil Attila Pausits ist Professor für Hochschulforschung und Hochschulentwicklung und Leiter des Departments für Hochschulforschung an der Universität für Weiterbildung Krems sowie Sprecher des Netzwerks Hochschulforschung Österreich. Seine Forschungsschwerpunkte liegen in der Hochschule als Organisation, der dritten Mission und in wissenschaftlicher Weiterbildung sowie Institutional Research, attila.pausits@donau-uni.ac.at.

Das Bildungssystem als Gatekeeper in einer inklusiven Wirtschaft

Tom Schmid

Zusammenfassung

Über den Konjunkturzyklus sind erhebliche Veränderungen am Arbeitsmarkt festzustellen. Dies bringt seit Jahrzehnten nicht gegebene neue Chancen für die Inklusion arbeitsmarktferner Gruppen in den Regelarbeitsmarkt, somit auch für Menschen mit Behinderungen. Die Frage ist, wie eine inklusive Wirtschaft möglich wird, die darauf ausgerichtet ist, „zweite", „dritte" und weitere Sonderarbeitsmärkte zu überwinden und einen gemeinsamen inklusiven Arbeitsmarkt für Alle zu schaffen. Als ein wichtiges Instrument dazu werden Lohnzuschüsse zur Abgeltung von Leistungsdefiziten und ‚Supported Employment' betrachtet. Es wird aufgezeigt, dass eine inklusive Wirtschaft Vorteile für alle Beteiligten bringt. In diesem Zusammenhang wird auch als notwendig erachtet, das Bildungssystem an die geänderten Anforderungen einer inklusiven Wirtschaft vorzubereiten.

Bei diesem Beitrag handelt es sich um die Langfassung eines Referates, gehalten am Social Work Science Day im August 2023.

T. Schmid (✉)
Department Soziales, Fachhochschule St. Pölten, St. Pölten, Österreich
E-Mail: schmid.zfsw@gmail.com

© Der/die Autor(en), exklusiv lizenziert an Springer Fachmedien Wiesbaden GmbH, ein Teil von Springer Nature 2025
P. Renner et al. (Hrsg.), *Bildung und Ausbildung im Diskurs*,
https://doi.org/10.1007/978-3-658-48571-9_9

1 Vorbemerkung

Die Knappheit dieses Beitrages und die Komplexität des Themas zwingt dazu, die Argumentation in Thesen zu komprimieren: Der erste Thesenblock bezieht sich auf die Verortung der Debatte, der zweite Thesenblock bezieht sich auf die (überkonjunkturellen) Veränderungen am Arbeitsmarkt, der dritte Thesenblock bezieht sich auf eine inklusive Wirtschaft und der vierte Thesenblock behandelt Anforderungen, die sich daraus für die Hochschule ergeben können.

2 Verortung der Debatte

In diesem Beitrag schneiden sich zwei Diskussionsstränge: der Diskurs, dass Inklusion aller Personengruppen in nicht ausgrenzende Lebens- und Arbeitsbedingungen eine inklusive Wirtschaft benötigt, mit dem Diskurs um den Mangel an Arbeitskräften/Facharbeiterinnen[1]. Wenn die Wahrnehmung und Hypothese stimmen, dass es (konjunkturbereinigt) in den kommenden Jahren einen zunehmenden Mangel an (qualifizierten) Arbeitskräften geben wird (mögliche Gründe dafür werden weiter unten diskutiert), ergeben sich neue Perspektiven, bisher am Arbeitsmarkt ausgegrenzte und marginalisierte Personengruppen an die Erwerbsarbeit heranzuführen und in den Arbeitsmarkt zu integrieren. Begünstigt werden diese Möglichkeiten durch immer lauter werdende Stimmen von Betroffenen, Engagierten und der Wissenschaft, zweite und dritte Arbeitsmärkte mit ihrer segregierenden Wirkung endlich (auch im Sinn der UN-BRK[2]) zu überwinden und einen einheitlichen, inklusiven Arbeitsmarkt anzustreben (aktuell dazu vgl. Wegscheider/Wolfmayr 2024). Dies stellt jedoch auch neue Anforderungen an das Bildungssystem, sowohl an den Schnittstellen Schule – Beruf als auch an zweite und dritte Bildungswege. Anstelle der Reform eine Abschaffung staatlich-unterstützender Maßnahmen wie der Bildungskarenz zu betreiben, ist

---

[1] Wo nicht anders angemerkt, sind in diesem Text bei der Verwendung weiblicher Formen alle anderen Geschlechter mitgemeint.
[2] Die UN-Behindertenrechtskonvention (UN-BRK), die 2008 auch von Österreich ratifiziert wurde, definiert im Art. 1: „Zu den Menschen mit Behinderungen zählen Menschen, die langfristige körperliche, psychische, Intellektuelle oder Sinnesbeeinträchtigungen haben, die sie in Wechselwirkung mit verschiedenen Barrieren an der vollen und wirksamen Teilhabe, gleichberechtigt mit anderen, an der Gesellschaft hindern können." Wenn im vorliegenden Beitrag von Menschen mit Behinderung gesprochen wird, ist immer *diese* Definition zugrunde gelegt.

hier materiell hemmend und politisch das falsche Signal, denn die damit verbundene Botschaft ist ja wohl, Bildung sei eine private Angelegenheit und keine öffentliche.

Es werden hier daher drei Problemkreise zu diskutieren sein, erstens die Veränderungen am Arbeitsmarkt, zweitens die Anforderungen an eine inklusive Wirtschaft und drittens Ansprüche, die sich daraus an das Bildungssystem ergeben.

3 Veränderungen am Arbeitsmarkt

Aus den komplexen und widersprüchlichen Entwicklungen am Arbeitsmarkt sind drei Aspekte herauszugreifen: Erstens die überzyklische Entstehung eines (Fach-)Arbeitskräfte-Mangels, zweitens die Veränderungen in den Arbeitsorientierungen eines Teils der Bevölkerung und drittens die Migration am Arbeitsmarkt mit ihren Auswirkungen auf Arbeitskräfteangebot und Ausbildungssystem. Diese drei Aspekte werden im Folgenden näher besprochen.

Seit Anfang der 2020er-Jahre ist auch in Österreich ein Einbruch der Beschäftigung festzustellen, nach dem starken Einbruch im Pandemiejahr 2020 und einer Erholung 2021 und 2022 ist aus konjunkturellen Gründen ab 2023 ein Anstieg der Arbeitslosigkeit festzustellen. Hier wirken sich die Welt(markt)probleme (Ukrainekrieg, Energiekrise, hohe Inflation) genauso aus wie hausgemachte Fehler, insbesondere die bekannten Großpleiten des Jahres 2024 (Sigma, Leiner, KTM etc.). Und dennoch wird bei einem Blick auf die AMS-Daten deutlich, dass sich diese wirtschaftlichen Krisen deutlich schwächer auf den Arbeitsmarkt durchschlagen als die letzte Krise im Zuge der Lehmann-Pleite der Jahre nach 2008. Die folgende Grafik macht dies deutlich (Abb. 1).

Deutlich wird, dass sich die konjunkturellen Krisen der letzten Jahre deutlich weniger auf die Arbeitslosenrate auswirken als die Krisen des vergangenen Jahrzehntes. Eine differenziertere Analyse zeigt jedoch auch für den aktuellen Arbeitsmarkt, dass nicht alle Personengruppen gleich betroffen sind; ältere Beschäftigte, Beschäftigte mit gesundheitlichen Beeinträchtigungen und Beschäftigte mit Behinderungen sind stärker von der aktuellen Arbeitslosigkeit betroffen als andere (Informationen aus dem AMS und dem ÖBR aus dem Jänner 2025).

Abb. 1 Arbeitslosenrate 2008–2024. (Quelle: AMS)[3]

Neben aktuellen wirtschaftlichen Entwicklungen[4] sind es vor allem demografische Gründe, die hier langsam wirksam werden. Denn nun beginnen die geburtenstarken Jahrgänge[5], langsam aus dem Arbeitsmarkt auszuscheiden, während junge, geburtenschwächere Jahrgänge mit einem veränderten Bildungsverhalten eintreten. Eine WIFO-Studie aus 2024 über den voraussichtlichen Arbeitsmarkt von 2040 geht davon aus, dass die Zahl der Erwerbstätigen im Haupterwerbsalter (16–65 Jahre) insgesamt etwas sinken wird, aber die Bildungszusammensetzung verändert sich deutlich. Die Zahl der Personen mit Lehrabschluss oder berufsbildender mittlerer Schule nimmt in allen Altersgruppen ab, besonders aber bei den 45- bis 60-Jährigen. Betriebe werden sich in Zukunft, besonders im nächsten Konjunkturaufschwung schwertun, ihre Nachfrage nach Fachkräften wie gewohnt abzudecken (vgl. Standard 3.12.2024).

Die Herausforderungen der Demografie für den Arbeitsmarkt (insbesondere die Arbeitskräftenachfrage), aber auch für das Pensionssystem, das Pflegesystem und das Gesundheitswesen lassen sich sowohl an der Altersverteilung der in Österreich geborenen Menschen als auch an der Altersverteilung der gegenwärtig hier lebenden Personen deutlich machen. Das soll die folgende Grafik zeigen (Abb. 2).

Wenn man allein die Entwicklung der Zahl der hier geborenen Menschen betrachtet, wird ein Großteil der besonders stark besetzten Jahrgänge bis zum

---

[3] Werte für 2024: Prognose.

[4] Die aktuellen Großpleiten wirken sich erst langsam auf den Arbeitsmarkt aus, es sind nicht alle Branchen gleichermaßen von der Krise betroffen, was man auch an den regionalen Unterschieden am Arbeitsmarkt erkennen kann.

[5] Der Jahrgang mit der höchsten Geburtenzahl in Österreich ist der Jahrgang 1964.

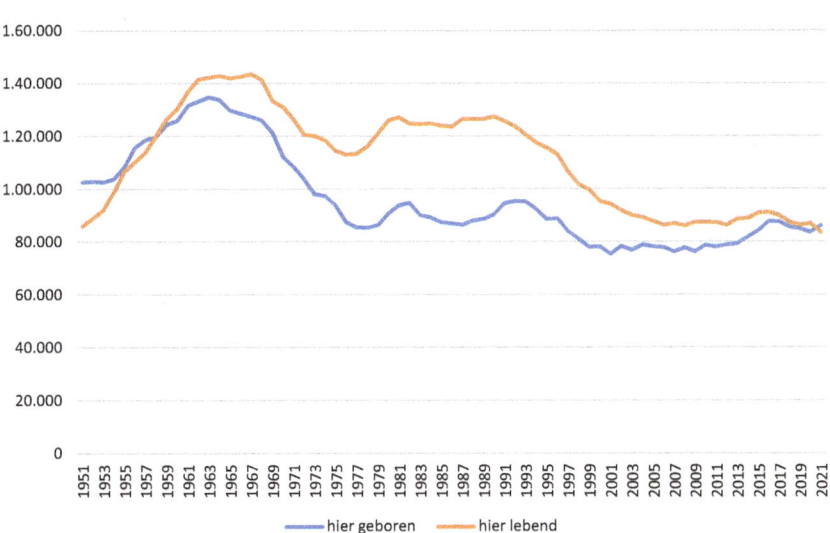

Abb. 2 Demografie 1951–2021 Österreich. (Quelle: Statistik Austria, eigene Berechnungen)

Jahr 2035 aus dem Erwerbsleben ausgeschieden sein. Wenn man die Entwicklung der Zahl aller in Österreich lebenden Menschen betrachtet (rund 25 % der Beschäftigten sind nicht in Österreich geboren), ist der demografische Verlust für den Arbeitsmarkt nicht ganz so bedrohlich; aber auch in dieser Betrachtungsweise wird deutlich, dass der Arbeitsmarkt bis 2035 mit einem deutlichen Angebotsrückgang zu rechnen hat, bevor wieder Entspannung eintritt.

Die Zuwanderung in den Arbeitsmarkt hat bereits in den vergangenen Jahrzehnten bei demografischen Problemen geholfen[6] und wird dies (ähnliche politische Rahmenbedingungen wie heute vorausgesetzt) auch in Zukunft tun, unterstützt gerade in Österreich durch die großen grenznahen bevölkerungsreichen Ballungsgebiete (Budeovice, Brno, Bratislava, Sopron/Gyor, Ljubljana) mit einer hohen Zahl an nicht in Österreich wohnenden Tages- und Wochenpendlerinnen in den österreichischen Arbeitsmarkt. Aber allzu hohe Erwartungen an die Lösungskapazitäten der Migration sollte man nicht haben, und das hat mehrere Gründe. Einerseits ist die demografische Struktur in den mittel- und

---

[6] Und zwar in Wirklichkeit noch deutlich stärker, als in dieser Grafik abzulesen ist, denn in der Statistik der in Österreich geborenen Personen sind jene nicht herausgerechnet, die mittlerweile verstorben oder aus Österreich abgewandert sind.

osteuropäischen Herkunftsländern, aber auch in etlichen Regionen Deutschlands, deutlich schlechter als in Österreich (niedrige Geburtenzahlen in den 1970er- und 1980er-Jahren wegen der wirtschaftlichen und politischen Krisen, hohe dauerhafte Abwanderung in den 1990er-Jahren nach der Wende) und führt zu einer noch höheren demografischen Überalterung dieser Länder (vgl. dazu etwa Prohazkova/Rupp/Schmid 2008). Andererseits nehmen die Lohnunterschiede zwischen Österreich und den mittel- und osteuropäischen EU-Staaten deutlich ab, was den Anreiz, in den österreichischen Arbeitsmarkt zu migrieren, mindert. Slowenien und die Tschechische Republik haben bereits Vollbeschäftigung erreicht, auch in den anderen Ländern steigt die Zahl der Remigrantinnen, also von Personen, die wieder dauerhaft in ihr Herkunftsland übersiedeln. Die Darstellung der Entwicklung der Nettoeinwanderung (Saldo von Zuwanderung und Rückwanderung) im Abstand 2014–2023 in einigen ausgewählten MOEL kann das zeigen (Abb. 3).

Wenn man die aus demografischen Gründen in den kommenden 15 Jahren in Österreich erheblich wachsende Nachfrage an Arbeitskräften in Bezug setzt mit dem bereits stattfindenden und sich in Zukunft verstärkenden Rückgang des Angebots aus jenen Ländern, die bisher den überwiegenden Teil der zusätzlichen Arbeitskräftenachfrage abgedeckt haben, wird deutlich, dass es in Zukunft einen deutlich breiteren Ansatz bei der Abdeckung der wachsenden Nachfrage an (qualifizierten) Arbeitskräften braucht. Aus Sicht eines international konkurrenzfähig bleiben wollenden Beschäftigungssystems sind daher Parolen, in denen nach

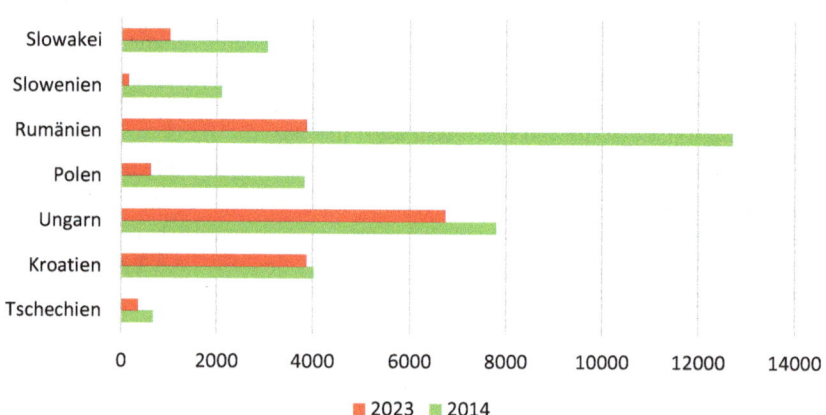

Abb. 3 Migrationssaldo 2014–2023. (Quelle: Statistik Austria, zit. nach: Standard 29.11.2024)

"Remigration" gerufen wird, wenig hilfreich (aber wahrscheinlich sind den Vertreterinnen dieser Parolen die wirtschaftlichen Auswirkungen solcher Strategien, sollten sie denn umgesetzt werden, gar nicht bewusst).

Auch die bisherigen Strategien der Arbeitsintegration zugewanderter Personen sind bezogen auf die Herausforderungen der Gegenwart und Zukunft alles andere als hilfreich. Eine Studie von August Gächter (2013) für den Österreichischen Städtebund macht deutlich, dass die Mehrheit der Arbeitsmigrantinnen weit unter ihren eigentlichen Qualifikationen in Hilfs- und Anlerntätigkeiten eingesetzt werden (vor allem aus Gründen der Anrechenbarkeiten und Bestimmungen zur Nostrifikation ausländischer Abschlüsse), was zu einer Kette von Problemen führt. Einerseits fehlen diese qualifizierten Arbeitskräfte in jenen Berufen, für die sie eigentlich ausgebildet sind, und andererseits verdrängen sie (inländische) unqualifizierte Arbeitskräfte aus Hilfs- und Anlerntätigkeiten. Gächter (2013) spricht von einem Volumen von 92.000 Vollzeitäquivalenten (60 % davon betreffen Männer, 40 % Frauen), die durch diese Fehlverwendung am österreichischen Arbeitsmarkt im Jahr 2012 falsch eingesetzt wurden (vgl. Gächter 2013). Bei steigendem Fachkräftebedarf ist dies ein Luxus, den man sich wohl nicht mehr lange leisten kann.

Eine ähnliche Entwicklung steigender Fachkräftenachfrage bei stagnierendem Angebot gab es bereits in der zweiten Hälfte der 1960er- und der ersten Hälfte der 1970er-Jahre. Die OECD hat sich in zwei Staatenprüfungen (1965 und 1975) mit dem postsekundären Bildungssystem auseinandergesetzt und damals die Empfehlung vom „Ausschöpfen aller Bildungsreserven" formuliert. Diese „Ausschöpfung" konzentrierte sich damals auf zwei Handlungsfelder: Regionen und Geschlechter, Maßnahmen zum Abbau der sozialen Bildungsprivilegien wurden jedoch kaum angesprochen und gesetzt. In den 1960er-Jahren wurde in jedem politischen Bezirk zumindest eine maturaführende Schule eröffnet und es wurden regionale Universitäten gegründet (Linz, Klagenfurt/Celovec, Salzburg). Es wurde außerdem der Anteil der studierenden Frauen wesentlich erhöht, dies betraf jedoch primär Frauen aus bereits bisher bildungsnahen sozialen Schichten (vgl. OECD 1975). Es würde sich lohnen, die damalige Entwicklung und Bildungspolitik wieder zu analysieren, vor allem unter den Gesichtspunkten, was damals richtig gelaufen ist, was sich als falsch erwiesen hat und was daraus für die Gegenwart gelernt werden könnte.

Aber auch die innere Struktur der Beschäftigungsverhältnisse verändert sich, vor allem verschwinden die „Lebenslänglichkeiten" (lebenslanges Leben an einem Ort, in einer Beziehung, in einem Arbeitsverhältnis) und werden zunehmend durch flexible und temporär strukturierte Lebens-, Arbeits- und Liebesverhältnisse ersetzt (vgl. Reidl/Schmid 1998). Der Arbeitsmarkt wird viel flexibler und durchlässiger. Noch in den 1990er-Jahren befand sich ein Drittel der unselbstständig Beschäftigten in unkündbaren Dienstverhältnissen (Bund, Länder, Gemeinden, Bahn, Post, Banken, Versicherungen, Kammern) und war von Arbeitslosigkeit und Jobverlust nicht bedroht (vgl. Schweighofer 1995). 2023 waren knapp 40 % der Beschäftigten weniger als fünf Jahre in einem Dienstverhältnis, 20 % zwischen fünf und zehn Jahren und 40 % waren länger als zehn Jahre in einem Unternehmen. Die Tendenz der Verweildauer in einem Betrieb ist weiter sinkend. Gleichzeitig steigt die Zahl jener Personen, die in Teilzeit tätig sind (im Jahr 2024 waren das 12 % der Männer und 52 % der Frauen; vgl. Statistik Austria 2024). Ein wesentlicher Grund dafür sind Care-Verpflichtungen, die überwiegend von Frauen wahrgenommen werden, vor allem weil ausreichende und nachfrageorientierte außerhäusliche Betreuungseinrichtungen fehlen (vgl. Mayrhuber 2023), aber auch weil der Wechsel in Elternteilzeit nach der Karenz einen mehrjährigen Kündigungsschutz schafft. Auch Bildungsaktivitäten (zum Beispiel ein Hochschulstudium) oder die zunehmende Arbeitsbelastung, etwa im Sozial- oder Pflegebereich, sind Gründe für wachsende Teilzeitquoten. Das führt zu der Situation, dass die Zahl der Beschäftigten seit 30 Jahren erheblich angewachsen ist, die Zahl der geleisteten bezahlten Arbeitsstunden im gleichen Zeitraum aber im Wesentlichen konstant geblieben ist.

Seit Ende der 1980er-Jahre erleben wir – zumindest in den entwickelten Industrieländern – einen globalen Umbruch in den Produktionsregimes. Das fordistisch-keynesianistische Wirtschaftsregime, gekennzeichnet durch die Bedeutung der Industrie, eine hoch entwickelte Arbeitsteilung und eine keynesianistische antizyklische Wirtschaftspolitik sowie einen ausgebauten Sozialstaat wird zunehmend abgelöst von einem postfordistischen Wirtschaftsregime, gekennzeichnet durch hohe Internationalisierung, Verschiebung der Wirtschaftsmacht vom Industriesystem zum Börse- und Anlagesystem, einen Ausbau oft prekärer Dienstleistungsstellen und einen erheblichen Rückbau des Sozialstaates (vgl. Schmid 2000). Das wirkt sich auch auf die Lebenseinstellung und Wertehaltung vieler Menschen aus. Max Weber (2004) hat Anfang des 20. Jahrhunderts jene Grundhaltung, die am Beginn der industriellen Entwicklung stand, als „protestantische Ethik" beschrieben: Es ist eine Orientierung, die Belastungen und Verzicht in der Gegenwart als (notwendigen) Preis für ein besseres Sein in der Zukunft bewertet. Das kann die Hoffnung auf ein besseres Leben im Jenseits bedeuten, die eigentliche Grundlage protestantischer Haltung,[7] das kann aber auch Verzicht

---

[7] Da der Protestantismus keinen individuellen Schuldfreikauf durch Ablass oder Beichte kennt, fordert er ein „erfolgreiches Leben" in der Gegenwart als Signal für ein „gutes Leben" in der transzendenten Zukunft ein, vgl. Weber 2004.

und Opfer in der Arbeiterinnenbewegung, um den Kindern eine bessere Gesellschaft zu erkämpfen, einschließen oder auch jene Verzichtshaltung mit hoher Erwerbsbeteiligung und vielen Überstunden, die dann eine (oft nur vermeintliche) materielle Sicherheit in der Zukunft, etwa das eigene Haus, verspricht. Nunmehr leben wir in einer Epoche, in der dieser „protestantische Traum" von einer besseren Zukunft durch Verzicht und Opfer in der Gegenwart abgelöst wird durch eine gegenwartsbezogene Orientierung auf Arbeit und Entgelt. Die „Generation Z" ist wahrscheinlich die erste Generation seit 200 Jahren, zu deren kollektiver Erfahrung es gehört, dass ihre Vertreterinnen, egal wie stark sie sich anstrengen, nicht mehr besser leben werden als die Generation ihrer Eltern, wahrscheinlich schlechter (Stichwort: „Generation Praktikum"). Zoll weist uns bereits vor 30 Jahren auf diesen Zusammenhang hin (vgl. Zoll 1993).

Wenngleich dieser „protestantische Traum" auch in früheren Generationen nur für einen Teil der Träumenden aufgegangen ist, er konnte geträumt werden, und man nahm dafür Entbehrungen auf sich, weil man dahinter Sinn vermutete. Heute wissen (oder vermuten) viele, dass es sich für sie selbst nicht mehr ausgehen wird, deswegen wird hinter dem Verzicht und der übermäßigen Arbeitsbelastung keine Vernunft (mehr) gesehen. Es wäre falsch, die sich daraus ergebende veränderte Lebenshaltung als Hedonismus zu bezeichnen. Es ist vielmehr eine vernünftige, rationale Haltung. Denn Solidarität – und jede aufopfernde, belastende Tätigkeit fußt auf einer solidarischen Grundhaltung, da Arbeit immer eine gesellschaftliche Interaktion ist – lebt nur durch den Gedanken der Reziprozität: Ich gebe, wenn ich kann, und bekomme, wenn ich brauche (vgl. Schmid 1998, 1999).

Zoll verweist jedoch darauf, dass „alte" und „neue" Arbeitsethik durchaus nebeneinander existieren[8] – was übrigens schnell zu einer Quelle politischer und ideologischer Konflikte werden kann:

> Nun ist es keineswegs so, dass diese „klassische" Arbeitsorientierung durch den sozialkulturellen Wandel einfach abgeschafft und durch eine andere ersetzt wird. Die kulturelle Dynamik beinhaltet vielmehr einen differenzierten und differenzierenden Veränderungsprozess. So impliziert das alte kulturelle Modell, wie seit der Analyse der protestantischen Ethik durch Max Weber bekannt, ein Ideal von Beruflichkeit, die im neuen kulturellen Modell nicht aufgegeben wird – im Gegenteil. Das Ideal von Beruflichkeit, von Beruf als Berufung, ist wahrscheinlich noch wichtiger als vorher. Es hat ein Prozess der Aufhebung im dialektischen Sinn stattgefunden. (Zoll 1993:74)

---

[8] Übrigens eine noch immer viel zu wenig aufgearbeitete neue Herausforderung für die organisierte Arbeiterinnenbewegung und ihre Interessenvertretung.

4 Inklusive Wirtschaft

Die hier andiskutierten Veränderungen am Arbeitsmarkt und in den Arbeitsbeziehungen erfordern auch eine neue, inklusive Wirtschaft – und sie ermöglichen die Entwicklung hin zu inklusiver Wirtschaft.[9] Inklusion ist hier zu verstehen als Überwindung jeder Art von Ausgrenzungen von Menschen aus dem Wirtschaftsleben und bezieht sich dabei nicht nur auf Minderheiten, sondern auf alle Personengruppen, die ausgegrenzt leben oder von Ausgrenzung bedroht sind (Frauen, Jugendliche, Ältere, Migrantinnen, arbeitslose Menschen, behinderte Menschen etc.). Inklusion ist daher ein umfassender Ansatz, der Unterschiede zwischen Menschen bzw. Menschengruppen nicht leugnet, aber darauf achtet, dass Unterschiede nicht zur Segregation und Exklusion führen (vgl. Kronauer 2001, Dimmel/Schmid 2023). Das Prinzip der inklusiven Wirtschaft setzt darauf, dass die Inklusion aller Personen in die Wirtschaft nicht nur den (ehemals) exklusionsgefährdeten oder exkludierten Personen helfen würde, sondern allen in der Wirtschaft beteiligten Personen (vgl. dazu, einschließlich möglicher Kritikpunkte an diesem Ansatz, Dimmel/Schmid 2023). Das Prinzip der inklusiven Wirtschaft setzt daher nicht auf moralische Prinzipien und rückt „moralisch gutes" Handeln nicht ins Zentrum der Argumentation, sondern orientiert sich am Wirken ökonomischer Vernunft (vgl. etwa Nussbaum 2014). Denn gerade unter den bereits dargestellten gegenwärtigen Entwicklungsperspektiven des Arbeitsmarktes und der zu erwartenden Auswirkungen auf die Wirtschaft wäre eine inklusive Wirtschaft (und darauf aufbauend ein inklusiver Arbeitsmarkt) eine wirkungsvolle Antwort auf den drohenden Fachkräftemangel. Man kann daher das Konzept der inklusiven Wirtschaft auch verstehen als Wiederaufgreifen der alten OECD-Forderung von 1975 nach „Ausschöpfung aller Reserven am Arbeitsmarkt" (OECD 1975) in neuem Gewande. Das überwindet noch nicht das kapitalistische Wirtschaftssystem, aber es macht kapitalistische Wirtschaft für alle lebenswerter, sowohl für gegenwärtige „Insider" als auch für ausgegrenzte und von Ausgrenzung bedrohte Personen. Bezüglich der Wirksamkeit von Zeithorizonten wirtschaftspolitischer Empfehlungen soll John Maynard Keynes einmal gesagt haben: „In the long run we all are dead", und meinte damit: Die heute in Not lebenden Menschen brauchen rasch wirksame Rezepte, um (über)leben zu können, auch wenn es nicht die „besten" Rezepte sind.

---

[9] Allerdings sollte man sich nicht der Illusion hingeben, mit der inklusiven Gestaltung der Wirtschaft wären bereits jene Widersprüche aufgehoben, die durch kapitalistische Produktionsverhältnisse, also durch das Privateigentum an Produktionsmitteln und der damit verbundenen Aneignung des Mehrwertes, geschaffen werden.

Im Kontext von Menschen mit Behinderungen meint Inklusion in den Arbeitsmarkt die Überwindung aller noch bestehenden segregierenden Teilarbeitsmärkte, letztendlich die Abschaffung „zweiter" und „dritter" Arbeitsmärkte[10] zugunsten *eines* gemeinsamen Arbeitsmarktes für alle, auf dem diejenigen, die dies brauchen, die entsprechenden Unterstützungen und persönlichen Assistenzen haben bzw. erhalten[11]. Das dahinterstehende Konzept heißt „Supported Employment" und ist international seit Jahrzehnten bewährt (vgl. etwa Wegscheider/Wolfmayer 2024). Es beginnt sich langsam auch in Österreich durchzusetzen.[12] Dazu gehört aber die Integration aller Menschen, die arbeiten wollen, in den allgemeinen Arbeitsmarkt mit entsprechender Unterstützung und die Überwindung der deutlich höheren Arbeitslosenraten von Menschen mit Behinderungen oder gesundheitlichen Beeinträchtigungen oder von Menschen mit arbeitsmarktfernen Qualifikationen. Und es müssten alle Sonderformen „geschützter" Beschäftigung abgeschafft werden, in denen Menschen weitgehend „unter sich" arbeiten, vielerorts auch noch im selben Gebäudekomplex, in dem sie auch wohnen (müssen). Es muss außerdem die Ausgrenzung aus dem Beschäftigungs-, Entgelt- und Sozialversicherungssystem überwunden werden. In Österreich gibt es gegenwärtig tatsächlich noch rund 27.000 Menschen, die in der Untersuchungsstraße der PVA nach § 255 ASVG als „nicht arbeitsfähig" erklärt werden[13] und daher aus dem Arbeitsmarkt (und damit dem Entgelts- und Sozialversicherungsschutz) fallen.

---

[10] Egal für welche Personengruppen sie zugeschnitten sind, „zweite", „dritte" und weitere Arbeitsmärkte sind segregierend und sollten durch einen gemeinsamen inklusiven Arbeitsmarkt für Alle abgelöst werden, in denen jede jene Unterstützung erhält, die sie benötigt – Supported Employment eben, und zwar nicht nur für Menschen mit Behinderungen, siehe dazu auch Basaglia et.al., 1975.

[11] Und für die Betriebe sind dort, wo es Verdienstausfälle gibt, öffentliche Lohnzuschüsse nötig, um auch inklusive (also gleiche) Löhne und Gehälter zahlen zu können.

[12] Allerdings lässt sich zu Redaktionsschluss dieses Beitrages noch nicht abschätzen, welche ausgrenzenden Schritte die oder von Menschen mit arbeitsmarktfernen Qualifikationen neue Regierung am Arbeitsmarkt, im Wohnbereich und in der Schule setzen wird bzw. müssen wird, um die Budgetziele zu erreichen; die entsprechenden Vereinbarungen im blauschwarzen steirischen Regierungsübereinkommen vom Herbst 2024 lassen hier nichts Gutes erwarten; so wird dort etwa die Reetablierung der ausgrenzenden Sonderschulen festgelegt.

[13] Eine Fachexpertise kommt jedoch bereits 2023 zum Schluss, dass die Kriterien für die Bewertung von Arbeitsunfähigkeiten durch die PVA alles andere als präzise und schlüssig seien (vgl. Tomandl, 2021).

Sie werden der Hoheit der „Chancengleichheitsgesetze"[14] der Bundesländer überantwortet, in deren Rahmen sie nur Taschengeld erhalten, nicht sozialversichert werden, aber dennoch einer Art Arbeitspflicht unterliegen (in Wien etwa müssen in einer Tagesstruktur zumindest 20 Wochenstunden verbracht werden, es sind maximal 50 Fehltage zulässig). Allerdings ergab eine Studie der WU Ende 2023, dass eine Einbeziehung der in Tagesstrukturen Tätigen mit relativ geringen Mehrkosten möglich wäre (vgl. Spraicer et al. 2023). Einen ersten Schritt hat der Gesetzgeber bereits gesetzt, indem laut einer Novelle zum Arbeitslosenversicherungsgesetz die zwingende Befundung einer Arbeitsunfähigkeit vor dem 25. Lebensjahr nicht mehr zu erfolgen hat. Weitere Schritte sind nötig.

Die Arbeitsmarktsituation von Menschen mit Behinderungen ist (genauso wie die Wohnsituation) in Österreich unbefriedigend und entspricht nicht den eindeutigen und klaren Vorgaben der UN-Behindertenrechtskonvention, die Österreich als erster Staat in New York unterschrieben und am 26.10.2008 im Nationalrat ratifiziert hat[15] (allerdings nur mit einem „Erfüllungsvorbehalt", der staatliche Organe zwar verpflichtet, sich an die UN-BRK zu halten, Einzelpersonen aber nur ein bedingtes Klagsrecht vorbehält – Betroffene können nur auf Schadenersatz klagen, aber nicht auf Veränderung). Der Artikel 19 der UN-BRK legt fest, dass Menschen mit Behinderung das Anrecht auf selbstbestimmtes Leben und Inklusion in der Gesellschaft „mit den gleichen Wahlmöglichkeiten wie andere Menschen" (BIZEPS 2016:25) haben. Und der Artikel 27 der UN-BRK regelt „das Recht von Menschen mit Behinderungen auf der Grundlage der Gleichberechtigung mit anderen auf Arbeit; dies beinhaltet das Recht auf die Möglichkeit, den Lebensunterhalt durch Arbeit zu verdienen, die in einem offenen, inklusiven und für Menschen mit Behinderungen zugänglichen Arbeitsmarkt und Arbeitsumfeld frei gewählt oder angenommen wird" (BIZEPS 2016:36–37). Die in Österreich, wie gezeigt wurde, immer noch existierenden Tagesstrukturen und „geschützten Werkstätten" widersprechen der UN-BRK eindeutig,[16] aber auch das Behinderteneinstellungsgesetz, das einerseits nur Menschen mit einer Behinderung von mehr als 50 % adressiert und andererseits nur für Betriebe mit 25 oder mehr Beschäftigten gilt (das sind gerade 3 % aller österreichischen Betriebe);

---

[14] Das Behindertenrecht (mit Ausnahme der Bestimmungen für den Arbeitsmarkt) ist Ländersache, deswegen heißen die entsprechenden Gesetze in den einzelnen Ländern verschieden und regeln Beschäftigung und Wohnen auch unterschiedlich.

[15] Nachdem 2010 auch die EU die UN-BRK ratifiziert hat, gilt sie nun in Österreich außerdem als verbindliches Unionsrecht.

[16] Aber auch dem Antidiskriminierungsrecht der EU.

überdies kauft sich mehr als die Hälfte der verpflichteten Betriebe[17] durch einen monatliche „Ausgleichstaxe" von dieser Beschäftigungspflicht frei.

Und auch die gängige Argumentation, Menschen mit Behinderungen könnten in der „normalen" Wirtschaft nicht genügend leisten, um in die Wirtschaft inkludiert zu werden, widerspricht den Fakten und den Erfahrungen aus anderen Ländern (siehe weiter unten), aber auch den rechtlichen Voraussetzungen. Denn das ABGB, das die verschiedenen Formen der Arbeitsverträge regelt, sieht nur beim Werkvertrag das Erbringen einer Leistung vor, beim Dienstvertrag wird ausschließlich das *Bemühen* geschuldet, wie § 1151 ff. und die entsprechende Judikatur dazu deutlich macht (vgl. auch Schmid 1999). Produktiv – gerade in Hinblick auf die rechtliche Situation – wäre daher nicht eine (weitere) Diskussion darüber, welche Leistung(en) Menschen mit Behinderung erbringen können, sondern endlich einmal eine Debatte darüber, wie das vom ABGB geforderte Bemühen festgestellt und gemessen werden kann.[18]

Österreich und Deutschland[19] sind die einzigen beiden Länder in der EU, in der es (noch) segregierende Beschäftigungsformen für Menschen mit Behinderungen gibt, in allen anderen EU-Staaten gibt es keine Sonderarbeitsmärkte für diese Personengruppen mehr. Das ZfSW[20] hat in den letzten Jahren in Studienreisen die entsprechenden Bedingungen in Belgien, Deutschland, Finnland, Irland, den Niederlanden, Norwegen, Schottland und Spanien untersucht und in all diesen Ländern (außer in Deutschland) mehr oder weniger entwickelte Konzepte von Supported Employment gefunden, am höchsten entwickelt in Irland (in allen Arbeitsbereichen Unterstützung so lange wie nötig). Irland weist auch die höchste Beschäftigungsrate von Menschen mit Behinderungen in diesen untersuchten Ländern auf. In Norwegen und Schottland werden Menschen mit Behinderungen als gleichwertige Bürgerinnen wahrgenommen und erhalten Unterstützungsleistungen, die sich nach ihrem individuellen Bedarf richten. Die

---

[17] Auch der öffentliche Dienst, also die Republik, kommt dieser Beschäftigungspflicht nur zur Hälfte nach, wie der Österreichische Behindertenrat im Sommer 2024 nachgewiesen hat.

[18] Das gleiche Problem stellt sich übrigens auch bei der Debatte um Leistung oder Bemühen sogenannter „Weißer Elefanten", also von Personen, die aufgrund einer Umstrukturierung oder einer politischen Veränderung keine Beschäftigung mehr haben, aber dennoch nicht gekündigt werden (sollen); die Überschneidung der Probleme von Menschen mit Behinderungen am Arbeitsmarkt mit jenen anderer Personengruppen ist vielfältiger, als man oft denkt.

[19] In Deutschland sind übrigens – anders als in Österreich – mit 15 Jahren Tätigkeit in einer Tagesstruktur eigene Pensionsansprüche erworben.

[20] Zentrum für Sozialwirtschaft, siehe www.zfsw.at.

gesetzliche Regelung dafür heißt in Schottland beispielsweise „Self Directed Support Act" und wurde bereits 2013 umgesetzt. Dabei bestimmen die betroffenen Personen weitgehend selbst, welche Unterstützungsleistungen sie benötigen und wünschen (vgl. Wegscheider/Wolfmayer 2024:305).

In Österreich besteht noch viel Luft nach oben, um eine tatsächlich inklusive Wirtschaft zu erreichen, die gegenwärtigen Probleme machen es aber von Jahr zu Jahr dringender, diesen Weg auch einzuschlagen.

5 Anforderungen an das Bildungssystem

Ein Bildungssystem, das auf eine inklusive Wirtschaft vorbereiten soll, muss selbst inklusiv sein. Darüber wurde bereits viel geschrieben (vgl. etwa Anken 2010; Bartonova et al. 2014; Fasching et al. 2017; Hedderich et al. 2016; Heinlich/Kiel 2020; Hovorka/Sigot 2000; Kaiser/Kocnik/Sigot 2005; Prohazkova/Sochor 2013). Sich aus den Ansprüchen und Anforderungen einer inklusiven Gesellschaft ergebende Erwartungen an ein entsprechendes Bildungssystem schließen diesen Beitrag ab.

Ein wichtiger Schritt ist die Überwindung einer auf *Prüfung* und *Noten* ausgerichteten Schule und Hochschule. Das Ziel, Kompetenzen und Fähigkeiten/Fertigkeiten sowie Haltung zu vermitteln, macht ein nicht prüfungsorientiertes Herangehen nötig. Die bildungspolitische Trias (und gleichzeitig Herausforderung) besteht aus den drei Elementen Wissen – Können – Haltung (vgl. Schmid 2024). Wissen ist abprüfbar, Können ist zu beobachten (im Versuch oder im Feld), aber Haltung ist nur erlebbar, nicht prüfbar. Orientiert sich das Bildungssystem an Prüfung und Benotung, kann das Wissen brauchbar erfasst werden, das Können schon etwas schwerer, aber Haltung ist nicht prüfbar und geht daher verloren. Der Weg in eine inklusive Gesellschaft benötigt aber Haltung. Wir sollten daher diskutieren, wie wir die am besten vermitteln[21] können – auf allen Bildungsebenen.

Einen gangbaren Weg schlägt Eva Novotny (2010) in ihrem Bildungsbuch „Ermächtigen" vor, das die (Selbst-)Ermächtigung im Schulsystem in sechs Punkten zusammenfasst: Selberdenken, Eigensinn, Versiertheit in der Dynamik sozialer Systeme, autonome Moral, Sprachmacht und Humor. Poetischer kann man dieses pädagogische Ziel mit Antoine de Saint-Exupéry (1973) zusammenfassen, der in seiner „Citadelle" (posthum veröffentlicht) sinngemäß sagt: Wenn du ein Schiff

---

[21] Ivan Illich (2017) bietet in seiner Streitschrift „Entschulung der Gesellschaft" hierzu einige bedenkenswerte, wohl aber nicht umzusetzende Anregungen.

bauen willst, dann trommle nicht Männer zusammen, um Holz zu beschaffen, Aufgaben zu vergeben und die Arbeit einzuteilen, sondern lehre die Männer die Sehnsucht nach dem weiten, endlosen Meer. Andersrum gesagt, wenn es uns nicht gelingt, den Traum vom Meer als Kern unserer Ermächtigungstätigkeit zu wecken, dann werden wir in unseren Bildungssystemen nur „ein Geschlecht erfinderischer Zwerge, die für alles gemietet werden können" (Brecht 1975:126) produzieren. Diese Warnung Brechts, formuliert im Schlussmonolog des „Leben des Galilei" vor dem Hintergrundwissen des Autors über den Bau der Atombombe und das Manhattanprojekt, skizziert jenen Weg, den ein nicht inklusives, segregierendes Bildungssystem einzuschlagen droht und bereits einschlägt.

Zur geplanten „budgetverträglichen" Streichung der Bildungskarenz

Bildung ist kein Sein, sondern Tun. Das wird insbesondere in Zeiten zugespitzter verteilungspolitischer Auseinandersetzungen deutlich. Anfang Jänner 2025 wurden im Master-Studiengang Soziale Arbeit der FH St. Pölten in einem Theorieseminar politische Theorien zur Veränderung von Gesellschaft und gesellschaftlichen Funktionen gelesen und diskutiert. Am Vortag war durch die Medien bekannt geworden, dass sich die amtierende Bundesregierung in Abstimmung mit den verhandelnden Parteien darauf geeinigt hatte, zur Vermeidung eines Budgetverfahrens durch die EU-Kommission bereits für 2025 wesentliche Einsparungen zu setzen und diese noch im Jänner 2025 durch den amtierenden Finanzminister an die Kommission zu melden, was dann im Jänner 2025 auch geschehen ist. Allein mit dem Einsparen der Bildungskarenz sollen bereits in diesem Budget rund 350 Mio. Euro eingespart werden. Für einen erheblichen Teil der betroffenen und gerade über Veränderungstheorien diskutierenden Studierenden wurde klar: Mit dem Streichen der Bildungskarenz ist mein eigener Studienabschluss in ernster Gefahr. So bekam der gerade diskutierte Text von Ernst Bloch (1980) zu „Weltveränderung oder die 11 Thesen von Marx über Feuerbach" und natürlich die elfte Feuerbachthese selbst („Die Philosophen haben die Welt nur verschieden interpretiert, es kömmt darauf an, sie zu verändern", Marx 1981) eine völlig neue Bedeutung. Statt um die Erklärung und Interpretation eines 180-jährigen Textes und seine (Un-)Verständlichkeit ging es plötzlich darum, was es denn heißen könnte, dass es ja darauf ankommt, die Welt zu verändern. Aus diesem Gedanken entstand folgender Text, der als offener Brief einen Beitrag dazu leisten soll, dass die Betroffenen ihr Studium auch abschließen können – und auch ihre nachfolgenden Generationen.

Da dieser Sammelband einige kritische und auf eine bedrohliche Zukunft verweisende Befunde zum Bildungssystem und zur Sozialen Arbeit verbindet, soll dieser abschließende, Hoffnung generierende Beitrag helfen, unser Buch optimistisch enden zu lassen. Denn hier ist erkennbar, dass im Gegensatz zu mancher pessimistischen Meinung auch in der gegenwärtig studierenden Generation Menschen finden, die aktiv und solidarisch für ihre Interessen eingreifen wollen. Dafür bedanken wir uns bei den beteiligten Studierenden.

Bloch, Ernst (1980): Über Marx. Frankfurt am Main, Suhrkamp.
Marx, Karl (1981/1845): Thesen über Feuerbach. In Marx. Engels. Werke. Bd. 3, Berlin, Dietz, 5–7.

Von:
Studierenden des Master-Studiengangs Soziale Arbeit (MSO 24), FH St. Pölten.
Betreff:
Mein Studienabschluss ist in Gefahr: Hände weg von der Bildungskarenz!
St. Pölten, am 17.01.2025.

Sehr geehrte Verantwortliche!
Aufgrund der momentanen politischen Ereignisse sowie der Vorhaben bezüglich der Streichung der Bildungskarenz über das AMS und der Stille seitens der Gewerkschaften, der Studierendenvertretung und der Ausbildungsstätten sehen wir uns gezwungen, diese Aufforderung zum Schutz unserer Rechte in Form eines Protests geltend zu machen.

Budgeteinsparungen werden dort gemacht, wo es am wenigsten Widerstand gibt!

Der aktuelle Stand.

Aktuell besteht eine tiefe Besorgnis bei vielen Studierenden des Master-Studienganges Soziale Arbeit der FH St. Pölten (MSO 24) über die aktuellen Entwicklungen im Zusammenhang mit dem neuen Budgetierungsplan der FPÖ-ÖVP-Koalition. Laut den bisherigen Informationen plant die (voraussichtlich zukünftige?) Regierung die Streichung der Bildungskarenz noch in diesem Jahr.

Was uns bevorstehen würde.

Die finanzielle Maßnahme der Bildungskarenz wurde uns vor Beginn des Studiums von der Studiengangsleitung empfohlen und daher von vielen fest eingeplant.

„Ein Vollzeitjob ist während des Studiums kaum machbar. Empfehlenswert ist es, 20 bis maximal 30 h pro Woche zu arbeiten. Man sollte auch an die Möglichkeit denken, Bildungskarenz oder Bildungsteilzeit in Anspruch zu nehmen." (FH St. Pölten).

Eine Streichung der Bildungskarenz könnte für viele einen Abbruch des Studiums zur Folge haben. Die finanzielle Unterstützung durch die Bildungskarenz stellt eine essenzielle Maßnahme dar, die (berufsbegleitendes) Studieren und Weiterbilden oft erst ermöglicht. Aktuell sind laut Studierenden- Sozialerhebung von 2023 des BMBWF knapp ein Drittel aller Studierenden in Österreich von starken finanziellen Schwierigkeiten betroffen. Eine Streichung der Maßnahme würde bedeuten, dass diese Zahlen weiter steigen. „Der Standard" beschreibt am 24.01.2025 in einem Artikel fünf Alternativen für Bildungskarenz. Diese bieten für uns keine greifbaren Lösungen. Vier von fünf genannten Vorschlägen sind auf aktuell Studierende im Master Soziale Arbeit an der FH St. Pölten nicht anwendbar. Dadurch sind nicht nur die individuellen Lebensentwürfe der Studierenden gefährdet, sondern dies beeinflusst auch die der engsten Angehörigen und Familien.

Sieht so gerechte Bildungspolitik aus?

Betroffen sind auch die Einrichtungen Sozialer Arbeit und unsere Klient*innen.

Mit dem Aus der Bildungskarenz wäre ein Teil von uns gezwungen, das Studium ohne Abschluss abzubrechen. In weiterer Folge würde das den Personalmangel in der Sozialen Arbeit weiter verschärfen, viele Einrichtungen wären mangels einer ausreichenden Zahl beschäftigbarer Sozialarbeiter*innen nicht mehr in der Lage, ihre Aufträge zu erfüllen. Das hätte vor allem für jene vulnerablen Personen und Gruppen schwere negative Auswirkungen, die auf Soziale Arbeit angewiesen sind. Bildungskarenz ist also kein „studentisches Privileg", sondern eine notwendige Maßnahme gegen den Personalmangel im Sozialbereich.

Frage der Verantwortung.
Nun stellt sich die Frage an die Verantwortlichen, ob die bisher eingesetzten Budgetmittel der öffentlichen Hand (Förderung der Studienplätze) für Studierende umsonst ausgegeben worden sind, wenn diese nun ohne Abschluss ihr Studium beenden müssen.

Ist das den Fördergebenden/Steuerzahler*innen bewusst?

Da die Streichung der Bildungskarenz den massiven Fachkräftemangel in der Sozialen Arbeit in den nächsten Jahren weiter befeuern wird, führt dies aus unserer Sicht zu zusätzlichen negativen Auswirkungen auf den Sozialstaat. Fachkräfte der Sozialen Arbeit sind in sozial-gesellschaftlichen Bereichen gefragter denn je. Dieses Argument trifft nicht nur auf den Sektor Soziales zu. Davon sind auch weitere systemrelevante Berufe, die an der FH St. Pölten ausgebildet werden, betroffen.

Können wir uns das als Gesellschaft leisten?

Wir fordern daher:

- Weiterfinanzierung der Bildungskarenz!

„Hände weg von der Bildungskarenz"
Daher richtet sich der folgende Appell an alle Verantwortlichen insbesondere die Politiker*innen, die die Maßnahmen beschließen:

- Setzen Sie sich für unseren sicheren Studienabschluss ein!
- Nehmen Sie unsere Interessenvertretung ernst!
- Nutzen Sie Ihre Netzwerke und teilen Sie unser Anliegen!
- Positionieren Sie sich! Wir haben Rechte! Wir sind für unsere Klient*innen verantwortlich!
- Das völlige Streichen der Bildungskarenz ist eine Problemverschiebung und keine Lösung! Machen Sie sich die Mühe, über sinnvolle Veränderungen nachzudenken!

Die Bildungskarenz darf nicht zur Disposition stehen – sie ist ein unverzichtbares Werkzeug für Bildungsgerechtigkeit und soziale Mobilität. Wir fordern, dass Sie sofort entschlossen handeln, um für die Rechte von uns Studierenden einzustehen und diese zu schützen.

Die Studierenden des Master-Studiengangs Soziale Arbeit FH St. Pölten (MSO 24).

Namentlich gezeichnet:
Isabella Andreev, BA
Bianca Beofsich, BA
Lena Gierlinger, BA
Sarah Kazianka, BA
Hannah Nosofsky, BA BA
Mag. phil. Eva Pöhacker
Sophie Steindl, BA

Literatur

Achleitner, Sophie (2024): Unbezahlte Care-Arbeit. Die unsichtbare Arbeit. Powerpoint-Präsentation. Wien, Momentum-Institut.
Anken, Lars (2010): Konstruktivismus und Inklusion im Dialog. Heidelberg, Carl Auer.

Bartonova, Miroslava/Vitkova Marie/Vrubl, Martin (2014): Inclusion in Education for Students with Special Educational Needs from the Perspective of Research. Brno, Masaryk University.

Basaglia, Franco/Foucault, Michel/Castel, Robert/Wulff, Erich/Chomsky, Noam/Laing, Ronald d./Goffman, Erving (1975): Befriedungsverbrechen – Über die Dienstbarkeit der intellektuellen. Frankfurt am Main, Europäische Verlagsanstalt.

Baumann, Zigmund (1996): Moderne und Ambivalenz – das Ende der Eindeutigkeiten. Frankfurt am Main, Suhrkamp.

BIZEPS (2016): UN-Konvention über die Rechte von Menschen mit Behinderungen. Übersetzung für Österreich. Wien, BIZEPS-Eigenverlag.

Brecht, Bert (1975): Leben des Galilei. Frankfurt am Main, Suhrkamp.

Dimmel, Nikolaus/Schmid, Tom (2023): Inklusive Arbeit. Erwerbsarbeit für Alle nach menschlichem Maß gestalten. In: Dimmel, Nikolaus/Immervoll, Karl (Hrsg.): Von Heidenreichstein nach Marienthal. Arbeit – Sinn – soziale Sicherung. Linz, Pro Mente, 133–194.

Fasching, Helga/Geppert, Corinna/Makarov, Elena (Hrsg.) (2017): Inklusive Übergänge – (inter)nationale Perspektiven auf Inklusion im Übergang von der Schule in weitere Bildung, Ausbildung oder Beschäftigung. Bad Heilbrunn, Klinkhardt.

Gächter, August (2013): Kosten unzureichender sozialer Integration von EinwanderInnen. Studie des ZSI im Auftrag des Österreichischen Städtebundes. Wien.

Hedderich, Ingeborg/Biewer, Gottfried/Hollenweger, Judith/Markowetz, Reinhard (Hrsg.) (2016): Handbuch Inklusion und Sonderpädagogik. Bad Heilbrunn, Klinkhardt.

Heimlich, Ulrich/Kiel, Ewald (Hrsg.) (2020): Studienbuch Inklusion. Bad Heilbrunn, Klinkhardt.

Hovorka, Hans/Sigot, Marion (Hrsg.) (2000): Integration(spädagogik) am Prüfstand – Menschen mit Behinderungen außerhalb von Schule. Innsbruck, Studienverlag.

Illich, Ivan (2017): Entschulung der Gesellschaft. Eine Streitschrift. München, Beck-Paperback.

Kaiser, Herbert/Kocnik, Ernst/Sigot, Marion (Hrsg.) (2005): Vom Objekt zum Subjekt. Inklusive Pädagogik und Selbstbestimmung. Klagenfurt/Celovec – Ljubljana/Laibach – Wien/Dunaj, Mohorjeva – Hermagoras.

Kronauer, Martin (2001): Exklusion. Die Gefährdung des Sozialen im hoch entwickelten Kapitalismus. Frankfurt am Main/New York, Campus.

Mayrhuber, Christine (2023): Ökonomische Blitzlichter auf Armut und armutsgefährdete Frauen in Österreich. Folienvortrag. Wien, WIFO.

Eva Novotny (2010): Ermächtigen. Ein Bildungsbuch. Wien, Peter Lang.

Nussbaum, Martha (2014): Die Grenzen der Gerechtigkeit. Behinderung, Nationalität und Spezieszugehörigkeit. Berlin, Suhrkamp.

OECD (Hrsg.) (1975): Die Hochschulen in Österreich. OECD-Bericht 1975. Bd. 1, Bundesministerium für Wissenschaft und Forschung (Hrsg.), Wien.

Prohazkova, Lucie/Rupp, Bernhard/Schmid, Tom (2008): Evaluierung der 24-Stunden-Betreuung. Projektendbericht.

Prohazkova, Lucie/Sochor, Pavel (Hrg.) (2013): Support of People with Special Needs. International Perspectives. Förderung von Menschen mit Behinderung. Internationale Perspektiven. Brno, Masarykova Univerzita.

Reidl, Patricia/Schmid, Tom (1998): Globalisierung – eine Einleitung. In: Sallmutter, Hans (Hrsg.): Wieviel Globalisierung verträgt unser Land? Zwänge und Alternative. Wien, ÖGB-Verlag, 9–26.

De Saint-Exupéry, Antoine (1973): Die Stadt in der Wüste – Citadelle. Frankfurt am Main/Berlin/Wien, Ullstein.

Schmid, Tom (1999): Solidarität und Gerechtigkeit. In: Peter Pantucek/Monika Vyslouzil (Hrsg.), Die moralische Profession. Menschenrechte und Ethik in der Sozialarbeit. St. Pölten, Edition Sozaktiv, 87–106.

Schmid, Tom (1998): Solidarität aus sozialwissenschaftlicher Sicht. In Soziale Sicherheit (4), 292–299.

Schmid, Tom (1999): Vertragstypen im Sozial- und Arbeitsrecht. In: Soziale Sicherheit (4), 304–316.

Schmid, Tom (2000): Arbeit und ihre Zukunft. In: Reichelt, Rene/Lesnik, Maria (Hrsg.): Ist Arbeit sozial? Arbeit neu bewerten. Ein Sozaktiv-Buch. Wien, ÖGB-Verlag, 15–48.

Schmid, Tom (2024): Rede zur Ernennung als FH-Professor. In: Redelsteiner, Christoph/Renner, Patricia/Schmid, Tom (Hrsg.): Das Eichhörnchenprinzip. Akademische Festschrift für Monika Vyslouzil. Wien, Lit-Verlag (erscheint im ersten Quartal 2025).

Sprajcer, Selma/Mutzinger, Benedikt/Grünhaus, Christian (2023): Studie zu den Kosten einer sozialversicherungspflichtigen Entlohnung von Menschen mit Behinderungen in Tages- und Beschäftigungsstrukturen („Lohn statt Taschengeld"). WU-Studie. Wien.

Schweighofer, Johannes (1995): Arbeitsmarkt- und Beschäftigungspolitik in Österreich 1975 bis 1995. Vom Austrokeynesianismus zum Sparpaket. In: Steinbach, Günter (Hrsg.): Die Gesellschaft und ihre soziale Verpflichtung. Sozialpolitik für das 21. Jahrhundert. Festschrift für Josef Hesoun. Wien, ÖGB-Verlag, 190–216.

Tomandl, Theodor (2021): Invaliditätspensionen. In: Soziale Sicherheit, 75–89.

Weber, Max (2004): Die protestantische Ethik und der Geist des Kapitalismus. Vollständige Ausgabe. München, Beck.

Wegscheider, Angela/Wolfmayr, Franz (2024): Ohne Supported Employment und eine Politik der Deinstitutionalisierung ist soziale Inklusion von Menschen mit Behinderungen nicht möglich. In: Dimmel, Nikolaus/Heitzmann, Karin/Schenk, Martin/Stelzer-Orthofer, Christine (Hrsg.): Armut in der Krisengesellschaft. Wien, Löcker, 287–311.

Zoll, Rainer (1993): Alltagssolidarität und Individualismus. Zum soziokulturellen Wandel. Frankfurt am Main, Suhrkamp.

FH-Prof. Dr. Tom Schmid ist Politikwissenschaftler und Organisationsberater sowie Mitgesellschafter des Zentrums für Sozialwirtschaft (ZfSw); er lehrt an der FH St. Pölten und der Alpe-Adria-Universität Klagenfurt/Celovec. Langjährige Erfahrungen in sozialen Diensten und in der Sozialforschung, zahlreiche wissenschaftliche Publikationen. Der thematische Fokus liegt auf Sozialpolitik, Ökonomie und Sozialmanagement, schmid.zfsw@gmail.com.

GPSR Compliance

The European Union's (EU) General Product Safety Regulation (GPSR) is a set of rules that requires consumer products to be safe and our obligations to ensure this.

If you have any concerns about our products, you can contact us on

ProductSafety@springernature.com

In case Publisher is established outside the EU, the EU authorized representative is:

Springer Nature Customer Service Center GmbH
Europaplatz 3
69115 Heidelberg, Germany

www.ingramcontent.com/pod-product-compliance
Lightning Source LLC
Chambersburg PA
CBHW070153200725
29859CB00004B/142